Cábala:
**La Anatomía
del Sino y del Destino**

La Anatomía del Sino y del Destino
Astrología y Cábala

Z'ev ben Shimon Halevi

KS Books Ltd
London

Esta edición publicada por

www.ksbooksltd.com
E-mail: info@ksbooksltd.com
Título original: *The Anatomy of Fate*
Publicado originalmente en inglés en 1978 por Rider & Co.
Edición revisada en 2009 por Kabbalah Society.
Edición en español en 2015 por Kabbalah Society.
© Z'év ben Shimon Halevi 1978, 2009, 2015, 2024.

Traducción: Mercedes Simón

Se ha realizado todo esfuerzo posible para obtener permiso de reproducción de material con derechos de autor, pero puede haber casos en que no haya sido posible encontrar la titularidad de la propiedad intelectual. La editorial manifiesta su cordial disposición a corregir cualquier omisión en futuras ediciones.

Queda reivindicado el derecho moral del autor.

Todos los derechos reservados. Quedan prohibidas la reproducción total o parcial de esta obra, su depósito en cualquier sistema de recuperación de datos, su transmisión bajo cualquier medio sin el permiso escrito del editor, o su circulación en cualquier forma de encuadernación que no sea la aquí publicada. Esta condición queda asimismo impuesta en el subsiguiente comprador.

ISBN 978-1-917606-32-5

Diseñado por Lion Dickinson

Para Solomon ibn Gabirol

Nota de la Traductora

El título original de este libro, *The Anatomy of Fate,* cuya traducción literal al castellano sería *La Anatomía del Sino,* ha sido traducido, con el acuerdo del autor, como *La Anatomía del Sino y del Destino,* para destacar la diferenciación fundamental que el autor hace entre ambos conceptos.

La palabra inglesa *"fate"* tiene la doble acepción en castellano de *sino* o *destino*. Si bien es más habitual que esta palabra sea traducida como *destino*, a lo largo del libro será traducida como *sino*, reservando así la acepción *destino* para la traducción de la palabra inglesa *"destiny"*. A lo largo de esta traducción mantendremos además la cursiva en ambos términos, *sino* y *destino*, para resaltar el significado sutil y espiritual que subyace en ambos respectivamente.

Contenido

	Prefacio	xi
	Introducción	xiii
1.	El Desarrollo del Conocimiento	15
2.	Sistemas	24
3.	Macrocosmos	31
4.	Cuerpo y Ascendente	43
5.	Cuerpo Planetario	49
6.	Astrología Mundana	56
7.	El Descenso a la Carne	67
8.	El Horóscopo	74
9.	Énfasis Planetario de la Psique	83
10.	Las Casas y las Edades del Hombre	93
11.	El Despliegue de los Ritmos	103
12.	Predicción: Ejemplo de una Vida	113
13.	Enfermedad	123
14.	Momentos de Crisis y Decisión	133
15.	Grados de Elección	143
16.	El Sol Durmiente y el Sol del Despertar	153
17	La Psique y sus Contenidos	160
18.	El Alma	169
19.	El Espíritu	179
20.	El Mal, el Libre Albedrío y el Cosmos	187
21.	Providencia	196
22.	Muerte y Destino	205

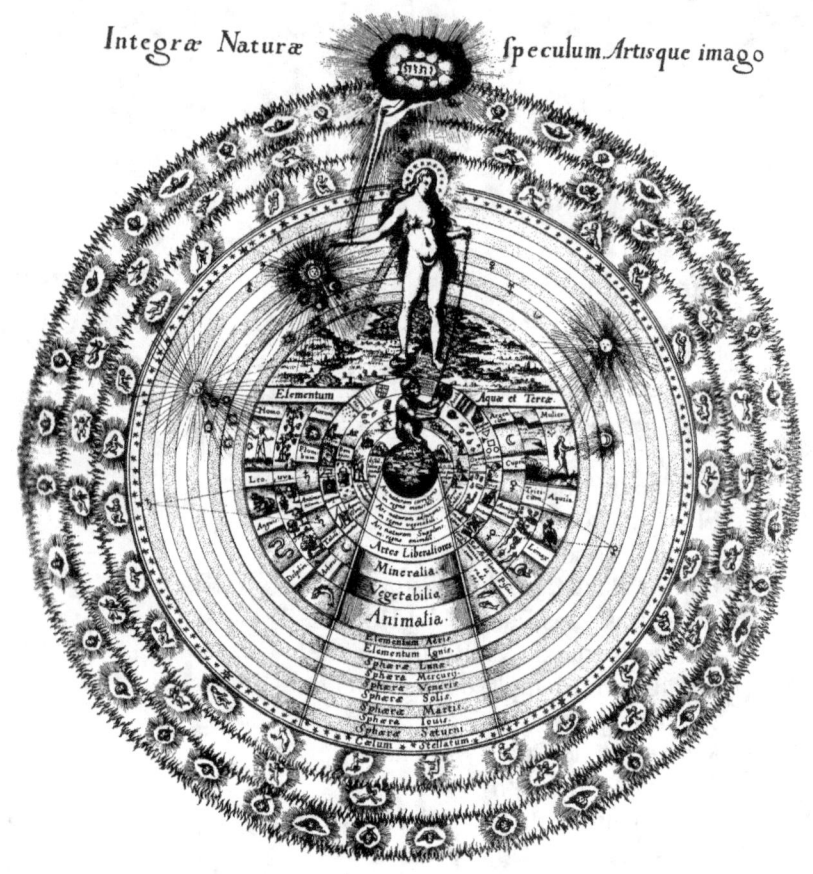

Figura 1—EXISTENCIA
En este grabado el Santo Nombre de YHVH es la fuente desde la que emanan los tres Mundos superiores de la Divinidad, el Espíritu y el Alma. Dentro de estas esferas, se encuentra primero el universo material con las estrellas y después el Sistema Solar, el cual incluye el reino terrenal. La figura femenina es un símbolo del Espíritu Santo que penetra todos los niveles. La astrología se centra primordialmente en la vida en la Tierra pero su aspecto esotérico lleva al desarrollo humano. (Robert Fludd, siglo XVII).

Ilustraciones

1.	Existencia	viii
2.	Reloj Cósmico	xii
3.	Astrología	16
4.	Sistema	20
5.	Orientación Solar	26
6.	Árbol Cabalístico de la Vida	32
7.	Adán Kadmon	34
8.	Cuatro Mundos	36
9.	Reino Astral	38
10.	Interacción	40
11.	Macro y Microcosmos	46
12.	Simbolismo	52
13.	La Tierra y los Cielos	58
14.	Horóscopo de los EEUU	62
15.	Encarnación	68
16.	Horóscopo	75
17.	Zodiaco	78
18.	Base de la Psique	84
19.	Carta Astral en el Árbol	86
20.	Tríadas	90
21.	Casas	94
22.	Edades	96
23.	Niveles	100
24.	Rueda de la Fortuna	104
25.	Tránsitos	108
26.	Progresión	114
27.	Aflicción	122
28.	Sanación	126
29.	Confrontación	134
30.	Retorno de Saturno	136
31.	Psicología	138
32.	Elección	144
33.	Decisión	152

34.	Contenidos de la Mente	162
35.	Método	170
36.	Expansión	174
37.	Opciones	180
38.	Ascenso	182
39.	Oposición	188
40.	Libre Albedrío	192
41.	Providencia	198
42.	Muerte	206
43.	Evolución	210

Prefacio

Cada vida se desarrolla conforme a un patrón individual. Algunas vidas están llenas de incidentes y otras son tranquilas, mientras que otras parecen estar favorecidas por la buena fortuna o marcadas por la mala suerte. ¿A qué se debe esto? ¿Y qué es lo que predetermina—se preguntan muchos—el flujo de eventos y las crisis que ocurren a lo largo de la vida? Los astrólogos a menudo describen con gran detalle los efectos de esta o aquella configuración celeste, pero rara vez definen las causas o la mecánica de cómo realmente nos influyen. Las respuestas se encuentran en las antiguas Enseñanzas que subyacen en la astrología, las cuales le añaden la dimensión espiritual e indican el propósito Divino de la anatomía del *sino*.

Londres, Otoño de 1977

Figura 2–RELOJ CÓSMICO
Este mandala contiene la mayoría de principios y leyes de la astrología. El anillo exterior define el Zodiaco y las Casas Mundanas. En el siguiente anillo se encuentran el Sol, la Luna y los planetas y los cuatro triángulos elementales de Tierra, Agua, Aire y Fuego así como su relación con los cuerpos celestes y los signos. Los círculos interiores muestran los dioses clásicos y la manifestación física del Sistema Solar, la cual no es más que una imagen material de los procesos Divinos. (Dibujo de Halevi).

Introducción

Antes incluso de que existiera algún tipo de registro escrito, parece que la humanidad temprana ya era consciente de las influencias Celestiales. Muchos de los monumentos primitivos consistían en alineaciones de piedras que marcaban los ritmos del Sol, la Luna y las constelaciones. Este reconocimiento de los movimientos celestes en relación a los ciclos estacionales, estudiado metódicamente a lo largo de generaciones, se convirtió en un conocimiento esencial en casi todas las culturas en evolución; tanto fue así que cuando floreció la primera civilización, la astrología ya era una institución reconocida.

Quizás el mayor descubrimiento que tuvo lugar durante el periodo inicial de recopilación de patrones celestiales fue la observación de las posiciones de los planetas y su correspondencia con eventos terrenales específicos en la historia de los pueblos y en las vidas de los individuos. El descubrimiento de estas interacciones sutiles trajo consigo el reconocimiento de las diferentes cualidades de las influencias celestiales. A partir de este descubrimiento se construyó un modelo de Universo basado en niveles múltiples. En su centro se situaba la Tierra, de composición elemental y natural, claramente sujeta a las fluctuaciones del macrocosmos envolvente y con un movimiento de progresión cósmica hacia el final del Tiempo.

A partir de este esquema del Universo surgió la inevitable pregunta de cómo, exactamente, respondían los seres humanos a este clima cósmico. El hombre, según se concebía, era el Universo en miniatura y, como organismo microcósmico, resonaba en concordancia con el macrocosmos. Este concepto y el modo en que las influencias celestiales operan serán examinados a lo largo de este libro. También lo serán la naturaleza del *sino*, el libre albedrío y el propósito del *destino* para cada uno de nosotros, quienes encarnamos durante el breve tiempo que transcurre entre el nacimiento y la muerte.

1. El Desarrollo del Conocimiento

La primera premisa que debe ser aceptada como punto de partida es que existe una realidad objetiva. Esta realidad lo contiene todo, incluyendo tanto lo perfecto como lo imperfecto, lo verdadero como lo falso. Es más, este Universo objetivo sólo puede ser visto en su totalidad por el ojo absoluto de Dios. Cualquier cosa de orden menor es subjetiva.

Cualquier ser dentro del Universo percibe el mismo con un mayor o menor grado de objetividad. Esta jerarquía de percepción se extiende desde el nivel más bajo de densidad material, y va ascendiendo por los mundos metálico y mineral, por el reino vegetal y por el animal, hasta llegar al hombre, quien ocupa aproximadamente una posición a medio camino entre la más diminuta partícula de materia sólida y la brillante luz Divina. Los Mundos superiores constituyen, de modo creciente, mayores grados de consciencia, desde las esferas cósmicas hasta el nivel de percepción y ser que existe justo antes de la unión con la Divinidad. El hombre, en su posición intermedia, se encuentra en una situación única, ya que es el enlace entre los Mundos superiores e inferiores. Sin embargo, antes de examinar las implicaciones de esta posición en este estudio astrológico, debemos empezar por el principio, y entender cómo la inteligencia humana comenzó a percibir el mundo.

El hombre primitivo era una criatura basada en los sentidos. Se encontró al nacer en un entorno físico donde sus facultades psicológicas y espirituales o bien estaban sin desarrollar, o bien eran redundantes. Esto fue debido a que a su llegada a la Tierra el hombre tuvo que adecuarse a un cuerpo orgánico y sobrevivir en un hábitat natural y elemental arduo. En este estado de desarrollo era poco más que un animal que había evolucionado—o había descendido, según mi creencia—hasta el estado de un mamífero primate de tamaño más bien pequeño.

Comenzando por el nivel de percepción del mundo exterior, el hombre primitivo tuvo que adaptarse a su situación física, bien en el desierto, en la pradera, en el bosque o en la tundra. En estos lugares,

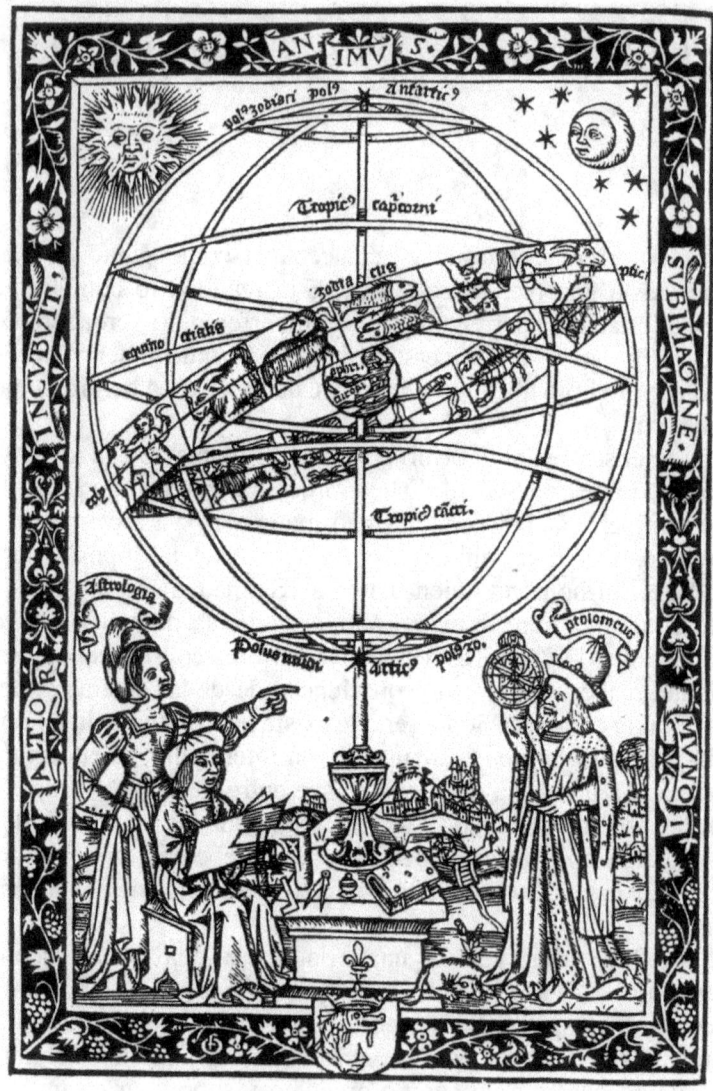

Figura 3—ASTROLOGÍA
El estudio de los Cielos y su efecto sobre la Tierra y los asuntos humanos se remonta a la Antigüedad. A lo largo de milenios, las observaciones de los ciclos terrenales y celestes y sus diferentes manifestaciones han ido construyendo un esquema con un orden específico. El ritmo de las mareas del océano, de las estaciones y los doce tipos de naturaleza humana indicaban el sistema integrado según el cual tenía lugar el proceso de evolución, especialmente en lo concerniente a la historia y a los individuos. Estos estudios y conclusiones formaron la base de la astrología. (Grabado medieval en madera).

no sólo tenía que encontrar un lugar confortable y seguro en el que vivir, sino que también tenía que hacer frente a las diferencias de temperatura entre el día y la noche y el verano y el invierno. Adaptarse a los elementos era una cuestión de vida o muerte. Los cinco sentidos hicieron que construyera una imagen primordialmente física del mundo que le rodeaba.

Su siguiente nivel de consciencia era la parte vegetal de su naturaleza encarnada. Su cuerpo, como el de todas las plantas, necesitaba un hogar arraigado en la tierra, aunque se tratara de una cueva, con agua para beber, aire que respirar y luz de la que extraer energía. Por tanto, su parte vegetal estaba sostenida por los cuatro elementos. Esto suponía encontrarse bajo dos conjuntos de leyes: el elemental, que le limitaba a una serie de posibilidades físicas, y el vegetal, que le mantenía sujeto a un ritmo diario estricto consistente en despertar, dormir, comer, excretar y a una vida basada en nacer, madurar, propagarse y morir. Todos estos factores dominaban su vida y daban forma a su imagen básica del mundo.

Por encima del problema fundamental de la supervivencia, estaba la parte animal de su constitución. Ésta se diferenciaba radicalmente de los niveles elemental y vegetal, ya que contaba con un nivel de percepción más sutil. La inteligencia animal es esencialmente social. Se relaciona primero con sus progenitores o su grupo y posee reconocimiento por asociación. Sin embargo, quizás la mayor diferencia entre el reino animal y los otros dos reinos inferiores sea el factor de la movilidad. Con esta ventaja, la localización de la criatura gana una nueva dimensión. Las plantas, aunque pueden girarse o retorcerse para buscar el agua, el aire o la luz, son esencialmente estáticas. Sin embargo, el animal no lo es, y por tanto el movimiento le dota de una percepción del mundo totalmente diferente. El hombre primitivo no sólo poseía esta dimensión de la movilidad, sino además otra, ya que él, único entre todas las criaturas terrenales, tenía capacidad de considerar las cosas de modo abstracto.

Tanto era así que, aunque el hombre estaba físicamente regido por las leyes elementales y naturales, podía también elevarse por encima de ellas. Esto era posible dada su habilidad para verse a sí mismo observando. Aunque es sabido que los animales sueñan, no parece que puedan pensar más allá de sus patrones instintivos inherentes. Es más, no tienen la habilidad para adaptarse o aprender tan rápida y profundamente como lo hace el hombre, por lo que siguen, en mayor o menor medida, bajo la influencia de las leyes elementales y orgánicas terrestres. El hombre, por el contrario, evolucionó más allá de la condición sensual del momento inmediato alcanzando la posibilidad de considerar lo ocurrido en el pasado y lo que podría ocurrir en el futuro. La confirmación de este hecho viene dada por la presencia, incluso entre las tribus más primitivas, de historias acerca de eventos lejanos y de adivinaciones acerca de lo venidero. Esta facultad de proyección consciente hacia adelante o hacia atrás en el tiempo no se conoce en otros reinos orgánicos, los cuales viven sólo según el día a día. Esta apreciación más allá del *'aquí y ahora'* generó una percepción única y no-física del mundo.

Partiendo de la dimensión sensual se llegó a la creencia de que detrás de cada fenómeno elemental y cada especie vegetal o animal se podía apreciar una inteligencia invisible; de que existía de hecho un Mundo sobrenatural por encima del natural. Esto originó (alrededor de todo el globo terrestre) una jerarquía completa de seres espirituales que gobernaban las diferentes manifestaciones del Universo, lo que dio lugar al desarrollo de mitologías en las que se mezclaban la historia de los pueblos con las acciones de los dioses. Esta apreciación del Universo no era sensual sino emocional, y se expresaba en sagas que describían un mundo gobernado por el miedo, el amor, la valentía, la cobardía, el dolor, el sacrificio y la exaltación. Así, cada cultura desarrolló los símbolos arquetípicos de los poderes terrenales y celestiales que rodeaban a la humanidad.

En primer lugar estaban las divinidades primarias de la tierra y del cielo, y después los dioses menores de los elementos, de los animales y de las plantas. Este panteón se fue llenando poco a poco con dioses individuales relativos a los ríos o a las montañas, y después, a medida que los cielos cobraban importancia más allá de las deidades del Sol y la Luna, las constelaciones y los planetas se revistieron de una variedad mitológica muy especial.

El cielo tenía este tratamiento particular porque, de entre todos los factores del Universo, era el menos comprensible. Era lo más remoto y contenía un misterio más lejano que el mar o que la montaña más inaccesible de la tierra. Nada excepto las luminarias, los planetas, las estrellas y la Vía Láctea habitaban en la gran cueva cósmica que cubría la Tierra. Ni los pájaros, ni siquiera un águila, podían volar tan alto como el Sol. En el cielo se encontraba un extraño mundo habitado por distintos estados de ánimo elementales, a veces en calma y a veces violentos, y bajo estos estados tempestuosos y húmedos tenía lugar el constante cambio entre la luz y la oscuridad. Durante los días de verano el disco solar brillaba de forma todopoderosa por encima de la Tierra, mientras que al anochecer daba entrada a su gentil consorte la Luna, quien como su contraparte femenina, tenía un temperamento creciente y menguante, al igual que la hembra de cada una de las especies del mundo natural que existía por debajo. Estas similitudes entre las fuerzas masculinas y femeninas inevitablemente dotaron a los arquetipos Solar y Lunar de su carácter particular, de tal modo que su unión, quizás en un eclipse, o su separación en una noche de Luna Llena, dieron lugar a numerosas historias, expresadas en forma humana, sobre la relación entre los esposos celestiales. Igualmente los planetas eran tratados como dioses y diosas, y sus imágenes se generaban según el peculiar brillo, color o movimiento característico de cada planeta. De manera extraordinaria en diferentes partes de la Tierra se inventaron arquetipos similares para describir, por ejemplo, a Marte, el cual era considerado, por su color rojo y sus imprevistos avances y retiradas, de naturaleza guerrera. Por el contrario el planeta Venus, con su brillo azul claro, era considerado por muchas culturas como femenino y bello. Saturno, el más lento de los planetas, con su sombrío movimiento a través de las constelaciones, era inevitablemente percibido como un hombre anciano, un observador de los eventos celestiales y terrestres.

Así ocurrió que, con el transcurso del tiempo, a medida que las culturas se mezclaban en las diferentes civilizaciones, las sagas cósmicas poéticas se fusionaron y se convirtieron en arquetipos. Por ejemplo Venus, llamada Afrodita en Grecia, Ishtar en Asiria, Astarté en Fenicia o Inanna en Babilonia, lentamente se fusionó en una imagen única. De igual modo, la imagen simbólica de las constelaciones se fue gradualmente refinando. Sin embargo, mientras que muchas culturas sin desarrollar todavía veían la Vía Láctea, por ejemplo, como el camino de partida de las personas aristocráticas fallecidas, las culturas más inteligentes, a base de observación y de constatación de datos con los registros antiguos, empezaron a percibir otra dimensión que iba más allá de la percepción emocional del Universo. Este hecho precipitó la apreciación intelectual del orden, del número y de la lógica de los Cielos.

El concepto del orden en la Creación se hizo evidente, incluso para la mayoría no culta. La naturaleza lo mostraba continuamente en la progresión de las estaciones y en los procesos de nacimiento, propagación y muerte. En la época en la que se inventaron los registros y la escritura ya era claro que el cielo rotaba una vez al día

Figura 4—SISTEMA
Con el tiempo, surgió la primera Teoría de la Relatividad. Se basaba en lo que podía ser observado según la visión desde la Tierra. Su concepto tenía en cuenta primordialmente las influencias que ejercían efectos sobre el planeta. Éstos podían observarse en los ciclos de las plantas y de los animales, así como en el florecimiento y en la decadencia de las culturas y civilizaciones, las cuales claramente – al igual que los individuos – tenían caracteres astrológicos determinados. Inicialmente el Sol, la Luna y los planetas eran vistos como Dioses pero Abraham, quien vivió en Ur de Caldea, la ciudad de los astrólogos, creía que había una Deidad absoluta que lo gobernaba todo. Aquí comenzó la astrología Cabalística. (Grabado en madera del siglo XVI).

en una dirección y una vez al año en la otra, puesto que las estrellas volvían cíclicamente a su posición anual. Además del uso obvio de este conocimiento para desarrollar calendarios en los que se podían calcular con precisión los días de siembra, las crecidas de los ríos y las cosechas, los ritmos más sutiles de los planetas eran observados en concordancia con los momentos de particular tensión o calma. Este fenómeno se encontraba más allá de los ciclos solares del año y de los efectos lunares en las mareas y en el crecimiento de las plantas. Debido a ello los pensadores percibieron la existencia de una jerarquía de influencia celestial, acorde a los niveles lunar, planetario, solar, estelar y galáctico del Universo. De aquí surgió el sistema arraigado en la cosmología original de Sumeria, formalizado alrededor del año 3.000 a.C., en el cual la bóveda celeste contenía lo visible, mientras que por encima de ella los dioses gobernaban desde los reinos invisibles. Más adelante, esta bóveda fue adoptada como la base de las coordenadas celestiales, según la cual los Cielos fueron divididos en sectores relativos a la trayectoria eclíptica del Sol. A éstos se sumaron las líneas Norte y Sur relativas a las posiciones tropicales del Sol. Este modelo llegó a ser conocido como la Esfera Celeste, un esquema que fue calibrado con más detalle por los griegos, en función de los grados o días del año y de las doce divisiones solares y lunares del Zodiaco.

En esta época se concretó la evaluación de los planetas en cada signo y sus regentes activos y pasivos. También se especificaron los modos Cardinal, Mutable y Fijo del Zodiaco, el sub-esquema de los elementos y las principales relaciones angulares entre los cuerpos celestes. Todos estos detalles se recogían en un modelo racional de la Creación que intentaba explicar, con una mezcla entre alegoría y datos observables, el origen y la estructura de la Existencia. Esta imagen del mundo, ahora clásica, ha sido preservada en la formulación Ptolemaica que describe una de las primeras teorías de la relatividad, según la cual la Tierra es el centro respecto al cual giran las diferentes esferas.

Estas esferas estaban dispuestas en orden de mayor a menor influencia y no, como muchos científicos posteriores pensaron, según un modelo literal del Sistema Solar. El mundo antiguo utilizó una mezcla de arte oriental y lógica occidental para definir un Universo que no podía ser percibido simplemente como una máquina celestial.

En lo que probablemente fue, en comparación a los muchos milenios de recolección de datos, un corto período de doscientos años, se diseñó el sistema en el que se basó la astrología. Que esto realmente ocurriera o no así, no es tan importante como el hecho de que alrededor de la misma época, entre el 600 y 200 a.c., los chinos, los griegos o los judíos, por ejemplo, ya estaban formulando sus sistemas metafísicos. No es sorprendente descubrir que en Oriente Medio el interés por las mecánicas celestes cristalizara en una enseñanza detallada acerca de las leyes de los cielos y de los efectos de las luminarias y los planetas. Ésta dio origen a los primeros horóscopos verdaderos.

En este punto tanto las fases elemental, vegetal y animal como la emocional y la intelectual se unieron y fundieron en un sistema que, excepto por detalles y adiciones menores, ha continuado con nosotros durante más de dos mil años. Habiendo alcanzado su cima, la astrología entonces entró en una fase horizontal de refinamiento en la cual el trabajo creativo de lo que quizás fue un pequeño grupo de personas se convirtió en tradición. Esto significa que fue transmitida en una forma cristalizada. Si bien esto es algo excelente siempre y cuando existan personas con un conocimiento real de la materia y dedicadas a instruir, es algo que trae consigo automáticamente las semillas de la decadencia si no las hay. Esto se debe a que, con el pasar de las generaciones, el conocimiento vernáculo de las épocas anteriores o bien se mantiene inalterable como un lenguaje sagrado, o bien es rechazado por las generaciones posteriores como algo pasado de moda. Por ello, si una tradición no es reformulada periódicamente, degenera en una enseñanza de repetición, la cual aprende sólo de las escrituras hasta que finalmente se convierte en una fragmentaria y a menudo distorsionada versión del sistema original. Hay muchos ejemplos de este proceso, siendo el más obvio el sistema del Tarot, convertido, para la mayoría, en un instrumento de consulta supersticiosa.

Durante la época romana la astrología se había dividido en tres niveles. El nivel degenerado consistía en la adulteración confusa del conocimiento, la cual tenía lugar en las ferias, los mercados y en la adivinación en estrechas calles. De hecho, un emperador expulsó a todos los astrólogos de Roma (excepto al suyo personal) debido a la influencia perjudicial que ejercían sobre los ciudadanos. Este nivel, principalmente de superstición, es practicado por el charlatán o por la persona que cree, sin razón, que posee conocimiento. Que la ignorancia se asombre con un poco de conocimiento y de ardid teatral es un fenómeno común que ha ocurrido a lo largo de la historia y que ha provocado que la astrología seria haya adquirido una reputación dudosa. Los otros dos tipos de astrólogos son los instruidos y los sabios. Los primeros constituyen el principal cuerpo de profesionales. Son aquellos que, generación tras generación, continúan la tradición y recopilan datos de alto valor que después son utilizados por los segundos, quienes especulan y profundizan en esta ciencia-arte. Los segundos son un pequeño grupo formado por aquellos que ven la astrología como algo más que un sistema de análisis y de predicción individual o mundana, aquellos que entienden la astrología del mismo modo que lo hicieron sus fundadores originales, como una Enseñanza esotérica del Universo, con todas sus leyes comprendidas en la interconexión del esquema macrocósmico del mundo y la imagen microcósmica del hombre. Esta es la vía que vamos a intentar explorar.

2. Sistemas

Volviendo a la premisa inicial de que existe un Universo objetivo, los sabios a lo largo de la historia han intentado formular una imagen aproximada del mismo a través de varios medios diferentes. Sin embargo, es necesario pasar por una serie de etapas antes de que pueda percibirse realmente alguna imagen legible. La primera etapa es, por supuesto, la comprensión de que hay una Existencia objetiva, de que aquello que es percibido por los sentidos es de hecho el resultado y efecto de muchas causas recónditas. Esto lleva a la indagación en la naturaleza de estas causas invisibles y al posterior entendimiento de que estas causas son, de nuevo, efectos gobernados por leyes basadas en principios primarios. A estos principios, que constituyen el conjunto básico de causas en el Universo, se llega a través de una combinación entre tradición y revelación.

La tradición es aquella que se transmite de generación en generación o de maestro a discípulo. En la mayoría de los casos es el conocimiento que ha sido recopilado y verificado durante muchos siglos. Este hecho tiende a darle un patrón formal, a veces de presentación simple y a veces de composición elaborada, dependiendo de la profundidad y peso del conocimiento y del modo en que cada tradición tiende a preservarlo y a instruirlo. Un ejemplo de ello es el gran contraste que hay entre las largas y detalladas conversaciones entre Sócrates y sus discípulos y los concisos pero comentarios concisos pero llenos de contenido de algunos maestros Zen. En esencia, la tradición es una construcción gradual de un cuerpo de conocimiento que es trasmitido a través del estudio, la disciplina y la contemplación. Ésta es, en su mayor parte, la historia de la astrología.

La revelación es de un orden diferente. Es el develamiento del conocimiento a través de la percepción profunda y del flash que penetra el velo de la ignorancia conectando cosas que no parecían de modo alguno relacionadas. Es un momento de descubrimiento. Como la palabra "des-cubrir" indica, se trata de desvelar algo que ya existe, como podría ser un nuevo lugar o una ley todavía desconocida. A lo largo de la historia de las ideas, se han producido estos raros incidentes que, aunque ocupan sólo pequeños espacios, llevan consigo tanto peso y profundidad como las laboriosas conclusiones aunadas por la tradición. Tanto es así que alguien como Einstein, sentado frente a su chimenea y concentrado en un pensamiento revelador, pudo llegar a dar con la clave de la energía atómica; o Buda, sentado bajo un árbol pudo percibir la vía de escape del sufrimiento carnal. La revelación en la astrología consiste en aquellos momentos de iluminación en los que las masas de datos se convierten en reglas, leyes y principios básicos del sistema.

Un sistema es un cuerpo de conocimiento en funcionamiento. La teoría por sí sola es mera especulación. Sin la práctica no tiene sentido real ni veracidad. Por ejemplo, aunque la teoría atómica ha existido durante mucho tiempo, sólo recientemente se ha dado con un sistema viable de aplicación práctica basado en el teorema. La física atómica sólo se convirtió en sistema una vez que el átomo fue separado con el objeto de hacerle funcionar con una finalidad. Con una observación perceptiva de la vida, de la historia y del día a día, en seguida se hace evidente que todos los sistemas funcionan basándose en principios universales. Así, por ejemplo, el cuerpo es un sistema biológico con subsistemas internos. También lo es la organización de las naciones que se basan en el gobierno de tribus y en la unidad familiar. Incluso los objetos manufacturados, tan simples como un patinete para niños o tan complejos como el motor de un reactor, están basados en sistemas. Si se rompe una rueda o una parte del motor, la máquina o el sistema mecánico dejan de funcionar. De todo ello se puede inferir que hay un conjunto de regulaciones en interacción a partir de las cuales se aplican las leyes creadas según principios primarios. Tanto es así que el principio primario de la rueda forma parte de muchas máquinas. A veces, por ejemplo, este principio se aplica al engranaje o al eje, y otras veces a la turbina o al neumático. Estas piezas, a su vez, están gobernadas por normas que regulan el número de dentaduras, la velocidad o el diámetro. Todo ello constituye una jerarquía de control y de dirección de fuerzas. Lo mismo ocurre con el sistema basado en los principios, leyes y reglas del Universo.

El Universo es el ejemplo primordial y el modelo para cada subsistema contenido en él. Al igual que sus imitadores internos, que tan sólo copian un aspecto funcional particular de su capacidad total, el Universo está compuesto por reglas, leyes y principios. Éstos se encuentran fuera del alcance de visión de la mayoría de la gente, bien por ser demasiado grandes en escala o demasiado pequeños como para ser notados, o bien por no estar conectados con los fenómenos perceptibles en el espectro

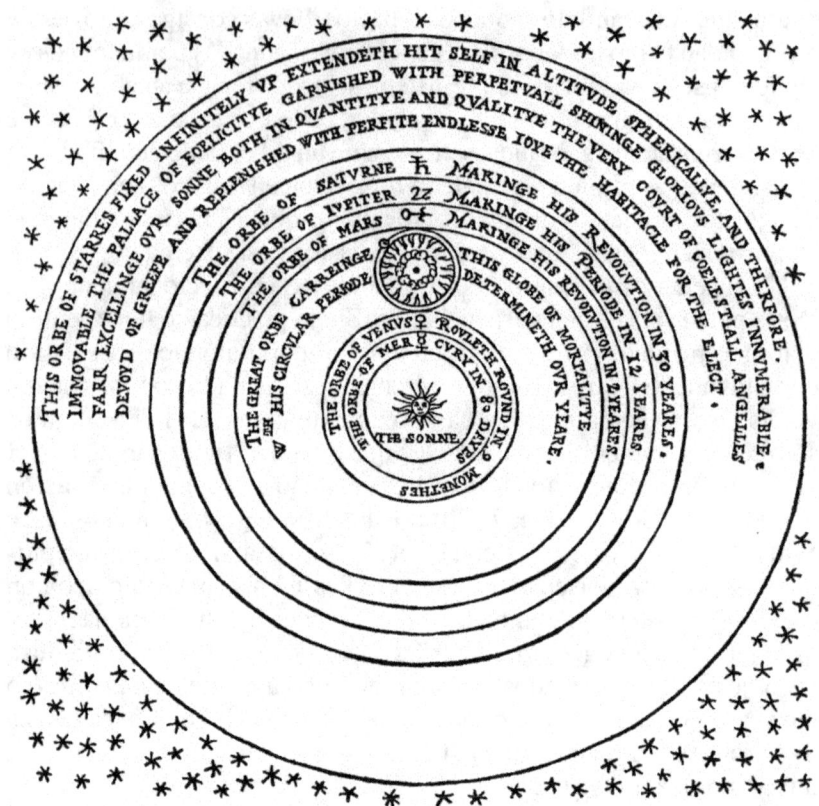

Figura 5—ORIENTACIÓN SOLAR
Con la llegada del telescopio y la ciencia, la visión medieval que consideraba la Tierra como el centro del universo se hizo redundante. El Sol era ahora el centro. Es más, el entendimiento simbólico de las influencias celestes se desestimó en favor de un modelo puramente físico. Esto era irónico, ya que Sir Isaac Newton, el formulador de las mecánicas celestiales, era un astrólogo. Su respuesta a un astrónomo que había menospreciado esta ciencia ancestral fue que estaba claro que aquel hombre o bien hablaba basándose en un estudio profundo de la astrología o desde la total ignorancia. (Grabado en madera del Sistema Solar, Thomas Digges, siglo XVI).

físico y psicológico. Sin embargo, estos principios existen y funcionan en el mundo natural gobernándolo y sosteniéndolo mientras se produce el constante intercambio entre energía y materia. El hecho de que estos niveles de actividad no se noten no quiere decir que no existan. Los indicios de que existía algo más que aquello que puede ser percibido por los sentidos provocaron la primera investigación acerca de la naturaleza oculta del mundo y de su propósito.

Durante el transcurso de milenios de tradición y revelación, la verdadera estructura y dinámica del Universo fue poco a poco revelándose a los miembros más evolucionados de la humanidad. Sin embargo, expresar este conocimiento a otras personas fuera del círculo de estudio inmediato y transmitirlo a futuras generaciones, de tal modo que éstas no tuvieran que cubrir la misma materia o repetir los mismos errores, era un problema. Esto precipitó la necesidad de desarrollar un sistema inteligible. Según la experiencia y los hechos, podemos concluir que a lo largo de la historia de las diferentes culturas, la mejor manera de transmitir el conocimiento adquirido acerca del Universo es a través de la construcción de un modelo simbólico basado en el original, es decir, basado en los principios, leyes y reglas de la Existencia. Esto implica la formulación de un esquema metafísico fundamental. Este esquema se repite en todo el mundo, independientemente del tiempo y lugar, y es reconocible por la mente que es capaz de discernir más allá del revestimiento de la cultura o de la distorsión que debido a la decadencia haya podido sufrir la presentación original.

El ejemplo más común, que se encuentra en muchas culturas, es el principio de la Trinidad. Éste puede observarse en los tres dioses de la Creación, la Conservación y la Destrucción del Hinduismo, el Yin-Yang y el principio de Neutralidad del Taoísmo, los tres atributos Divinos de la Misericordia, la Gracia y la Justicia del Judaísmo, y el principio de la Trinidad Cristiana, en ocasiones malentendido. Estos son, de hecho, sólo fragmentos del esquema global de cada religión. En el caso de la astrología hay una diferencia, ya que la astrología se asemeja más a la enseñanza de una filosofía que a una religión verdadera. Para ser más precisos, la astrología es un sistema de conocimiento subordinado a varios sistemas mayores. Esto se debe a que no consta de una doctrina o de una personalidad (Divina o humana) que la convierta en una religión formal. Sin embargo, es válida en sí misma como representación completa del Universo, y por ello ha sobrevivido frente a la mayoría de las religiones tempranas que fueron sus contemporáneas en la antigüedad. Un sistema completo es aquel que apunta a la Imagen total de la realidad, o al menos tiene en cuenta todos los factores en general. Así, mientras la medicina moderna estudia, con gran detalle, fracciones del cuerpo físico y su funcionamiento, apenas tiene en consideración el organismo psicológico, por no mencionar los males del espíritu que realmente pueden ser generadores de enfermedades físicas. La medicina moderna, con toda su tecnología, es un sistema incompleto. Sólo cuando los estados de los otros dos cuerpos, el de la psique y el del espíritu, sean tomados en también consideración, la medicina podrá ser verdaderamente llamada el arte-ciencia de la sanación.

Un sistema total es aquel que incluye el todo. En la época clásica la mayor parte de los conocimientos que habían sido formulados alrededor del gran período creativo del 500 a.C. estaban basados en una imagen completa del Universo. Nada se veía como separado del resto. El macrocosmos estaba bajo las leyes de los principios Divinos primarios, mientras que el microcosmos estaba contenido dentro del macrocosmos y lo reflejaba, constituyendo una miniatura suya en un nivel inferior de la Creación. Así, por ejemplo, en China los principios en oposición del Yin y el Yang se apreciaban a gran escala en el buen gobierno y a pequeña escala en el cuerpo humano; mientras que en Oriente Medio los judíos basaban sus costumbres seculares en el par complementario de deberes y derechos y su religión en la apreciación dual del amor y del temor a Dios. Todo en la Existencia, hasta las tareas más ordinarias del día a día, era percibido como una cadena interconectada formada por pequeños y grandes eslabones, más simples y más potentes a medida que el nivel se elevaba hacia la cumbre de unidad Divina, de la cual todo emanaba.

Esta visión total continuó en la civilización Occidental hasta el siglo diecisiete, cuando la llegada del pensamiento antropocéntrico y el ascenso de la ciencia física destruyeron la visión total del mundo y redujeron al hombre occidental a la percepción sensual y mecánica de la realidad. Por ejemplo, instrumentos como el telescopio de Galileo revelaron a los filósofos naturales contemporáneos que las luminarias y los planetas no eran tal y como los antiguos maestros les habían hecho creer. La pureza del disco Solar aparecía con manchas, la Luna con una rugosa superficie montañosa, algunos planetas tenían sus propios satélites y Saturno extraños anillos. Con un simple vistazo a través del telescopio que todo caballero debía procurarse, la alegoría del Universo Total se evaporó. De pronto, personas comunes del mundo occidental creyeron poder ver con el ojo sensual más del Universo que los pensadores de los tiempos antiguos y, por tanto, todas las ideas sobre la relación entre los diversos cosmos se volvieron claramente redundantes. En el transcurso de dos generaciones, la imagen completa del mundo que había sido aceptada por los isabelinos se desvaneció, y la visión parcial y puramente mecánica, la cual ha sido sostenida hasta tiempos recientes, tomó el mando de la cultura occidental establecida.

Sin embargo, no todo estaba perdido. Mientras que la 'Edad de la Razón', nombre que se le dio a este nuevo periodo, examinaba los aspectos físicos de la Creación a través de instrumentos cada vez más desarrollados y más grandiosos, pequeños grupos de personas esparcidas por Europa retuvieron la visión total en varios estudios ocultos y esotéricos. Estos grupos fluctuaban desde las asociaciones de eruditos escondidas en el entorno universitario cambiante, hasta las sociedades secretas de los Rosacruces y los Masones. Dentro de este espectro, sin embargo, se encontraban los tres subniveles de superstición, aprendizaje y sabiduría. Algunos grupos, por ejemplo, de hecho no eran más que excéntricos reaccionando ciegamente contra la nueva perspectiva mecanicista mientras que otros examinaban diligentemente las antiguas Enseñanzas pero sin poseer la clave vital de la visión interior. Otros grupos tenían cierto conocimiento pero comenzaron a preocuparse por el poder mágico y así olvidaron el propósito del trabajo espiritual. Afortunadamente, el nivel de sabiduría aún existía en diferentes lugares, y se han hallado trazas del mismo en Inglaterra, Holanda y Alemania, a través de hombres como Fludd, van Helmont y Boehme quienes veían el Universo como una organización unificada.

La situación hoy ha vuelto a cambiar enormemente. Tras varios cientos de años de dominio de la ciencia parcial de la filosofía natural, en Occidente en particular se ha tenido que revisar el concepto de la interconexión de todo. Esto es debido a que a finales del siglo diecinueve la visión mecanicista alcanzó sus límites. En el polo macroscópico de la ciencia, el gran telescopio se quedaba desesperadamente corto a la hora de obtener un verdadero entendimiento de la escala de la Creación, a pesar del gran avance en el tamaño de las lentes, los espejos y la tecnología ligera. La infinitud no podía ser fotografiada o espectrografiada. Es más, el descubrimiento posterior de un nuevo universo de ondas de radio desplazó el horizonte científico y reveló un vasto complejo sutil de fuerzas en vibración y de flujos radiantes que hasta entonces había sido insospechado, excepto por los antiguos, quienes ya lo habían descrito en forma alegórica con términos como 'la música de las esferas'. En el polo microscópico, la aparente solidez de la materia se disolvió gracias a los experimentos de laboratorio con átomos, que desvelaron una entidad todavía más pequeña, la cual podía ser pensada alternativamente como un pulso de energía o como un paquete de materia. Einstein completó el derroque del concepto del Universo mecánico al percibir el tiempo de un modo completamente nuevo, según el cual el sentido común o la lógica sensual ya no eran válidos. Todo ello, junto con el redescubrimiento de la magnetosfera y del sistema ecológico de nuestro planeta hizo que la investigación científica empezara seriamente a considerar que había algo más allá de los procesos científicamente observables y que, como manifestaron todas las antiguas enseñanzas ocultas, quizás existían fuerzas aún más sutiles más allá de la Tierra y en las profundidades del ser humano.

Experimentos que habrían sido considerados como profesionalmente desfavorables a comienzos del siglo veinte hoy son respetables, y el interés general por lo paranormal ha provocado un aumento de gente inteligente dedicada a la investigación y especulación, de un modo responsable, de muchos de los fenómenos que durante tres siglos fueron considerados como superstición sin sentido. Esto ha llevado a que aquellos que han estado seriamente interesados en la verdad perenne del Universo objetivo se hayan visto obligados a reformular el modelo original para ajustarse a las necesidades de cada tiempo y cultura.

El problema, como siempre, reside en aunar lo antiguo y lo moderno de tal modo que se abra la conexión, según la visión contemporánea, no sólo a la realidad del día presente, sino también a la Existencia objetiva que ha sido, es y será hasta el final del Tiempo. Una tarea como esta no es sencilla, especialmente dado el estado actual de la astrología, en el que tantas nociones preconcebidas—algunas muy a favor y otras muy en contra—existen. La situación intermedia es en la que espero que usted, lector, se posicione. Yo, por mi parte, manifestaré mi propia postura para que usted pueda considerar el matiz de mi preferencia, ya que todos tenemos, en mayor o menor grado, una visión subjetiva. Mi aproximación a la astrología tiene una base cabalística. La Cábala es el antiguo sistema de enseñanza interior del Judaísmo. Sin embargo, esto simplemente quiere decir que es una forma particular acerca de la verdad perenne de Dios, el Universo y el Hombre. Éste resulta ser mi entorno cultural. Es importante tener en cuenta que aunque me mueva entre lo que parecen ser dos sistemas teoréticos claramente diferentes, junto con sus ejemplos prácticos, siempre estoy, de hecho, hablando de la misma realidad objetiva.

3. Macrocosmos

La exposición que sigue a continuación es un despliegue de la base cosmológica según la cual funciona la Astrología. A lo largo de los tiempos se han utilizado los tres lenguajes básicos de la humanidad para elucidar la historia de cómo la Existencia llegó a acontecer. Algunos se expresaban en términos de acción concreta, a través de las construcciones, la danza o el ritual; otros usaban alegorías, que mostraban a través del lenguaje emocional del mito y de las imágenes artísticas la emergencia, el florecimiento y el retorno de la Existencia a su fuente; mientras que otros describían este proceso intelectualmente, mediante esquemas metafísicos complejos que contenían la delicada interacción de las tramas celestiales que servían para comprender el impulso que por primera vez las puso en movimiento. Nosotros utilizaremos una combinación de la vía emocional y de la intelectual, y empezaremos por la noción más universal: que la Nada existió antes que cualquier otra cosa.

Se dice que Dios no existe. Esto en realidad quiere decir que Dios está más allá de la Existencia. Que antes de que la Existencia comenzara a ser no había Nada y que cuando Dios lo quiso, la Existencia emergió de la Nada, convirtiéndose en Algo. Este Algo es la Unidad[1] en la que se basa todo aquello que acontece en la Existencia. Si la voluntad de Dios fuera que la Existencia cesara, todo se desvanecería retornando a la Nada. Sin embargo, la Tradición nos dice que el propósito de Dios es que la Existencia no sólo emerja sino que se desarrolle hasta el punto en el que Dios pueda contemplar su propio reflejo en el Espejo de la Existencia, hecho a imagen de Dios.

La imagen de Dios no es Dios, aunque puede reflejar todos los atributos Divinos. Según nos dice la Tradición los diez aspectos básicos de la Divinidad emanaron a partir de la Nada y se manifestaron. Así fue, es y será, durante tanto tiempo como Dios quiera que la Existencia exista, el modelo eterno e inmutable en el que se basan todas las demás <u>manifestaciones</u> inferiores. La imagen Divina de Dios actuó como

---

1. El autor hace referencia a los términos *Nothing* (Nada), *Something* (Algo) y *One Thing* (La Unidad).

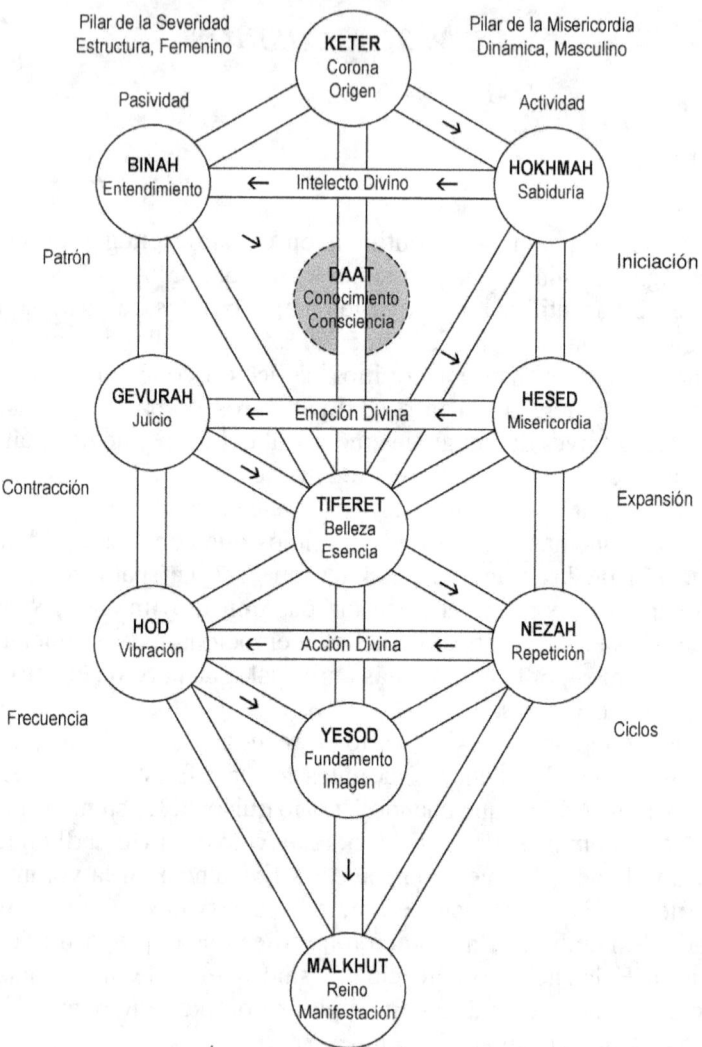

Figura 6—ÁRBOL DE LA VIDA CABALÍSTICO
Este diagrama contiene las leyes y principios que gobiernan la Existencia. Las flechas representan la línea del Rayo Divino de una octava y los tres pilares indican los principios de los factores activo, pasivo y neutral que operan dentro de los niveles y las tríadas de este esquema. Los caminos están relacionados con las veintidós decoraciones de la menorah, el candelabro de siete brazos en el Tabernáculo de Moisés con sus dos lados y tres puntos nodales en la columna central. Esta es, en esencia, una imagen metafísica de las sefirot o diez Números Divinos y las veintidós letras del Alfabeto Hebreo. (Halevi).

intermediaria entre la Deidad y los Mundos inferiores que iban a ser creados. Esta primera manifestación de principios es el instrumento de Gobierno Divino a través del cual Dios despliega su propósito. A este primer Mundo se le ha dotado de muchos nombres en las diferentes tradiciones. Por ejemplo, en Occidente se le conoce como 'El Mundo sin Fin' en el Cristianismo o como el Mundo de Azilut en la Cábala. Azilut es una palabra hebrea que significa al mismo tiempo 'emanar de' y 'situarse cerca de', es decir, emanar de y situarse cerca de la Deidad.

En la Cábala hay un diagrama metafísico de este Mundo Superior. (Hay muchos esquemas similares alrededor del mundo, pero este es el más utilizado en Occidente). En él los diez atributos o principios Divinos se disponen según una organización definida. Estos principios dan lugar a leyes universales y estas leyes dan lugar a reglas y normas menores, ya que la jerarquía de la secuencia existe hasta en el más perfecto de los reinos. En la parte superior, desde la cual todo fluye, está lo que se conoce como la Corona. Este es el primer principio, lo que significa que todo lo que llega a la Existencia está enraizado en la Fuente Única. Éste es el lugar de equilibrio. A la derecha está el atributo o *sefirah*, como así se llama a cada uno de los atributos, de la Sabiduría, el cual representa el aspecto activo de la Existencia. En su lado opuesto está la *sefirah* del Entendimiento, que constituye el aspecto pasivo. Estas son las tres leyes primarias o la Trinidad clásica que hacen ser a la Existencia, la mantienen y la disuelven. La ley de la Unidad está en la parte superior y la ley de los opuestos está incorporada en la Sabiduría activa y en el Entendimiento pasivo. Juntos constituyen la Trinidad que también se halla en otras Tradiciones. Esta tríada celestial superior, junto con las otras tríadas que fluyen a partir de ella, son los modelos que constituyen el armazón y la dinámica que operan en todo el Universo.

Todos los atributos inferiores están sujetos a los tres primeros principios y se disponen hacia abajo en los pilares activo, pasivo y neutral del Árbol de la Vida, como se conoce al diagrama cabalístico de la Figura 6.

Los nombres son, en un principio, extraños pero con el tiempo enriquecen su significado a medida que se estudia el Árbol en profundidad. En este estudio no vamos a penetrar con demasiada profundidad en la naturaleza del Árbol, sino que vamos simplemente a esbozar su esquema general para ver cómo los mismos principios se aplican en los diferentes Mundos y así percibir cómo el microcosmos

Figura 7 – ADÁN KADMON
El reino Divino de las sefirot también puede ser visto como una figura humanoide compuesta del Santo Nombre, YHVH, cuando se escribe en hebreo de forma vertical. En Cábala se le llama KAVOD o GLORIA y representa el primordial Mundo de la Emanación, la dimensión más cercana al Absoluto, el cual está más allá de la Existencia. El Hombre Zodiacal ilustrado en manuscritos medievales es la versión astrológica del mismo. Desde aquí proceden todos los seres humanos, siendo cada uno una célula de la Divinidad o chispa de pura consciencia. Este Adán original es también el lugar al que todo retornará al Final del Tiempo. (Caligrafía realizada por Halevi).

resuena con el macrocosmos[2]. El resto del Árbol de la Vida está compuesto por una serie de tríadas mayores y menores. Junto a la Trinidad Celestial superior, las tríadas mayores están compuestas por los principios de Misericordia, Juicio y Belleza, y ocupan la zona media. En la parte de abajo, los principios de Eternidad, Reverberación y Fundamento forman, junto con el Reino, las dos tríadas inferiores. La relevancia de los niveles superior, medio e inferior se mostrará más adelante, cuando observemos la construcción del hombre, basada en este mismo modelo. Las tríadas menores están formadas por los senderos, como así se llaman, que conectan las *sefirot* (plural de *sefirah*) laterales. Éstas definen los aspectos funcionales de la Existencia, a diferencia de la consciencia, que está ubicada en las tríadas de la columna central. Como analogía, se pueden comparar con la inteligencia inconsciente de los brazos y piernas frente al conocimiento consciente de la mente y el corazón de una persona. De hecho, en la literatura cabalística antigua se utilizaba el símbolo de un Gran Hombre para explicar las funciones laterales izquierda y derecha y la voluntad central de la Divinidad. De esta imagen perfecta surgió la posterior imagen menor del Hombre Celestial o Zodiacal, el cual es un espejo de su hacedor pero en un Mundo más inferior.

Los Mundos inferiores, según nos dicen, fueron creados a partir de la unidad Eterna primera. Ésta, como Mundo perfecto, no tenía movimiento, por lo que no había espacio para la acción. Esto era una paradoja. Además, este Mundo Divino estaba muy cerca de la Deidad y debido a la Voluntad de contemplarse a Sí Mismo, según la Tradición nos dice, Dios puso en movimiento la Creación, para crear una distancia y así Dios pudiera ver Su imagen de manera más completa. Por tanto, la Creación emergió del perfecto Mundo de la Emanación Divina. Este sería el segundo de los cuatro Mundos que tuvieron su origen en los cuatro niveles interiores del Mundo sin Fin[3].

La Creación es el inicio del tiempo. Es el Mundo que mueve la Existencia fuera de la quietud perfecta de la Eternidad, y según lo ven algunas tradiciones, hacia el despliegue de la flor cósmica, tomando todo el tiempo para florecer y decaer, mientras billones de criaturas pasan a través del ciclo cósmico. La Creación es el Mundo donde las

2. Para una explicación detallada del Árbol de la Vida ver otros libros del autor publicados por Kabbalah Society.

3. Para más detalle ver el *El Universo de la Cábala*, del autor publicados por Kabbalah Society.

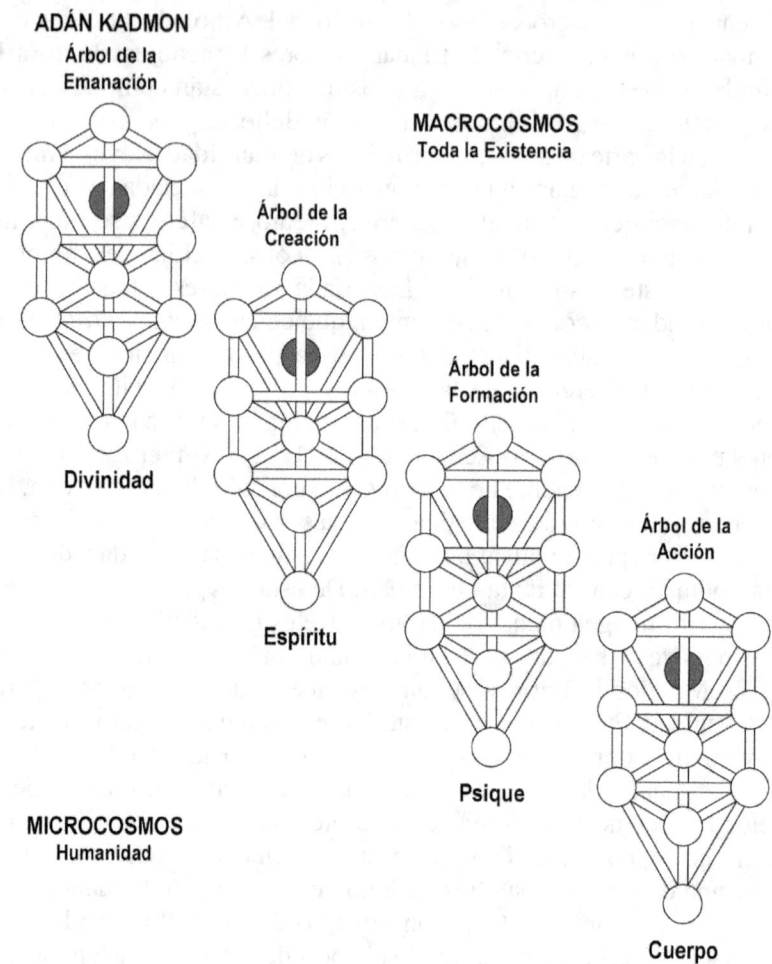

Figura 8—CUATRO MUNDOS
Según el mismo diseño del Árbol de la Emanación, emergen los Mundos inferiores. El primero es el de la Creación, el reino el Espíritu. Después viene el Mundo de la Formación que corresponde al dominio del alma o de la psique. Esta es la dimensión de la astrología. Por debajo está el Mundo material de la Naturaleza y los cuatro elementos. Es aquí donde las almas humanas toman un cuerpo físico al nacer. Este vehículo elemental, a través de la Evolución, incorpora los niveles mineral, vegetal y animal. Si bien los cuatro Mundos están separados, se superponen e interconectan. (Halevi).

cosas comienzan a ser, es decir, donde emergen a partir del movimiento del Universo del mismo modo que las hojas en la primavera emergen de los árboles invernales. Todas las cosas que nacen son eventos milagrosos de la Creación. Aparecen porque la Voluntad Divina, trabajando con los principios o *sefirot* de la Creación, lleva una idea hacia la manifestación. Así, todas las cosas y criaturas se mueven con el flujo del tiempo, cada una según su propio periodo dentro de la escala cósmica.

Según la Cábala, el segundo Mundo, o Mundo de la Creación, es el primer nivel de separación. Este es el primer distanciamiento verdadero del contacto directo con la Deidad. Aquí comienzan la desviación, el contraste, el conflicto y la Elección. Pero ésta, según nos dicen, es la intención Divina, ya que esto supone—tal y como una Tradición lo describe—un juego cósmico mucho más interesante. Este elemento de la elección, del riesgo y de la tentación del mal, sirve también para poner a prueba al bueno y fortalecer al débil. ¿De qué otro modo puede el bueno ser probado como tal y puede el débil crecer? En la gran escala cósmica de la Creación, el éxito y el fracaso y la vida y la muerte tienen un significado muy diferente. Siempre habrá una nueva temporada para comenzar un nuevo juego, ya que hay tanto tiempo como el que dura la Creación para aprender las artes de la Existencia.

Otro aspecto de este segundo Mundo consiste en que es penetrado por el primer Mundo, lo que quiere decir que la luz impregna el aire, que la Emanación o Divinidad filtra el Mundo de la Creación. Esto significa no sólo que la actual presencia de la Divinidad está en todas partes siempre sino que también hay, en el nivel creativo, dos agrupaciones de leyes que deben ser obedecidas, la Divina y la Cósmica. Esto implica que el Universo, en esta fase, tiene una estructura más compleja. Este principio se repite en cada uno de los niveles descendentes. Para ilustrar este principio, podemos ver cómo el primer Mundo está compuesto por principios y el segundo por leyes. Estas leyes están, en sí mismas, compuestas por principios que dan lugar a leyes, reglas y regulaciones creativas. La consecuencia de esta complejidad creciente es que hay menos maniobrabilidad. Así, por ejemplo, ahora existen dos factores complementarios: el activo, con las *sefirot* expansivas de la Creación en un lado, y el pasivo, con las *sefirot* restrictivas de la Creación en el otro. Esta noción se expresa en los dos pilares laterales del Árbol de la Creación, el cual emerge a partir de Árbol de la Vida original de la Emanación, que se encuentra

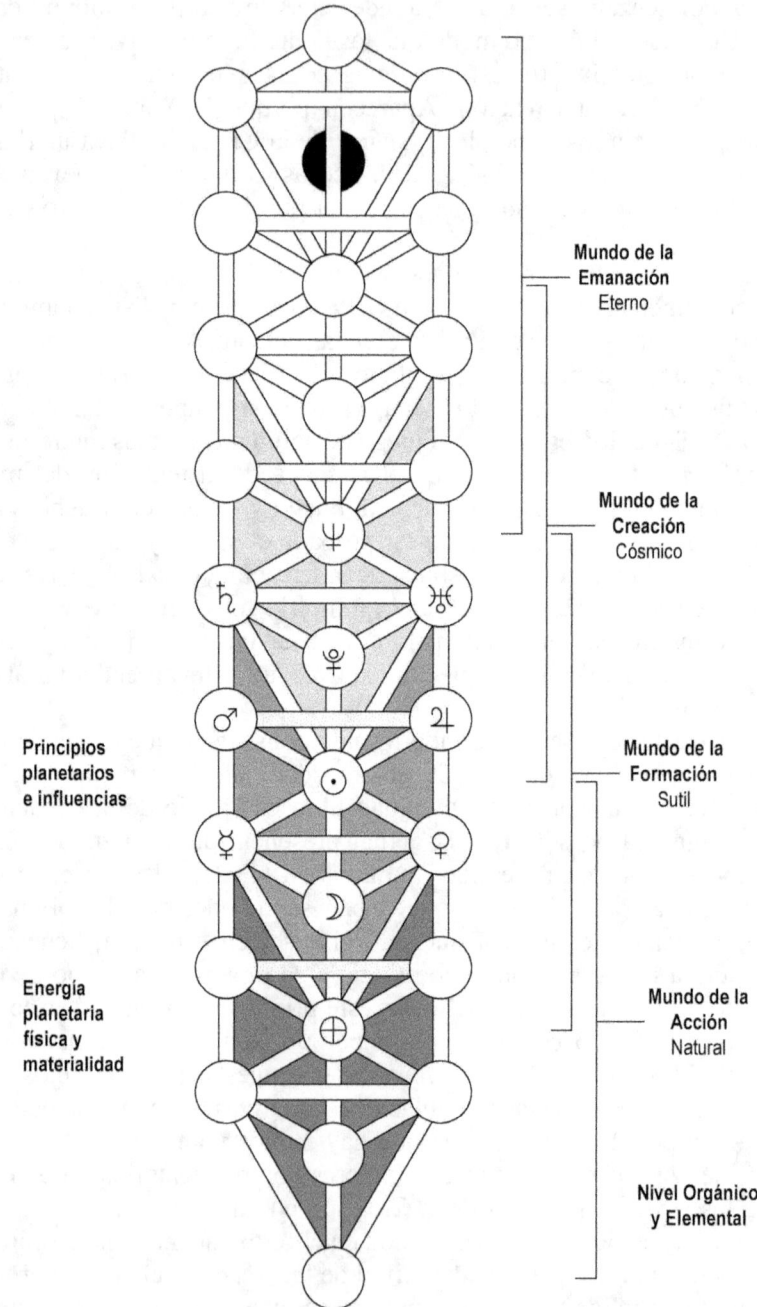

más allá de las leyes de la Creación.
 Del Mundo de la Creación emerge un tercer nivel de Existencia. En Cábala es llamado el Mundo de la Formación. Se conoce como el Mundo astral, planetario o sutil en otras Tradiciones Occidentales. Es bastante diferente de los otros dos Mundos superiores, ya que se dice que es de naturaleza fluida, es decir que su forma es variada y cambiante. Esta cualidad acuosa expresa su propósito ya que su fluidez contiene todas las formas en variación constante. Así pues los seres del Mundo creado pueden desarrollarse en un medio que está continuamente alterando su forma a medida que el Universo atraviesa las fases ascendentes y descendentes de la Creación y la Evolución.

El Mundo de la Formación es conocido como el Mundo planetario porque es a este nivel donde surgen los principios planetarios sutiles. Éstos no operan, como muchos creen, desde los movimientos físicos y desde las posiciones de los cuerpos celestes. Éstas son simplemente las concentraciones materiales que se dan en el cuarto y más inferior Mundo de la Acción. Los planetas, de hecho, expresan los principios *sefiróticos* del Mundo superior en éste, el nivel astral de la Existencia. Aquí de nuevo hay un número de leyes mayor, dado que los dos Mundos superiores penetran en este tercer reino. Si bien la mayor densidad produce un Mundo más complejo, es todavía un conjunto pequeño de leyes en comparación a las que constituyen el Mundo físico inferior.

Una forma de mirar al mundo sutil que es posible para nosotros, ya que forma parte de nuestra gama de consciencia sensual y psicológica, consiste en observar el estado de ánimo de una época. La historia es la respuesta humana a estos estados cósmicos sutiles, constantemente cambiantes. Las guerras y los periodos de paz vienen y van al igual que las épocas de gran expansión o de profunda depresión entre las naciones. Cada día los medios de comunicación reflejan el continuo

---

Figura 9—REINO ASTRAL
Aquí los cuatro Mundos están alineados en lo que se conoce como la Escalera de Jacob. En ella están las diferentes influencias fluyen hacia arriba y hacia abajo. En el caso del Sistema Solar, el reino astral afecta a lo que ocurre en la Tierra. El Sol, por ejemplo, tiene un ciclo de once años que tiene un impacto sobre la actividad humana, creando fluctuaciones en la política y en el comercio. Júpiter, en ciertos signos, estimula el crecimiento en muchos campos, mientras que Saturno puede ralentizar el progreso. Cada uno de los planetas tiene una cualidad distintiva acorde a su posición en el Árbol de la Formación. La Luna, al ser el cuerpo celeste más bajo, ejerce la influencia más obvia, aunque ésta es demasiado sutil para que la mayoría de la gente la detecte. (Halevi).

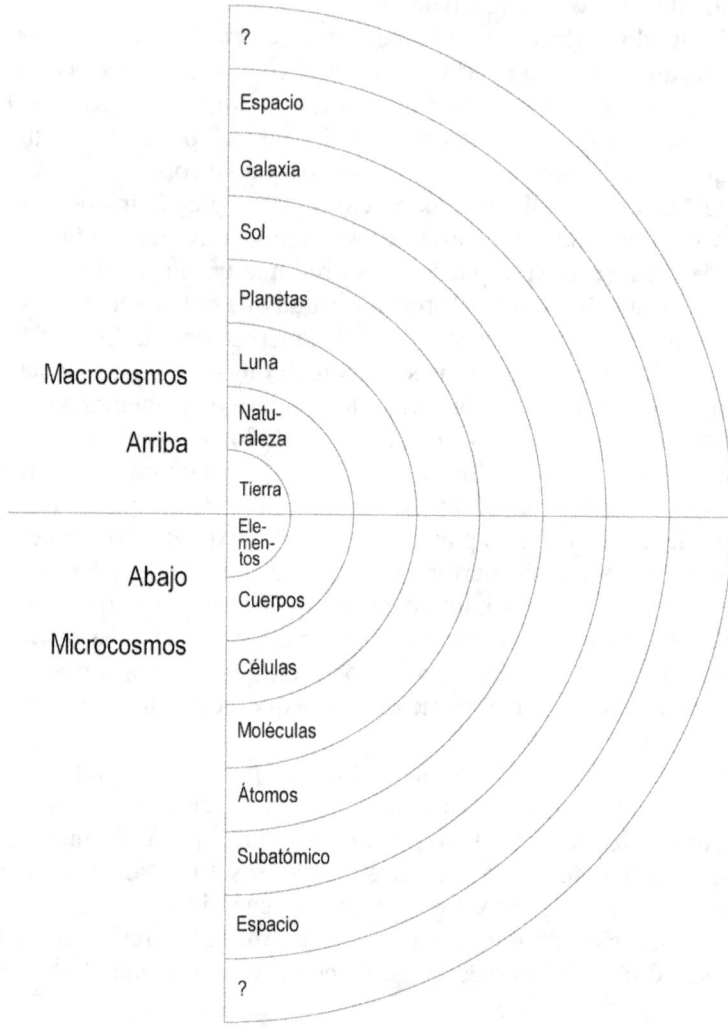

Figura 10—INTERACCIÓN
El principio esotérico 'Como es arriba es abajo' se muestra aquí en términos materiales. El macrocosmos y el microcosmos resuenan, en mayor o menor grado, entre sí. Más allá de este nivel físico, los campos más sutiles de los cuerpos celestes afectan a los humanos en particular, ya que ellos, a diferencia de las plantas y de los animales, no son sólo seres colectivos sino organismos individuales más sensitivos. Como ejemplo de ello está la amplia variedad de temperamentos, talentos y niveles de consciencia que los humanos pueden manifestar. Aun así, están sujetos a los ritmos cósmicos y pueden responder a ellos por ejemplo con depresión, con alegría o de una forma equilibrada. (Halevi).

drama de grupos e individuos envueltos en este o aquel descubrimiento, adelanto o momento de crisis. La rueda de la fortuna favorece este proyecto o rechaza aquel, trae cambio lento aquí o revolución allá. En todos los lugares se dan las fluctuaciones y mareas de eventos que van y vienen, a veces inundando y a veces dejando grandes áreas secas de humanidad mientras, en otro lugar, pequeños grupos de gente son empujados hacia adelante o hacia fuera de la corriente de la historia. Toda esta actividad del Mundo sutil sigue los ritmos generales de la Naturaleza que, excepto por ocasionales sacudidas de terremotos y tormentas, mantiene un notable patrón regular a medida que el Universo físico lentamente se mueve a través de su ciclo elemental. La diferencia entre los dos Mundos inferiores es de una dimensión. Los reinos de las rocas, las plantas y los animales poco o nada saben de los eventos sutiles y psicológicos que preocupan a la humanidad e, igualmente, la mayor parte de la humanidad no es consciente del drama espiritual de la Creación, por no mencionar el nivel Divino de la Existencia.

El más bajo de los cuatro Mundos es el físico. Para nosotros es bastante familiar, aunque tuvimos que aprender acerca de él cuando nacimos, al igual que cada ser humano encarnado ha tenido que hacer desde que la humanidad llegó a la Tierra por primera vez. La esencia del Mundo físico es la interconexión entre materia y energía. Ésta se puede ver en el Árbol del Mundo de la Acción, como se conoce en la Cábala, en los dos pilares laterales. La materia está en la izquierda y la energía en la derecha, mientras que la jerarquía de los niveles de consciencia mineral, vegetal, animal y humano ascienden por el eje central.

Según otro punto de vista tradicional, el Mundo físico puede ser expuesto como una escalera de pares de correspondencias. Así la Tierra se corresponde con los elementos, el reino de la Naturaleza se relaciona en miniatura con los cuerpos orgánicos, el nivel de la Luna con la célula, los planetas físicos con la molécula, el Sol con el reino atómico y el mundo estelar con la materialidad sub-atómica y la energía de las galaxias. Más allá del nivel galáctico se encuentra el Espacio Mayor, al igual que más allá del Mundo físico se encuentra el Espacio Menor de la nada elemental. Esta correspondencia entre arriba y abajo es uno de los mecanismos de resonancia que el macrocosmos aplica sobre el microcosmos. Estas leyes y reglas forman la base de la astrología.

Tomando los planetas como ejemplo, podemos ver cómo los

principios planetarios en el Mundo sutil de arriba se manifiestan en el Mundo físico de abajo a través de la energía pura y la materia densa de los cuerpos planetarios, con sus campos de fuerzas envolventes, a medida que orbitan alrededor del Sol. Físicamente, estos planetas están compuestos de fuerza y forma sub-atómica, atómica y molecular, y, como tales, tienen un efecto en otros cuerpos compuestos por una energía y materialidad similar. Esta interacción física fue descrita con precisión en la ley de Newton que expone que todo tiene un efecto sobre todo lo demás. Sin embargo esta ley no sólo se aplica a manzanas cayendo a la Tierra por gravedad, al empuje de la Luna y a la respuesta recíproca de la Tierra a ambas, sino al efecto particular de cada uno de los planetas sobre la Tierra y a todas aquellas cosas y criaturas dentro del campo de fuerzas de su superficie. El Sol—por tomar una correspondencia más lejana—tiene un efecto y una respuesta atómica característica en los niveles atómicos de la Tierra y sus habitantes. Por ejemplo, se ha observado y registrado que el ritmo del producto nacional bruto de los Estado Unidos coincide con el ciclo de radiación solar de las manchas solares que tienen lugar cada once y veintidós años. El nivel galáctico es, con diferencia, el de influencia más sutil. Según se dice, está relacionado con el Gran Año Galáctico en el que la Tierra cambia su posición con respecto a la Vía Láctea. Esta fluctuación cósmica se manifiesta en la historia de la humanidad en épocas de 2.000 años de duración, siendo la presente la Era de Acuario. Todo lo que se expone a continuación ilustra bien la máxima 'Como es arriba es abajo' tan frecuentemente mencionada en las enseñanzas antiguas. Ahora observemos el 'abajo' en la naturaleza del hombre, el microcosmos que imita la cadena de Mundos interconectados de los cuatro niveles de experiencia física, psicológica, espiritual y divina que ocupan la misma localización espaciotemporal en una persona. Comencemos con el cuerpo físico, el cual, en la Astrología, se manifiesta en el Ascendente.

4. *Cuerpo y Ascendente*

Un ser humano está compuesto por cuatro cuerpos diferentes, y cada uno de ellos corresponde a cada nivel de realidad de los cuatro Mundos que constituyen la Existencia objetiva. La mayor parte de la gente vive completamente ajena a cualquier cosa que vaya más allá del cuerpo físico inferior y del organismo psicológico que crea sus estados de ánimo. Esto se debe a que se encuentran en la primera etapa de la evolución humana y no tienen memoria consciente de haber descendido de los Mundos superiores, al igual que no recuerdan haber estado en el útero materno. El significado de este estado es complejo y sólo puede ser comprendido a través del entendimiento de la verdadera naturaleza del ser humano y de su posición en los cuatro Mundos. Éste se adquiere estudiándose a uno mismo. Para ello el primer paso es el examen del cuerpo humano físico.

El cuerpo físico es una máquina elemental que funciona por la relación entre sólidos, líquidos, gases y calor, o Tierra, Agua, Aire y Fuego. Si bien el mecanismo es orgánico en origen, no puede funcionar sin estas interacciones elementales y sin todos los tubos, cámaras, bombas y numerosas partes del mecanismo biológico que constituyen el cuerpo físico. Por lo tanto, el primer nivel del hombre está formado, de hecho, por una base mineral con trazas metálicas provenientes del intercambio entre materia y energía que mantiene el cuerpo unido en una pieza de maquinaria operacional desde el nacimiento hasta la muerte. Cualquier avería funcional de orden mayor hace que el mecanismo deje de funcionar, al igual que ocurre con cualquier otra máquina.

El segundo nivel es el químico. Éste opera a través de los sistemas de órganos, como el sistema renal o la circulación de la sangre, y a través de los tejidos que se extienden en el cuerpo. El metabolismo químico del cuerpo es crucial para su eficiencia y buen estado. Por ejemplo, la inclinación física hacia tendencias activas o pasivas se desarrolla según sea el lado predominante, si el anabólico o el catabólico. Esto puede reflejarse en la sensación cotidiana de encontrase bien o encontrarse enfermo y, si se analiza un periodo mayor, en los cambios graduales del cuerpo entre la apatía y el entusiasmo por vivir. Todos estos estados están conectados a factores astrológicos. En primer lugar, los ritmos del día a día se ven afectados por la rotación de la Tierra y la posición de la Luna, lo que influye en los fluidos del cuerpo y sus reacciones químicas. Por ejemplo, se ha descubierto que la sangre coagula a diferentes velocidades según sea la fase de la Luna. Los periodos más largos están gobernados por las posiciones de los planetas y sus aspectos. Según una teoría cada planeta tiene un efecto determinado sobre cada miembro específico del sistema glandular del cuerpo. Así, Mercurio y Venus afectan las glándulas endocrinas tiroides y paratiroides, estimulando y restringiendo el cuerpo dependiendo de si están en exaltación o en detrimento; por otro lado, Júpiter y Saturno gobiernan las glándulas pituitarias posterior y anterior y Neptuno la pineal. Se cree que Marte afecta a las adrenales y Urano a las gónadas, mientras que el Sol y la Luna gobiernan el timo y el páncreas respectivamente. Este sistema glandular-planetario es de carácter especulativo. Su valor puede residir en la identificación de los focos bioquímicos que responden en consonancia a los planetas, los cuales, a su vez, son manifestaciones macrocósmicas de los principios *sefiróticos* de Mundos aún más superiores.

El siguiente nivel es el electromagnético. Éste opera por encima y dentro del nivel químico-molecular de las hormonas y enzimas. Este nivel incluye en su ámbito no sólo la interacción de iones positivos y negativos, de los que el cuerpo depende para desencadenar un millón de procesos, sino también el campo electromagnético que envuelve el bio-organismo. La presencia de esta envoltura electromagnética se hace evidente por su ausencia en la muerte, cuando sólo queda el caparazón físico y químico. El fenómeno de la vida, sin embargo, es algo más que un campo de fuerzas de puntos y flujos. Es también el agente intermediario entre la parte más baja de la psique y el cuerpo, al igual que el nivel químico es el intermediario entre los niveles electrónico y físico del cuerpo. Desde un nivel puede ser percibido como el último fenómeno físico detectable antes de encontrarnos con la inteligencia pura, y, desde otro punto de vista, el campo electromagnético puede ser considerado como la base física del aura que rodea al ser vivo.

Cabalísticamente, es el equivalente terrenal al Mundo de la Creación en el microcosmos del cuerpo, al igual que los cuerpos químico y físico son los equivalentes a los Mundos sutil y físico. La sustancia del campo es atómica al estar compuesta de fuerza y forma electrónicas, en contraste con el nivel químico o molecular, compuesto de fuerza y forma metabólicas. Puede decirse que la función celestial del nivel electromagnético del cuerpo está relacionada con el Sol, el cual, como principio atómico cósmico, afecta a ese nivel de la salud. Cualquiera que se vea desprovisto de la luz solar durante un cierto tiempo sentirá el efecto a través de una mengua en su vitalidad. De este modo, el campo electromagnético está directamente conectado con la posición del Sol físico al nacer y su consiguiente progresión a lo largo del Zodiaco. Esto nos lleva a nuestro primer tema estrictamente astrológico, el Ascendente.

El Ascendente es el tipo de cuerpo de una persona. Esto significa que el signo ubicado en la Casa 1 ejerce una impresión y un molde sobre organismo físico. Suponiendo que el lector ya cuenta con cierto conocimiento y práctica de la astrología, podrá percibir, por ejemplo, que el signo de Cáncer en la Casa 1 otorga una característica apariencia de palidez y suavidad lunar y ojos acuosos. El rostro será o bien lleno y redondo o bien afilado, según sea el momento del ciclo lunar, que varía desde la fina Luna Nueva hasta la Luna Llena. Desde la perspectiva de nuestro estudio, esto se debe a que, en el momento de nacer, el cuerpo sutil de la persona que encarna y que hasta entonces se encontraba en estado fluido, cristaliza en esa forma física y apariencia. Esto significa que, a pesar de la raza, nación y familia, y de los factores que contribuyen al color, al temperamento nacional y a la tendencia familiar, la persona cuenta con su propio molde de características astrológicas particulares. Sin embargo, como puede ser observado, raramente alguien encarna conforme a una forma pura, ya que influyen otros factores físicos y astrológicos, por lo que no siempre es posible adivinar un Ascendente. Por ejemplo, si Marte se encontrara también en la Casa 1, otorgaría un corte oscuro y afilado al rostro, modificando su cualidad de palidez lunar. Podría darse el también el caso de que la Luna, regente de Cáncer, estuviera severamente afligida por Saturno, lo que endurecería la cualidad blanda de los factores cancerianos.

Mucha gente considera el Ascendente como el factor más importante. Lo es, si una persona vive sólo y puramente como entidad física. Aunque de hecho la mayor parte de la gente vive así, no debemos asumir que el Ascendente es siempre un factor dominante. El Ascendente es más bien como un saco astrológico donde se vierten todas las capacidades y características biológicas y psicológicas. En esencia, es la forma que se le ha dado al cuerpo desde el nacimiento para ser llenada y a través de la cual actuar. Así, por ejemplo, el Ascendente canceriano a menudo tendrá tendencia a engordar en la vida adulta, a ser

Figura 11—MACRO Y MICROCOSMOS
El ser humano es una imagen de todos los Mundos y contiene la Divinidad, el Espíritu el alma y el cuerpo en su constitución, mientras que los seres angélicos y orgánicos sólo pueden relacionarse con sus Mundos respectivos. Esto significa que los seres humanos tienen acceso a los Mundos superiores y pueden ser directamente influidos por los eventos cósmicos. Por ejemplo, una configuración celestial tensa puede precipitar una guerra o un colapso económico, o generar un movimiento como el Renacimiento o la Reforma. (Robert Fludd, siglo XVII).

físicamente sensitivo y particularmente proclive a cambios de estado corporales. Es más, si se consideran las posibles debilidades físicas, las enfermedades de un Ascendente Capricornio, por ejemplo, estarán en la piel o en los huesos, las de Leo en el corazón, y así ocurrirá en el resto de los signos según las enfermedades tradicionalmente asociadas a ellos. El Ascendente está sólo relacionado con los niveles físico, químico y electrónico de la persona, y el conjunto de relaciones del Ascencente cristalizan la historia natural de esa raza, nación y familia en ese organismo físico particular.

El cuerpo físico es el más denso y complejo de los cuatro cuerpos que posee el hombre encarnado. Ha evolucionado a lo largo de millones de años y está gobernado, hasta en sus más mínimas fluctuaciones electrónicas, por el peso de todas las leyes de los Mundos superiores, además de las terrenales propiamente suyas. De hecho, hay muy poca flexibilidad en el cuerpo en comparación con el entorno cósmico. Unos pocos grados de calor o frío más allá del pequeño límite de nuestras condiciones planetarias destruirían el cuerpo. Esta zona tan crucial en la que la vida orgánica se puede sostener a sí misma indica cuán crítico es el equilibrio entre las condiciones terrenales y la influencias celestes. También ilustra cómo, en el momento de nacer, el signo que se aproxima al horizonte Oriental tiene un efecto similar al de una ola cósmica arqueada sobre la que zarpa un barco. El Ascendente da un corte y dirección a la influencia celestial que impacta sobre el cuerpo del bebé en el momento en el que sale de la matriz. Siendo más potente que cualquier otra condición física presente en el momento del nacimiento, actúa como una ola en la orilla, limpiando y remodelando la arena según un patrón particular para luego retirarse dejando que la arena se seque y endurezca. Es más, los patrones no son aleatorios, sino que responden a doce disposiciones básicas que se modifican según sea la influencia celestial.

El Ascendente puede ser visto como el resultado de la unión de lo terrestre y lo celeste en un momento de interacción instantánea. Astrológicamente, determina la apariencia de la persona hacia el mundo exterior y su modo de reaccionar físicamente. Juzgar a partir de las características del Ascendente es hacer una valoración muy superficial. Sin embargo, el Ascendente se debe tener en consideración, ya que es el lugar de encuentro entre los Mundos exterior e interior, los cuales consciente o inconscientemente influyen en nuestras vidas y en el modo en que respondemos y recibimos respuestas. El Ascendente no es muy distinto de las ropas que llevamos, las cuales indican nuestro estilo de vida y posición, excepto por el hecho de que el Ascendente, o el abrigo de piel como lo llama la Biblia, recibe su matiz astrológico a través de las fuerzas que determinan nuestro momento exacto de nacimiento. Este momento no es bajo modo alguno accidental. Es un evento delicadamente calculado y diseñado dentro de las fluctuaciones cósmicas eternamente cambiantes para atraer a esa persona en particular de modo pleno al cuerpo y fijarlo en ese instante concreto. Este momento de fusión cósmica y terrenal da forma a la psique y deja impreso en la carne, que por sí lleva innatas las tendencias de los padres, de la gente y la raza, el recubrimiento del Ascendente, el cual hará que la persona sea alguien de pensamiento instintivo, de sentimiento o de acción. Así, por ejemplo, alguien podrá ser alguien delgado y nervioso (ectomorfo); suave y sensitivo con cierta tendencia a engordar (endomorfo); o muscular e hiperactivo (mesomorfo). Estas características fluyen desde el molde dispuesto por el signo, los planetas y las luminarias que afectan al Ascendente. Prueba de ello es que si bien hay características físicas familiares que son transmitidas al nacer, no todos los hijos son una réplica idéntica de sus padres. Sin embargo, si hay alguna similitud llamativa, normalmente se puede detectar en la composición astrológica familiar, la cual a menudo está interconectada por las leyes del *sino*. Pero antes de que tratemos la naturaleza del *sino* debemos estudiar y entender la constitución de la psique, la cual genera el primer patrón de la vida.

5. Cuerpo Planetario

La psique es el nombre moderno de lo que se solía conocer como el cuerpo sideral o planetario. Es la anatomía sutil del ser humano y se corresponde al Mundo de la Formación o el nivel de realidad sutil. Si bien la estructura de la psique se basa en el mismo modelo que el cuerpo físico, sus operaciones no son como los procesos mecánicos u orgánicos que encontramos en la materia orgánica. No obstante, al igual que el cuerpo físico, sigue los mismos principios que emanaron del primer Mundo y que existían antes del inicio del Tiempo. Utilizando el modelo del Árbol *sefirótico* vamos a exponer la estructura y la dinámica de la psique o cuerpo planetario.

Comenzando por la *sefirah* más baja del Árbol planetario vemos, de acuerdo a la Escalera de Jacob, cómo es aquí donde el cuerpo sutil se une con el Árbol físico inferior. Aquí se encuentran el tejido celular del cerebro y el sistema nervioso central, el metabolismo y el campo electromagnético. Aquí se produce la conexión directa de la psique con el aspecto puramente material del cuerpo. Por encima se encuentra la mente del ego, es decir, aquella parte nuestra que es parcialmente física y parcialmente psicológica. Ésta pertenece al nivel vegetal del hombre y constituye el órgano de consciencia a través del cual ve el mundo alrededor suyo. En el hombre, éste es un instrumento de alta sofisticación que da forma al fundamento de su educación, a sus talentos adquiridos, a sus hábitos, a su memoria y a la imagen de sí mismo. Es la mente ordinaria, el nivel de alerta con el que se desenvuelve en el día a día y con el que hace todas las cosas habituales que necesita para sobrevivir en su entorno y para relacionarse con otras personas. Si el cuerpo en la base del Árbol está representado por el Ascendente y el planeta Tierra, el ego se puede comparar con el principio Lunar.

Al igual que la Luna, el ego tiene dos caras, una luminosa y otra oscura. Estos aspectos positivo y negativo se muestran en las actitudes amigables y hostiles basadas en la educación adquirida por el ego. No se trata de la educación recibida en el colegio o en la universidad, sino de la adquirida en la vida en general, de tal modo que la cualidad lunar del ego refleja la imagen construida a lo largo de los años. La cara oscura de la Luna, a nivel psicológico, es la parte del ego que no se revela a sí misma, bien porque no desea hacerlo o bien por considerar sus puntos de vista socialmente inaceptables, ya que el ego Lunar se orienta socialmente; esto significa que su imagen en la sociedad y la imagen que tiene sobre sí misma son de máxima importancia.

La observación del vínculo entre la Luna y el ego revela mucho. Los estados de ánimo crecientes y decrecientes del ego están relacionados de forma muy precisa con la experiencia que la persona tiene de su Luna natal. Por ejemplo, las personas más sensitivas pueden observar cómo cuando la posición actual de la Luna está en cuadratura u oposición a su Luna natal, experimentan tensiones, mientras que cuando está en trino o sextil se sienten relajadas. Esto, por supuesto, es sólo una regla general aplicable al nivel de la psique. Lo que es importante es ver la diferencia entre el estado corporal del Ascendente y los estados de ánimo del ego. Aquí pueden observarse dos esferas de influencia en interacción: las fases físicas de la Luna actuando sobre el cuerpo Ascendente y sobre el ego definido por la Luna natal.

El siguiente nivel es la zona fronteriza entre el nivel físico y el psicológico. Las *sefirot* correspondientes a Mercurio y Venus representan aquellos principios del cuerpo sutil que actúan como funciones bio-psicológicas. Aquí debe hacerse una distinción importante entre los primeros siete planetas (incluyendo la Tierra) y las luminarias (ver Figura 12). Los planetas dispuestos en los pilares laterales operan como las funciones activa y pasiva del Sistema Solar. Esto no puede ser observado directamente en el macrocosmos pero sí en el sistema paralelo del Sistema Solar interior o psicológico. Tomemos, por ejemplo, los dos planetas que estamos examinando. Mercurio está en la posición reflexiva. Responde, lleva mensajes, ajusta y lleva a cabo una miríada de operaciones para informar a la psique de aquello que los otros principios, que también se han considerado a lo largo de la historia como dioses, están haciendo en ese Mundo; por otro lado, en la posición activa, el principio correspondiente a Venus estimula nuevas entradas, hace circular energía, bombea, despierta y revitaliza la zona bio-psicológica que ocupa junto a Mercurio, su *sefirah* complementaria. La posición de Venus en el pilar activo es a menudo cuestionada por quienes no ven más allá de los clichés astrológicos. Venus es el principio activo femenino y cualquier mujer joven que se halle en el periodo venusino de su vida sabe, al igual que sus admiradores, que es ella quien toma la iniciativa real en la mayoría de las situaciones. Venus es el poder impulsor que se encuentra detrás de la pasión mientras que Mercurio es como una fugaz pero delicada mariposa en eterno movimiento, siempre sorteando de un lado a otro pero nunca dirigiendo la acción. Este nivel representa un sistema planetario inferior de roles múltiples enfocado en satisfacer las necesidades del cuerpo, del ego y del Ser, el cual está oculto en el nivel inconsciente de la persona.

En el centro del Árbol de la psique está el Ser. Este es el Sol del Sistema Solar interior. Aunque se trata de una luminaria, al igual que la Luna, el Sol representa un nivel más elevado de consciencia porque, a diferencia de la Luna que sólo refleja, el Sol genera luz. El Ser es el centro de la psique, la esencia del individuo. Si bien la mente-ego de una persona puede haber sido educada según esta o aquella imagen de hombre rico o de hombre pobre, de hombre ignorante o de hombre sabio, el Ser no es nada más que sí mismo. Se reconoce como el observador lúcido en sueños o como aquel que ocasionalmente está mirando con ojo imparcial durante una crisis importante o un momento de paz profunda. Es la parte honesta de uno mismo que a veces habla con autoridad serena cuando el ego está a punto de hacer algo estúpido pero quizás socialmente aceptable. En términos generales, el Ser se mantiene en un segundo plano a lo largo de la vida de un hombre, en su inconsciente, más allá del velo que se extiende entre Mercurio y Venus. Esta línea en el Árbol psicológico es el umbral a través del cual cruza la experiencia, acumulándose en los bancos de memoria del cuerpo planetario. Esta línea límite es la frontera del inconsciente a través de la cual vienen las respuestas desde el interior profundo de la psique. El Sol se ubica detrás de este velo, a veces ejerciendo su poder de guía y a veces esperando a ser llamado directamente, cuando el ego-Lunar no puede superar por sí mismo una situación nueva y crucial. Esto se debe a que el Ser está principalmente enfocado en la verdad de la vida. Como el dios del Sol, Apolo, sólo puede ver la verdad y muy pocos egos lunares pueden mirar directamente a los rayos del Ser. Desde un punto de vista astrológico, la posición zodiacal del Sol en la carta astral determina la cualidad particular del Ser, y su posición en las casas mundanas señala en qué área de la vida operaría, en el caso de que la persona haga contacto con el mismo. Sin embargo, la mayor parte de la gente vive en función del Ascendente o de la Luna. Más adelante estudiaremos esto con detalle.

Las posiciones de los planetas Marte y Júpiter están ocupadas por las *sefirot* psicológicas relacionadas con la vida emocional de

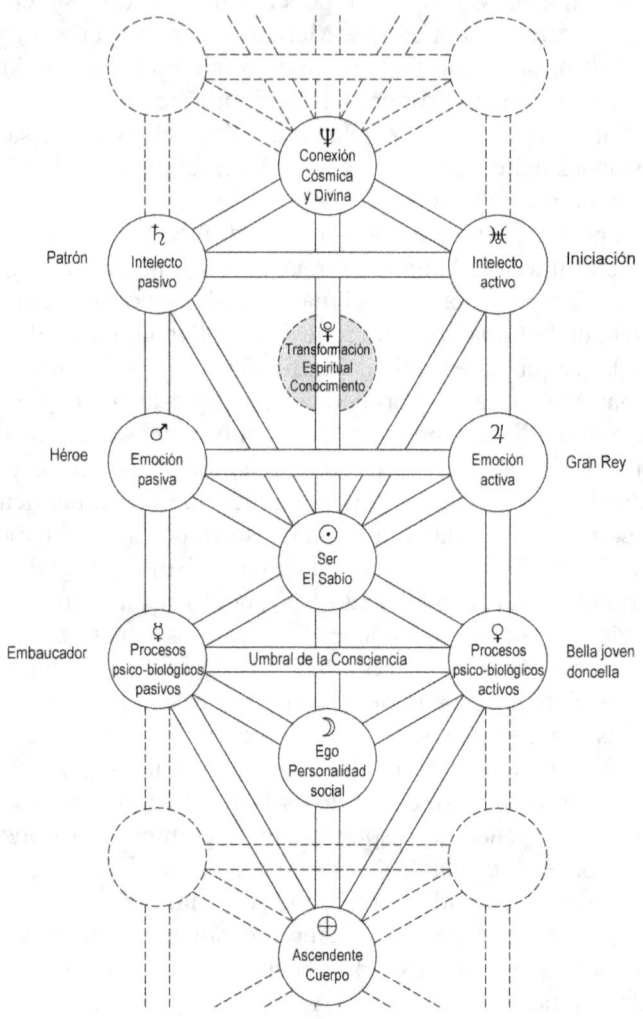

Figura 12 — SIMBOLISMO
En este esquema tenemos, además de los arquetipos planetarios, los símbolos de la psicología junguiana. Esto se debe a que la psique es de la misma naturaleza y substancia que el reino celestial, mientras que el cuerpo pertenece a la Tierra y está sujeto a sus leyes. Aquí Mercurio, por ejemplo, es el Estafador, o los rápidos procesos mentales de la mente ordinaria, mientras que Venus, como impulso sexual de actividad psico-biológica, se manifiesta en la Mujer Fatal o en el Casanova. Los planetas superiores, para la mayoría de la gente, están en el inconsciente. La mayoría de los héroes son ajenos a la fuerza Marcial que los motiva, al igual que los genios son ajenos a la fuerza de Urano. (Halevi).

la persona. Este nivel dista bastante de los sentimientos y humores, los cuales normalmente son el resultado de la influencia de los planetas inferiores, la Luna y el Ascendente sobre los procesos psicobiológicos, la mente-ego y el cuerpo. El nivel emocional de la psique se manifiesta muchas menos veces de lo que la gente imagina. El amor profundo o la amarga disputa que dura meses o años en vez de días pertenecen a este orden. También pertenecen a este orden el fenómeno del remordimiento, la conciencia y el coraje, al igual que el amor al trabajo, la devoción religiosa o incluso la ira justificada. Todas estas emociones, algunas buenas y otras malas, están en este nivel planetario y sacuden y remueven la psique profundamente en ciertos periodos de la vida cuando Marte o Júpiter están bien o mal aspectados. Éste es, para muchas Tradiciones, el lugar del alma, aquella parte de nosotros mismos que se hace cargo de algo más que de la vida cotidiana. Marte y Júpiter a veces son considerados como los ángeles guardianes que cuidan de los aspectos morales de la psique.

Visto en términos cabalísticos, muchas veces surge la siguiente pregunta: ¿por qué está Marte en la columna pasiva? La respuesta es que, al revés que el activo Venus, Marte es el lado pasivo y restrictivo del principio activo. Es poder emocional bajo disciplina. Un soldado no es soldado a menos que esté en control de sí mismo. La base entera de las artes marciales reside en conocer cuándo actuar y cuándo detenerse. La imagen usual de Marte como el guerrero violento es un buen ejemplo de la degeneración de un principio muy importante.

Júpiter es considerado como el gran rey generoso, lleno de poder y compasión activa, en oposición a la justicia estricta de Marte. Estas imágenes resuenan con los arquetipos psicológicos observados por C. G. Jung. En el esquema de Jung puede observarse el reflejo psicológico de los dioses planetarios. Así, el principio de Mercurio es visto como el arquetipo del embaucador, Venus como el arquetipo de la bella juventud o la doncella, y Marte y Júpiter como los arquetipos del héroe y el gran rey. La luna es la imagen arquetípica que la persona tiene de sí misma y el arquetipo del Sol es a veces llamado el Sabio. Por encima, en el Árbol psicológico donde Saturno y Urano se colocan a izquierda y derecha, están los arquetipos del *ánima* y el *ánimus*, o las figuras de la Gran Madre y el Gran Padre.

La pareja superior de Saturno y Urano representa los procesos intelectuales profundos de la psique. Saturno es la lenta reflexión del entendimiento, o la razón, mientras que Urano representa el rayo súbito de la iluminación. Ambos procesos están usualmente ocultos en el inconsciente de la mayoría de la gente y sólo dejan conocer sus descubrimientos cuando estos dos planetas superiores se encuentran ubicados de manera particularmente crítica, como por ejemplo cuando Saturno retorna a su posición natal original o Urano entra en oposición precisa con el Urano natal. Saturno puede generar en la persona el efecto de hacer un inventario de los últimos y los próximos treinta años y la crisis de Urano normalmente precipita la sacudida profunda de todos los patrones anteriores, para mostrar los frutos, buenos o malos, que han generado. La influencia de ambos planetas sobre la psique puede ser más fácilmente reconocida por alguien mayor de treinta años de edad para Saturno, y mayor de cuarenta para Urano. Desde otro punto de vista, se podría decir que estos planetas exteriores representan la frontera cósmica de la psique natural del hombre, lo más lejano y profundo que puede llegar a comprender mientras se encuentra todavía preocupado solamente por el Mundo natural. Una persona puede adquirir entendimiento e incluso tener alguna revelación, pero a menos que haya desarrollado su capacidad sobrenatural, la cual le abre a los aspectos cósmicos de Saturno y Urano, está confinada a los Mundos físicos y sutiles inferiores en su apreciación del Universo y su funcionamiento.

Los dos planetas más exteriores, Neptuno y Plutón, que se encuentran más allá de lo perceptible a simple vista (lo cual es un hecho significante), ocupan una extraña posición en el Árbol. Si bien sus posiciones son especulativas, al igual que lo es la de Urano, parece que, según los descubrimientos de los astrólogos más perceptivos, representan el cuarto nivel o la manifestación de los Mundos más elevados que se encuentran más allá de la psique ordinaria. Esto quiere decir que son, para la humanidad a grandes rasgos, tan lejanos que sus efectos son más bien generales en vez de particulares. Este razonamiento está respaldado por el simple hecho astronómico de que ambos planetas distantes se mueven a un ritmo relativamente muy lento, tan lento que sólo pueden tener un efecto fraccional o vago en la vida de un individuo. Su influencia es mayor, parece ser, a escala generacional e histórica que al nivel de una vida singular. Esto los sitúa, como es sugerido por sus posiciones en el Árbol de la Formación, en contacto con los Árboles superiores de la Creación y la Emanación en la Escalera de Jacob. Como tales actúan como los intermediarios, desde sus posiciones remotas dentro del Sistema Solar, con las Galaxias y más allá. Considerándolos desde estos Mundos superiores y al ser sus posiciones las más exteriores, sus esferas orbitales son las primeras que la influencia galáctica tiene que atravesar cuando entra en el Sistema Solar. Plutón y Neptuno, como principios psicológicos, se relacionan con el inconsciente colectivo y con el inconsciente individual respectivamente. Plutón representa la conexión directa con el nivel espiritual o cósmico de la Existencia y Neptuno la conexión con el Mundo de la Emanación y su Presencia Divina. Éstos se encuentran mucho más allá de la percepción de la mayoría de la gente y por tanto tienen poca relevancia para el marco de referencia psicológico general. Pero veremos más acerca de estos dos planetas más adelante.

Percibido como un todo, el cuerpo planetario tiene una anatomía delicadamente equilibrada. Es un organismo sutil cuyas partes inferiores están intrincadas en el cuerpo físico a través de sus principios correspondientes a la Tierra, la Luna, Mercurio y Venus. Tiene un nivel emocional en su zona intermedia que comprende la tríada formada por Marte, el Sol y Júpiter, un nivel superior intelectual gobernado por los principios de Saturno y Urano y una conexión con los Mundos espiritual y Divino superiores a través de Plutón y Neptuno. Estos cuatro niveles básicos son la manifestación interior en el ser humano del gran Sistema Solar del Mundo sutil. Como tales, no sólo se corresponden a nivel astral con los planetas y luminarias sino que también responden a cualquier fluctuación que ocurre en el reino sideral. Esto hace que aquel ser humano que no es consciente de su situación completa, esté sujeto a influencias externas que de otro modo podría resistir o incluso usar a su favor, ya que sólo es posible utilizar estas condiciones sutiles si uno es consciente de las fuerzas que operan alrededor y dentro de sí mismo. Desafortunadamente, para la mayor parte de la gente sólo las fuerzas de la Tierra, la Luna y los planetas inferiores tienen algún significado real. Vivir bajo las reglas de los niveles vegetal y animal supone, como dice la Biblia 'Nada nuevo bajo el Sol'. Esta expresión adquiere su significado completo cuando se reconocen los Mundos superiores invisibles e inconscientes que operan por encima del Sol, cuando se observan en términos del Árbol Cabalístico. Hasta ese momento, el efecto de los planetas superiores y de los Mundos del más allá es sólo general, haciendo que la gente se mueva en masa según las modas, las emigraciones, las guerras, las revoluciones sociales y otros movimientos similares. El estudio de tales eventos generales es de lo que se ocupa la Astrología Mundana. Esto es lo que veremos en el capítulo siguiente.

6. Astrología Mundana

Llegados a este punto, deberíamos entender que el Universo está compuesto por cuatro niveles de realidad: los Mundos de la Acción física, la Formación sutil, la Creación cósmica y la Emanación Divina. También deberíamos estar familiarizados con la noción de que un ser humano también tiene en su organismo microcósmico los cuatro niveles correspondientes, es decir, un cuerpo carnal, un cuerpo planetario o sutil y la presencia de los niveles espiritual y Divino profundamente inmersos en la psique. La correspondencia con los mismos tipos de realidad es la clave en la relación astrológica entre los Mundos superiores e inferiores del macrocosmos y el hombre. Sin embargo, aunque la conexión existe, el grado de influencia directa varía según el estado de evolución de la persona. Así, por ejemplo, un hombre que vive sólo para comer y propagarse está principalmente sometido a las leyes e influencia del Mundo físico. Este nivel mecánico de la astrología es la forma inferior y más general del *sino* mundano. Examinemos su mecanismo e implicaciones.

Al igual que el inicio de la Existencia, el Mundo de los elementos y de la acción emerge de la Nada, según los físicos, en la forma de diminutos impulsos de energía o paquetes de materia. Esta manifestación del Mundo físico es la última etapa del proceso de descenso de los cuatro Mundos que abarca desde lo Divino a lo mundano. A partir de este punto, comienza el proceso de ascenso o evolución a medida que la energía física y la materia empiezan a reorganizarse desde los estados más primitivos y menos inteligentes hacia organizaciones más complejas y sensitivas. La primera fase es el nacimiento del átomo de hidrógeno, el cual es el elemento más simple del Universo. Este gas, según dicen, emerge desde la nada ocupando la vastedad del espacio físico. Si las teorías del Big Bang o del Estado Estacionario del Universo son correctas o no, no es algo directamente relevante aquí, ya que la energía y la materia sin duda comienzan con el hidrógeno. La siguiente etapa es la conversión del átomo de hidrógeno simple en átomos de helio. Esto fue ocasionado por la compresión y fisión nuclear del hidrógeno en medio de densas y masivas nubes de gas que se acumularon y arremolinaron en vórtices llamados *nebulae*. El resultado de la actividad atómica generada de este modo fue la creación de un átomo de helio de dos electrones, lo que precipitó un proceso que se fue intensificando, a lo largo de billones de años, hasta producir un Universo físico compuesto de muchos elementos. A partir de aquí comenzó a evolucionar el siguiente estado, es decir, el de la materialidad molecular.

Tomando nuestro propio Sistema Solar como ejemplo, el Sol atómico fue creado desde la nébula gaseosa de la Vía Láctea, y a partir de los procesos nucleares de la evolución solar se formó el sistema planetario que hoy gira alrededor del Sol. En el momento actual de la evolución, los planetas se han desarrollado hasta un nivel más avanzado, de tal modo que no sólo tienen sustancia atómica y electrónica y campos de fuerzas, sino que cada uno cuenta con un intercambio interno de acción química y materialidad. Tomando nuestra propia Tierra como ejemplo, vemos que ha evolucionado una fase más allá del puro nivel mineral de existencia y es capaz de mantener vida orgánica. Esta red de consciencia celular alrededor de la esfera terrestre se mantiene entre los elementos líquidos y sólidos de abajo y los recubrimientos gaseosos y radiantes de arriba. Como una parte integral de la Tierra, la vida orgánica es una piel altamente sensitiva que recibe e irradia energía cósmica, sustancia y consciencia. La ciencia conoce poco de lo que emana de la Tierra, pero si puede saber acerca de lo que llega del cielo, ya que pueden establecerse los efectos del macrocosmos sobre la Tierra observando el ciclo anual y la historia natural. Además del obvio transcurso de las estaciones, las cuales son una respuesta al efecto que el Sol y la Luna ejercen en los patrones de crecimiento, está, por ejemplo, el efecto del ciclo del Sol de once a veintidós años sobre las vendimias, sobre el aumento o disminución de ciertas enfermedades y sobre el ritmo del mercado global. A una escala mayor tienen lugar las fluctuaciones climáticas de largo alcance, las oscilaciones del nivel del mar y las periódicas eras de hielo. Todos estos fenómenos y otros muchos se deben a la posición crucial de la Tierra en el Sistema Solar, donde se mantiene en un delicado equilibrio entre el Sol, los planetas y la Luna. Unos pocos millones de kilómetros de distancia más cerca o más lejos del Sol cambiarían el carácter de la Tierra y su capacidad para recibir y ejercer influencias cósmicas.

El concepto de influencia extraterrestre está hoy más cerca que nunca de ser aceptado por el así llamado cuerpo de conocimiento ortodoxo, aunque sólo sea por el descubrimiento de un Universo

Figura 13—LA TIERRA Y LOS CIELOS
La influencia del Sol y la Luna es claramente aparente pero no la de los planetas. A lo largo del tiempo, a medida que las observaciones se fueron cotejando, se fue haciendo evidente que no sólo las posiciones de los planetas en el Zodiaco tenían un efecto sino que también lo tenía la relación entre ellos. Es más, al igual que el Sol se encuentra en su máxima potencia al amanecer y al mediodía, igualmente lo está cualquier planeta que se encuentre en el Ascendente o en el Medio Cielo de la carta astral. Esto hizo posible la predicción de sus efectos sobre ciertas cuestiones materiales. Por ejemplo, era sabio empezar un proyecto empresarial cuando Mercurio estaba en Géminis. Así es como nació la Astrología Mundana. (Grabado en madera, siglo XVI).

de ondas de radio durante este siglo, que hizo que los científicos se dieran cuenta de que hay un aspecto completo de la Creación física que es totalmente desconocido para el hombre natural. Para el hombre sobrenatural o evolucionado, el descubrimiento de las emisiones de radio de Júpiter, por ejemplo, no fue una sorpresa. Pitágoras, según se dice, era capaz de percibir realmente las señales del Universo y los astrólogos inteligentes a lo largo de la historia han aceptado el concepto de la interacción celeste como un factor de importancia mayor en su filosofía.

El Sistema Solar es un conjunto de control y equilibrio de alta complejidad, con sus diferentes planetas de diversos tamaños y composiciones orbitando alrededor del Sol a diferentes distancias y velocidades. Esta es la base física de una organización cósmica muy sutil. Si nos alejamos y lo observamos desde el espacio, quizás podamos entrever el Sistema Solar como un organismo completo, si conseguimos ver más allá de nuestra posición habitual orientada desde la Tierra. El Sistema Solar viaja a gran velocidad alrededor del disco de la Vía Láctea. Visto desde nuestra posición en el espacio aparecería, en la escala de tiempo galáctica, como una especie de luciérnaga cósmica con los planetas tejiendo una serie de envolturas orbitales alrededor de la radiante punta del Sol a medida que éste se mueve hacia la estrella Vega. Tal entidad cósmica fue percibida como una criatura, como un dios, por los antiguos visionarios, quienes se veían a sí mismos existiendo dentro del cuerpo del Sistema Solar del mismo modo que las células viven dentro del cuerpo de un hombre. De hecho, esta analogía fue aún más desarrollada al considerarse el Sol como el corazón y los planetas como los órganos del cuerpo del Sistema Solar. La Tierra, por ejemplo, era considerada como un órgano planetario de gran delicadeza que gobernaba el bienestar del Sistema Solar, algo así como la piel humana que está continuamente naciendo y muriendo a medida que sirve a nuestro organismo físico. La noción de que el Sistema Solar es una entidad viviente por sí misma no es tan rara como parece a simple vista si se considera que somos, en relación a la Tierra, lo mismo que las bacterias que habitan en nuestros cuerpos. Hay una ley según la cual el Mundo mayor siempre contiene el menor, y así ocurre tanto hacia arriba como hacia abajo en la escalera de la Existencia. Esto nos hace comprender que el Sistema Solar, como entidad completa, está sujeto a la influencia galáctica. La ciencia conoce este hecho, gracias a la presencia de ondas cósmicas y partículas que vienen desde el centro de la Vía Láctea y atraviesan el Sistema Solar y la Tierra hasta llegar al borde galáctico, quizás afectando a otras galaxias como Andrómeda, situada a millones de años luz de distancia. Aquí es preciso recordar que para cada nivel de Existencia hay un tiempo y una escala espacial diferentes. Así, para ciertas células un día es una vida entera mientras que para nosotros el latido del pulso Solar dura veintidós años de nuestra encarnación. Esta oscilación del Sol, sin embargo, no es nada para la Vía Láctea, cuya escala temporal reduce la larga vida del Sol al equivalente de la breve vida de una célula estelar dentro del vasto cuerpo de la Galaxia.

Una vez establecida la escala del esquema físico, podemos examinar, teniendo en cuenta los factores mencionados arriba, el verdadero significado de la astrología mundana. En primer lugar, la astrología mundana por definición se refiere al *sino* general, es decir, a la respuesta a nivel mundial a la influencia cósmica. Comencemos por el aspecto más físico. Según los historiadores naturales, el planeta Tierra ha atravesado varias etapas de evolución. Primero se dieron varias fases minerales creadas por el fuego; después el agua formó rocas y los niveles más sutiles del reino mineral. A continuación tuvo lugar la etapa orgánica en la que el reino vegetal literalmente preparó el terreno para el animal, ya que el animal no podía alimentarse directamente del mundo mineral. Estos últimos estados se organizan según una complejidad y sutileza de orden cada vez mayor, no sólo porque las especies evolucionan espontáneamente sino también por la necesidad del planeta y por los cambios debidos a la influencia cósmica recibida. El principio es simple: una planta puede absorber y retener más radiación que una piedra y un animal puede responder a un espectro de influencia más amplio que una planta. Así la evolución responde al deseo de la Tierra de que organismos cada vez más eficientes y refinados actúen como su piel y sus órganos externos. De este modo, una serie de plantas y animales evolucionaron hasta hacerse dominantes, como los grandes helechos carboníferos y los dinosaurios, durante millones de años, y luego perdieron su lugar y dieron paso a plantas y animales más sutiles y más desarrollados en épocas posteriores. Estas especies tempranas murieron en el planeta del mismo modo que la cola humana finalmente se atrofió en el cuerpo y se convirtió en el cóccix osificado. Esta es la escala más general de la astrología mundana.

El siguiente nivel es el de la aparición del hombre en el planeta. Esta era una especie de vida que contenía todo lo que se había dado con anterioridad. El hombre contaba con los principios mineral, vegetal y animal dentro de él, de tal modo que, junto con su conciencia adicional, podía servir al planeta mejor que cualquier otra criatura terrestre. Sin embargo, la humanidad en su totalidad comenzó como seres humanos vegetales confinados a un espacio, al igual que las plantas, sin aventurarse más allá de su hábitat inmediato. Después, cuando la humanidad evolucionó más allá de su estado indefenso hacia una cultura de caza, se desarrolló el animal humano con instintos tribales y de manada. En este estado de evolución había poca individualidad y la gente vivía acorde a las presiones sociales de la costumbre tribal y de la supervivencia. Todas las influencias eran exteriores, lo que significa que estaban gobernadas por la Naturaleza, la cual, a su vez, estaba regida por el estado climatológico del planeta, –por ejemplo por las edades del hielo o tropicales– el cual a su vez estaba bajo la influencia del estado del Sistema Solar.

Fue sólo con el nacimiento de las naciones, algo de escala superior a la conexión sanguínea directa dentro de una tribu, cuando algo nuevo y de influencia más sutil se manifestó. Fue en este punto cuando la propia astrología fue concebida, dado que, por ese entonces, el largo ritmo y los incidentes cruciales de la historia de los pueblos ya habían sido registrados y estudiados. Se percibió, por ejemplo, que las naciones, al igual que las flores, nacían, florecían, decaían e incluso morían. También se observó que cuando una nación era creada, normalmente a partir de una confederación de tribus, ésta adquiría un carácter particular que se asemejaba al temperamento de un ser humano nacido en la misma época del año. Es más, si la fecha real de la creación de un pueblo no era conocida, ésta podía ser averiguada inteligentemente por observadores sensitivos con conocimiento astrológico. Así, en el mundo antiguo, a las naciones se las dotaba de signos zodiacales, aún si sus fechas de fundación eran desconocidas. Por ejemplo a la Roma Imperial se le otorgó Leo, mientras que los judíos, de mente tradicional, eran considerados como Capricornio. En tiempos posteriores, el momento en el que un estado nacía no sólo se registraba, sino que era escogido, es decir, elegido con cuidado. Inglaterra es un ejemplo de ello: Guillermo el Conquistador fue coronado a mediodía del día de Navidad de 1066, dotando así a su país del respeto Capricorniano por la ley y la longevidad política de la que ha disfrutado durante casi mil años. El nacimiento de los Estados Unidos es otro ejemplo. Su constitución no sólo fue formulada por la aristocracia inglesa colonial sino que también se tuvo en cuenta el pensamiento de sus fundadores de formación masónica para establecer

Los EEUU: 3.04a.m. 4 Julio 1776 Philadelphia, Pennsylvania, Los EEUU.

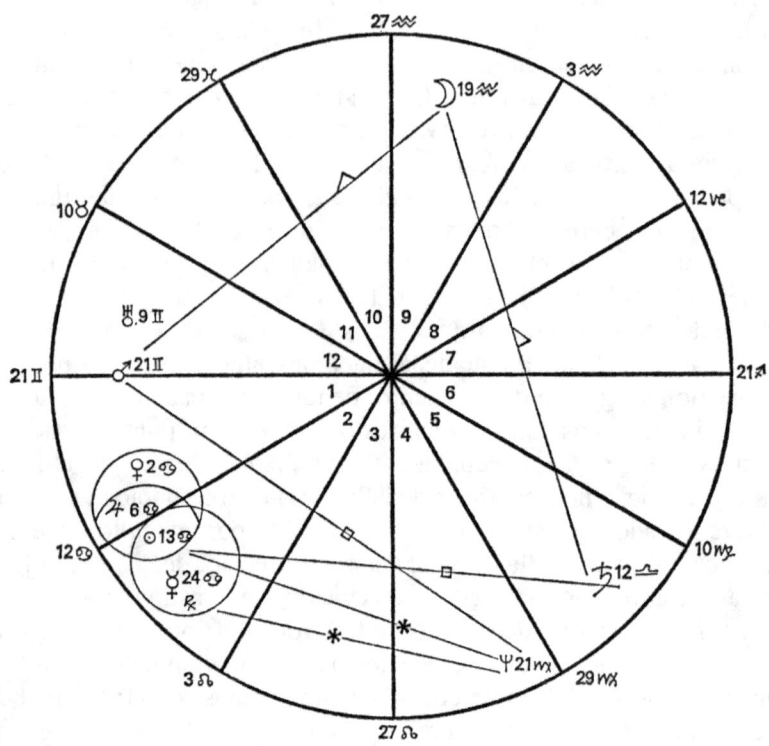

Figura 14—HORÓSCOPO DE LOS EEUU
Esta carta astral se corresponde al momento en el que, después de un largo debate, se firmó la Declaración de Independencia. Fue entonces cuando nacieron los Estados Unidos. Un elemento crítico en esta carta mundana es Marte justo en el Ascendente, indicando que el nacimiento había surgido de un conflicto entre hermanos, al estar en Géminis. Esto fue resumido por un político británico del momento, quien dijo: 'Esta es una guerra entre ingleses luchando contra ingleses acerca de los derechos de los ingleses'. También se presagió la posterior Guerra Civil entre los estados del Norte y los del Sur. (Halevi).

el momento justo de nacimiento de la nación. El momento real de la firma de la Declaración de Independencia a las 3.04 a.m. del 4 de Julio de 1776 en Filadelfia no fue casual. En esta carta astral se halla el sueño americano encarnado. Este ejemplo es ideal para ilustrar la esencia de la Astrología Mundana en detalle.

Al comenzar a observar la carta astral estadounidense, observamos que tiene a Géminis en el Ascendente, lo que le otorga su característica de dualidad física. El cisma americano del siglo diecinueve que separaba el Norte y el Sur con su Guerra Civil y las culturas de las costas del Este y el Oeste muestra el aspecto dual del país. El Sol en Cáncer también prefigura una nación compuesta por muchos estados, gentes y religiones. De hecho, no hay otro país en el mundo que contenga una amalgama tal de razas bajo una misma Constitución. Hombres blancos, negros, amarillos y rojos conviven, aunque Marte en Géminis y en el Ascendente indica conflicto entre hermanos. El Sol en la Casa 2, junto con Mercurio, apunta a una gran riqueza natural y agilidad comercial, lo que se confirma si se observa la historia de Estados Unidos. Venus en la Casa 1 indica el estilo de vida estadounidense de hospitalidad y generosidad en los primeros encuentros, a pesar del factor materialista del Sol, que favorece fuertemente la economía capitalista canceriana del 'yo y lo mío'. La Luna en Acuario, sin embargo, ilustraría el idealismo americano con su posición en este signo de inclinación democrática en la Casa 9. Aquí la Luna crea la imagen anti-colonial y anti-aristocrática que Estados Unidos tiene de sí mismo, a pesar de su auto-interés Solar que puede observarse en sus grandes corporaciones empresariales de alcance internacional, las cuales toman los recursos de otras naciones para su dominio comercial de un modo tan canceriano. Es más, el Sol en cuadratura a Saturno en Libra en la Casa 5 presagia una fuerte mano imperial sobre sus dependientes y socios, pero el trino entre Saturno y la Luna aligera esta tendencia, ayudando a que los Estados Unidos puedan mantener algo de su idealismo. Neptuno en la Casa 4 de la seguridad, indica decepción y corrupción en materias domésticas, el cual es el punto que examinaremos en detalle cuando observemos una época particular de la historia Americana como ejemplo de la influencia mundana celestial y su respuesta a nivel terrestre.

En Agosto de 1973 Saturno entró en Cáncer y no dejó este signo hasta Junio de 1976. Durante el periodo en el que el planeta del sufrimiento y el aprendizaje estaba pasando por el signo Solar de Estados Unidos, la nación sufrió su primera derrota militar en Vietnam, asumió las revelaciones más escandalosas por parte de su gobierno, atravesó su peor depresión económica en varias décadas y su presidente dimitió con deshonra, algo que nunca antes había ocurrido. Además 1976 era el año bicentenario de existencia de la nación. Las razones astrológicas que se encuentran tras estos eventos son muy precisas. Durante esta época Saturno, tras haber hecho conjunción con el Ascendente de América, eclipsó al Marte natal, lo que perjudicó sus esfuerzos militares en Vietnam. Después atravesó la Casa 1, dejando una huella sombría sobre la apariencia de los Estados Unidos y su reputación en el mundo. Posteriormente transitó sobre su Júpiter y Venus natales, ejerciendo una restricción sobre los dos planetas benéficos, lo cual deprimió la posición económica de la nación y creó desempleo durante cierto tiempo. A continuación Saturno hizo conjunción con el Sol, es decir, con el principio de la verdad, y fue aquí cuando la desgracia nacional del escándalo del Watergate emergió, ya que Saturno, además de ser un maestro duro, es también el planeta de la justicia y la ley. La caída del Presidente Nixon también está prefigurada a nivel astrológico.

Richard Nixon (9 de Enero de 1913 — 22 de Abril de 1994) era Capricornio y Saturno era su regente planetario. Saturno en el signo opuesto de Cáncer está en detrimento, por lo que la humillación nacional y la dimisión forzada del Presidente coincidieron cuando Saturno transitaba, el 8 de Agosto de 1974, de manera exacta por la posición del Sol americano a trece grados de Cáncer. El Sol natal de Nixon, a dieciocho grados de Capricornio, recibió todo el impacto negativo algo después, cuando Saturno entró en completa oposición a su Sol natal. Ahí estuvo cerca de morir.

Acabamos de ver cómo los eventos terrenales de abajo se corresponden con los eventos celestiales de arriba y cuán precisa esta interacción puede llegar a ser. Esto, por supuesto, puede ser aplicado a temas de mayor o menor importancia, pero es necesario darse cuenta de que, en lo que respecta a la astrología mundana, los eventos generales contienen, para la mayoría de la humanidad, lo particular. Esto quiere decir, por ejemplo, que muchos soldados americanos que lucharon y murieron en la guerra de Vietnam se encontraban inmersos en los eventos nacionales, limitando así las posibilidades de su *sino* individual. Estos soldados, como la mayoría de la gente, vivieron de acuerdo a las presiones exteriores de las costumbres sociales y tribales, excepto aquellos, por ejemplo, que como individuos se arriesgaron a padecer deshonra pública y evitaron ser reclutados por el ejército. Aquí de nuevo, sin embargo, esto debe observarse con mayor profundidad porque, mientras que algunos eran genuinos objetores de conciencia frente a la guerra, hubo un gran número de hombres que evitaron el reclutamiento siguiendo una tendencia anti-guerra que se estaba desarrollando en América, la cual fue generada por el mismo tránsito de Saturno. Saturno es el planeta del entendimiento y de la visión a largo plazo, por lo que cualquiera que quiera sobrevivir debe contar con la actitud y perspectiva características de ese planeta.

La historia del desarrollo gradual de las naciones y sus relaciones recíprocas es otra de las áreas de estudio de la astrología mundana. Es decir, el patrón de desarrollo humano está tan sujeto a la climatología celestial como lo están el clima terrestre y los terremotos. De hecho, los niveles humano y elemental a menudo expresan, cada uno a su modo, la misma tensión cósmica. Un ejemplo de ello es la masiva conjunción que tuvo lugar en Leo formada por el Sol, la Luna, Saturno, Venus y Mercurio en cuadratura a Urano en Escorpio en Julio de 1976. Este momento de gran impacto celeste precipitó grandes terremotos en varios países: en una ciudad china murieron más de 250.000 personas. Por el lado más sutil, el perturbador e innovador planeta Urano en el oculto y violento signo de Escorpio hizo cuadratura con el conservador y represivo planeta Saturno en el signo imperial de Leo, lo que, desencadenado por la Verdad del Sol y el impulso de masas de la Luna, trajo consigo una explosión inusual, civil y racial, en países autoritarios como la República de Sudáfrica; la alteración de la política supremacista blanca en Rodesia que marcaba el final de una época colonial; la muerte de Mao Tse-Tung, el emperador comunista chino, y sus consiguientes rebeliones y cambios políticos y sociales; el asesinato altamente simbólico del embajador británico en Dublín por la Armada Republicana Irlandesa y el espontáneo crecimiento del movimiento de paz en Irlanda para terminar con la larga guerrilla urbana. Todos éstos son ejemplos excelentes de la perturbación causada por Urano en cuadratura con el poder imperial del signo de Leo.

Cuando se observan desde los Mundos superiores, las mecánicas celestes de los eventos son de gran interés. A medida que los planetas se mueven alrededor del Sistema Solar, atraviesan fases de estrés y de relajación, según sus cuerpos y campos de fuerzas se unan, opongan o creen ángulos entre ellas. Estas relaciones geométricas se dividen en tres clasificaciones principales: tensas, neutrales y relajadas. Una analogía que ilustra bien este principio es la de una habitación llena de personas en continuo movimiento que se relacionan entre sí de manera amistosa, indiferente u hostil. Cuando se da un conjunto de relaciones planetarias inusuales suele crearse una respuesta excepcional en la Tierra. Éstas, o bien interrumpen temporalmente el equilibrio de los ritmos regulares, dando lugar a guerras y desastres naturales, o bien se concentran de tal manera que precipitan eventos particularmente inusuales que pueden tardar años en manifestarse, como el nacimiento de una civilización. Un ejemplo tradicional de esto tuvo lugar cuando muchos planetas se alinearon en una zona del cielo, estando tan juntos que parecían ser una sola estrella. Esto significaba que los planetas estaban formando un gran eje de poder celestial en el Sistema Solar, generando así un evento de potencia extraordinaria. Un alineamiento de planetas de dimensión tal fue descrito por la Estrella de Belén, la cual alcanzó su máximo punto de conjunción sobre un determinado tiempo y lugar y se dispersó después, lo que supone un acontecimiento de concentración astrológica y poder cósmico teóricamente irrepetible. Si éste hecho realmente ocurrió o no, es algo que quizás pueda ser sólo relevante para el astrólogo cristiano. Sin embargo, el principio de este evento es correcto y muchos ejemplos menos perfectos de alineación planetaria a lo largo de la historia demuestran que estos momentos y configuraciones son altamente significativos. El 4 de Febrero de 1962 tuvo lugar una conjunción mayor de planetas. Este fue un año de crisis mundial, cuando las fuerzas militares de Estados Unidos y Rusia entraron en confrontación sobre Cuba, y China e India lucharon en el Himalaya. Cuatro de las naciones más pobladas rozaron el umbral de lo que habría sido una guerra atómica mundial. Fue un punto decisivo crucial para la raza humana, tras el cual la amenaza de destrucción nuclear masiva retrocedió por más de una década.

Desde una escala más amplia aún estamos esperando el desarrollo de las implicaciones de largo alcance de esa conjunción. Desde el punto de vista de nuestro estudio, este acontecimiento estelar tuvo una influencia profunda sobre la generación nacida en el momento en que cinco planetas y el Sol estaban en Acuario, y particularmente sobre aquellos que nacieron en el día en que la Luna también hacía conjunción con esta configuración. El efecto de este máximo enfoque planetario en las vidas de quienes nacieron en ese momento y en el mundo todavía debe ser presenciado en términos de *sino* individual y de *destino* cósmico. Pero antes de examinar estos temas debemos intentar comprender los procesos tanto sutiles como físicos de la concepción, gestación y nacimiento carnal.

7. El Descenso a la Carne

Una analogía acerca de cómo el Mundo celestial influye en la situación terrenal sería la del efecto que las notas musicales tienen sobre una placa espolvoreada con una sustancia granular fina. Los experimentos muestran que varias frecuencias producen el fenómeno de crear nítidos patrones en la sustancia granular, que son modificados según las notas sean más altas o bajas, o suenen en diferentes combinaciones. Al observar dichas secuencias puede observarse cómo el polvo fino se ordena en una serie fluida de formaciones intrincadas que adquieren una amplia gama de formas y velocidades en concordancia con la armonía, desarmonía, violencia o suavidad del sonido. Es algo así como ver un concierto en forma sólida. Si consideramos el mismo principio en una escala mayor, podemos pensar que se dan procesos similares en relación a la música de las esferas, donde el efecto de las luminarias, los planetas y las estrellas influye sobre el eternamente cambiante flujo de formas de la escena terrestre en respuesta a la orquesta celestial.

Continuando con la analogía anterior, también se ha observado que si el sonido de entrada es interrumpido, entonces el fino polvo queda congelado en el patrón de ese instante. Esto nos da una clave de lo que puede ocurrir cuando una psique desencarnada se separa de las influencias directas del Mundo sutil y queda fijada a un cuerpo sólido de carne y hueso, pasando a estar bajo la gobierno de las leyes físicas. Teniendo en mente esta noción de cristalización, viajemos hacia atrás en el tiempo, más allá del nacimiento y la concepción, para poder percibir cómo los tres Mundos de la Creación cósmica, la Formación sutil y la Acción física forman una cadena descendente de causas y efectos. Esto debería ayudarnos a entender los procesos que originan el horóscopo natal.

La Antigua Tradición nos dice que después de que el Universo fuera creado, éste se llenó inicialmente con tres clases de criaturas. En concordancia a los cuatro Mundos, las que estaban 'abajo' descendieron a los dos Mundos de la Acción y de la Formación, ocupando cuerpos físicos, mientras que las que estaban por 'encima' de las anteriores se desplazaron hacia los dos Mundos intermedios, el de la Formación

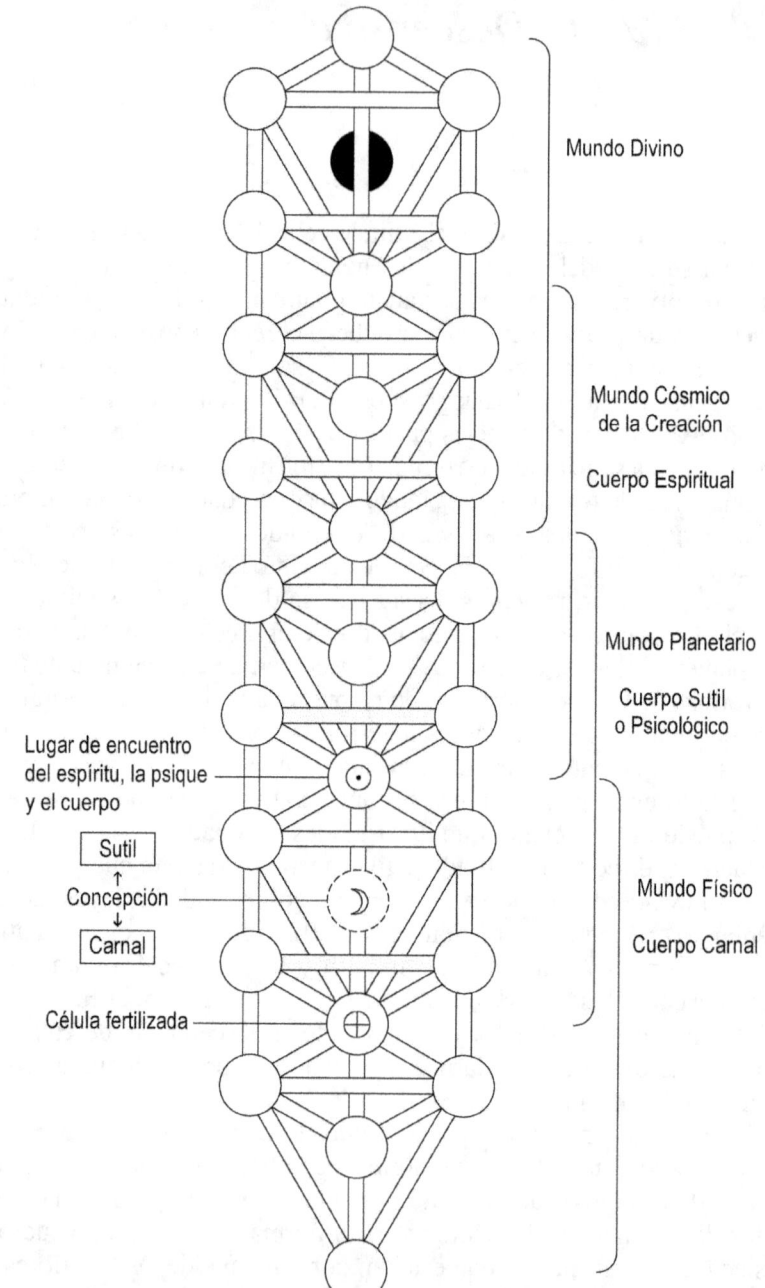

y el de la Creación. Estas dos clases de criaturas por lo general no podían entrar en territorio ajeno. La tercera clase de seres llamados a la existencia estaba formada por criaturas únicas que podían atravesar estos tres Mundos inferiores. Se trataba de los hombres. El Mundo superior de la Divinidad no estaba todavía incluido en el plan, ya que sólo aquellos que habían experimentado todos los otros niveles de Existencia podían ser admitidos en él. Este era el premio para los seres más perfectos dentro del gran drama cósmico, según el cual Dios se contemplaría a Sí mismo.

Por lo tanto, se dice que Adán, a imagen de Dios, fue llamado a existir y que por efecto de la Voluntad Divina fue creado el Espíritu cósmico de la humanidad. Este gran Adán Espiritual, según sigue contando la Tradición, después se dividió, al descender hacia el Mundo de las Formas, en las almas masculina y femenina. En términos de los cuatro Mundos, todos los espíritus que componen la humanidad preexistieron antes de convertirse en almas y todas las almas preexistieron antes de entrar en algún cuerpo físico. De aquí procede el concepto de los cuerpos espiritual, psicológico o sutil y físico o carnal, con el potencial Divino presente en el interior profundo de cada uno. ¿Cómo podemos entender esto astrológicamente? Sigamos la secuencia en detalle desde el principio.

La enseñanza cabalística nos dice que el espíritu de una persona es en un principio puro e inocente; que no tiene otra experiencia más que la cósmica en el Mundo de la Creación, desde el que ha sido traído a la existencia. Aquí reside, junto a muchos otros que están destinados a trabajar con él, hasta que le es requerido descender al Mundo sutil de más abajo, conocido como la Casa del Tesoro de las Almas. Aquí, según se dice, el espíritu se envuelve en un cuerpo sutil o planetario antes de ser encarnado en la materia. La Tradición enseña que el alma-espíritu es muy reacia a descender, ya que se encuentra bastante feliz donde está. Sin embargo, se dice que fue creada con un propósito especial y que tiene que pasar por la experiencia de la existencia física para completar el conocimiento de todos los Mundos. Reaciamente,

Figura 15—ENCARNACIÓN
La concepción parece tener lugar en el nivel de la Luna, la cual gobierna los órganos sexuales y el útero. En realidad, sólo puede ocurrir si el Mundo de la Creación, el Mundo del Espíritu, el reino planetario de la psique y el cuerpo su unen para cumplir un destino cósmico. Esto ocurre al nivel del Sol, donde los tres Mundos inferiores se juntan para crear un vehículo físico para que el alma lo habite. La hora del nacimiento no es casual, sino que está diseñada para generar un sino específico para el beneficio de ese individuo. (Halevi).

la entidad desciende al nacer y pierde pronto toda memoria de su existencia prenatal, aunque algunas personas, de vez en cuando, sí que recuerdan algo de otras vidas o de otro Mundo cuando ocasionalmente dejan de lado las preocupaciones de la vida física.

Llevando esta alegoría hacia su punto de conexión astrológica, puede decirse que es en el momento de la concepción, cuando los dos padres físicos se unen, cuando el vehículo biológico de la célula fertilizada se fusiona con la parte inferior del Árbol del Espíritu, el punto central del Árbol del cuerpo psicológico o sutil y el punto superior del Árbol carnal. Aquí el espíritu y el alma se conectan a la carne. A partir de ese momento, la psique prenatal va quedando lentamente inmersa en el tejido celular, pasando, durante la gestación, a través de todos los estados de evolución mineral, vegetal y animal antes de convertirse en un cuerpo verdaderamente humano. Cabalísticamente, el cuerpo físico, desarrollado a lo largo de millones de años de refinamiento bajo condiciones terrenales, queda lentamente envuelto por la psique o cuerpo sideral, el cual, a su vez, está habitado por el espíritu. Los nueve meses de gestación es el periodo en el que se dan los cambios más rápidos porque los procesos están aún involucrados en el Mundo de la Formación, y se van reorganizando según un flujo constante. Si estos procesos estuvieran sólo bajo la ley física, se trataría de una lenta y rigurosa secuencia elemental —algo que ciertamente no ocurre en la formación del cuerpo de un niño. Toda la operación, para ser precisos en términos cabalísticos, incluye la participación completa de los tres Mundos: el de la Creación, el de la Formación y el de la Acción.

Durante la gestación, la situación es casi enteramente fluida debido a la naturaleza del Mundo que opera principalmente. Sin embargo, es también en este momento cuando las características físicas de la raza, la nación y la familia, iniciadas por los genes de los padres, actúan sobre el cuerpo que está siendo formado. Esto ocurre antes de que se produzca la huella del Ascendente. Por ello, mientras que el color de la familia, la altura, las fortalezas y las debilidades puramente físicas están siendo imbuidos durante la gestación, el tipo de cuerpo en particular aún no está determinado. Esto quiere decir que aunque una familia sea, por ejemplo, sana, sus miembros puede que personalmente sean delgados, musculosos o con tendencia a engordar, según lo determine el Ascendente en el momento de nacer.

El momento del nacimiento tiene lugar en la coincidencia de dos puntos. El primero es el final del proceso de gestación y el segundo es el de la coordinación del tiempo del Mundo sutil. La concepción se da en un momento y lugar particulares para que una determinada entidad pueda encarnar en una familia y circunstancia concretas diseñadas para su desarrollo espiritual. Esto ocurre en una escala temporal fuera de la percepción del Mundo sensual. Quizás una analogía pueda servir de ayuda. Imagina que encuentras una araña en tu bañera. Ha trepado por la tubería o caído ahí. Estás a punto de llenar la bañera. Antes de abrir el grifo del agua caliente haces una pausa y sacas a la criatura fuera de la trampa mortal poniéndola en otro lugar más favorable para su supervivencia. La araña se escapa deprisa casi sin haberse dado cuenta de que acaba de vivir un encuentro fatal. Desconoce por completo tu tipo de inteligencia, tu momento de juicio, tu compasión y tu consideración acerca de dónde debería ser reubicada. Una vez que se ha escondido bajo una hoja o en una cornisa vuelve a estar sola y a vivir según su naturaleza inherente y su experiencia aprendida. Tu dimensión de la vida no tiene significado para la araña. Lo mismo ocurre con la Providencia, la cual supervisa el estado y la dirección de la Creación desde una dimensión muy lejana para la mayoría de nosotros. Por tanto, cuando tiene lugar una encarnación humana, ésta ocurre después de una profunda consideración. La Justicia y la Compasión son ejercidas con máxima exactitud. De este modo se asegura la mejor supervivencia y crecimiento para ese espíritu en su nacimiento y su vida subsiguiente, la cual afectará tanto a la persona como a aquellos que entren en contacto con ella.

La tradición cabalística explica que, hasta el primer aliento, la persona es consciente de la razón de su encarnación. El final del nacimiento tiene lugar cuando el bebé inhala el primer aliento y cuando no sólo se convierte en una entidad físicamente separada de su madre, sino que además se fija fuera de la fluidez del Mundo sutil en la solidez del Mundo físico. Desde ese momento en adelante la psique embebida en el cuerpo del bebé queda sujeta a las leyes adicionales de la vida orgánica y comienza a olvidar su existencia prenatal. Ahora queda atada, durante el resto de vida de su vehículo celular y orgánico, al proceso de crecimiento, madurez, decadencia y muerte. Probablemente esta sea la razón por la que los recién nacidos lloran, ya que en el momento en que son separados de la influencia fluida directa del Mundo sutil, más ligero y con menos ataduras, se dan cuenta de que son prisioneros de la carne y de todos sus problemas. Las técnicas de parto suave pueden aliviar el shock, pero el impacto sigue siendo enorme y la entidad encarnada busca, en el calor de la madre, una compensación por la pérdida de su libertad en el Mundo sutil.

Dice la Tradición, nuevamente, que durante el periodo de gestación, a la persona que está encarnando se le muestra, a modo de avance, el tipo de vida que va a vivir, todos los lugares que va a visitar y todas las relaciones importantes que va a tener. Este escenario, dicen, se borra parcialmente al nacer porque cualquier noción preconcebida podría afectar el libre albedrío. Sin embargo, el esbozo general del *sino* queda ya determinado. El *sino* queda sujeto a un patrón general de tal modo que pueda encajar en el *sino* común de la familia y de la sociedad particulares, además de formar parte de una relación más amplia con el grupo de compañeros a nivel del alma que encarnan alrededor del mismo tiempo. A veces la persona reconoce a estos parientes del alma cuando les ve por primera vez. Ahí experimenta la sensación de conocerles de algún otro lugar. El fenómeno del *déjà vu* que ocurre al entrar en un sitio que nos resulta familiar también pertenece a la visión del *sino* en la etapa prenatal.

La Providencia, palabra que significa provisión, provee con la clave del plan de la vida en el horóscopo astrológico. Este es el uso esotérico de la carta natal. Sin embargo, antes de estudiar el mecanismo del horóscopo, debemos entender lo que realmente es. La carta natal es el dibujo esquemático del cielo en el momento de nacer en el punto, según la analogía anterior, en el que las finas partículas dejan de vibrar y se convierten en un patrón fijo, excepto que aquí es la posición del Sol, la Luna y los planetas en el Zodiaco y su disposición alrededor del Sistema de Casas mundanas lo que crea la configuración. Esta fotografía celeste es el registro de la situación física en el cielo en el momento del primer aliento. Debe ser vista no como la causa del patrón de vida sino meramente como una pieza cósmico-temporal que ha sido detenida. El siguiente símil nos puede ilustrar todavía más. Un reloj no es el tiempo. Tampoco lo son sus manecillas o los números de su esfera. Éstos simplemente muestran, en forma física, una organización de los patrones que representan el tiempo cada día. Igualmente, las posiciones de los cuerpos celestiales en el Zodiaco meramente indican el estado de la situación cósmica sutil e invisible en un momento dado. Aunque se dice que las luminarias físicas y los planetas tienen un efecto, sólo tiene influencia por la ley de sincronicidad, aquella por la que todos los eventos simultáneos están relacionados. Así, los planetas están en una localización particular desde la que imparten una influencia específica. Al igual que la lente de una cámara, los planetas, las luminarias y el Zodiaco concentran una situación cósmica en una imagen que después se manifiesta en el

Mundo físico. En términos cabalísticos, el Mundo inferior meramente expresa, en materia y energía, la interconexión cambiante de fuerzas sutiles que son impelidas por las dinámicas del Mundo de la Creación. Por lo tanto, al momento de nacer se concretan, en el cuerpo y en la situación física en la que el alma-espíritu emerge, un conjunto particular de circunstancias espirituales y psicológicas. La ley de la sincronicidad o eventos simultáneos provee una organización total de patrones carnales, sutiles y cósmicos fusionados en una única vida. Tanto es así que cuando observamos un horóscopo no sólo estamos viendo la situación del cielo sino también el momento en el que la entidad encarnada es proyectada dentro de un mundo diseñado para recibirla y poner a prueba sus capacidades. Si bien algunas personas consideran sus *sinos* como extremadamente difíciles, esto debe ser visto desde una perspectiva más amplia que la mirada pequeña y totalmente sensual y personal que solemos tener la mayoría de nosotros. Una persona tiene una edad mucho más avanzada que la de su cuerpo. Su memoria es anterior a su nacimiento. Y continuará reconsiderando más allá de la muerte los problemas que ha dejado sin resolver y sobre los que aún necesita trabajar en la próxima vida. Esta es la importancia real del horóscopo natal individual.

8. El Horóscopo

El horóscopo, tal y como indica la palabra, significa una 'visón del tiempo', es decir, una representación de un momento dado. En astrología hay varios tipos de horóscopos. Puede ser el de un evento futuro, el de un evento que ya ha ocurrido o el de la situación celestial presente. Hay horóscopos de lugares, de eventos y de personas en el momento de su nacimiento, de sus crisis y de su muerte. Hay horóscopos para determinar el momento adecuado para hacer algo y horóscopos para saber cuándo evitar la acción. Todos ellos, sin embargo, siguen una serie general de principios que vamos a examinar en este capítulo.

Un horóscopo puede ser trazado según varias formas gráficas, siendo las dos más conocidas la forma cuadrada y la circular. La cuadrada, utilizada en la Edad Media y en el Renacimiento, ha pasado de moda en Occidente, siendo la circular la más común hoy en día. La razón de ello es que el círculo gráficamente se acerca más, en forma diagramática, a lo que el ojo ve de la Tierra, del horizonte y de los cielos. Sin embargo, incluso dentro de esta simple fórmula hay variaciones según qué sistema de Casas Mundanas se utilice. El más conocido es el método de Placidus, aunque esto tiene más que ver con una moda que con la precisión. El de Campanus, según algunos matemáticos, es de hecho el más cercano a lo que realmente puede ser visto por un astrólogo estando de pie en el lugar de la carta astral en el momento determinado. Algunos prefieren el sistema de Casas Iguales, una visión abstracta del cielo que, aunque puede ser conveniente en ocasiones, presenta muchos fallos.

Para ser precisos, todos los sistemas de Casas Mundanas tienen sus defectos, ya que la astrología, a diferencia de la ciencia exacta de la astronomía, es algo más cercano a una pintura impresionista que a una fotografía de alta resolución. Pero tal y como todo observador perceptivo sabe, una imagen de alta definición es usualmente menos cierta y menos profunda a nivel psicológico que una pintura de gradaciones sutiles. La vida y las personas no tienen un contorno claramente definido. Esta es la primera consideración a tener en cuenta cuando se dibuja una carta astral—la precisión de cada grado es importante pero

Figura 16—HORÓSCOPO
Cualquier evento importante a nivel humano no ocurrirá hasta que todo, incluyendo el cosmos, se encuentre en el lugar adecuado. Aquí el astrólogo toma nota de la situación celestial antes de aconsejar a un cliente. Una guerra, por ejemplo, puede ser inminente si Marte está en Aries en cuadratura a Saturno en Capricornio opuesto a Urano en Cáncer. En esta configuración cabría esperar algún tipo de levantamiento contra el Estado. Éste es un conocimiento muy útil para cualquier gobernante. (Robert Fludd, siglo XVII).

es más relevante la impresión general de los patrones y las relaciones dentro del horóscopo. Es más, es un fenómeno bien conocido entre los astrólogos serios que los mejores intérpretes de cartas astrales no son siempre los que se basan en la precisión numérica, sino los intuitivos que, a menudo, dibujan las cartas a grandes rasgos. El ideal es, por supuesto, un punto intermedio entre los dos. Esto es algo que sólo puede ser obtenido con esfuerzo consciente, ya que no se basa sólo en trabajo mecánico o en los dones psíquicos.

Supongamos que tenemos ante nosotros una carta astral confeccionada a partir de los datos de la hora, el día, el mes, el año y el lugar. Nuevamente tenemos varias formas de aproximarnos a la carta, aunque inicialmente no interpretamos sino que intentamos comprender lo que implica el mecanismo de un horóscopo. En primer lugar debemos reconocer que estamos observando un dibujo del cielo y la Tierra. Ciertamente está dispuesto en una forma esquemática, pero aún así muestra lo que se ve cuando miramos hacia el sur (en las latitudes norte) desde el punto en el que el sujeto del horóscopo estaba, está o estará, en ese momento dado. Así, por tanto, obtenemos un esquema del nivel físico, en el que el Ascendente es el Horizonte Este, el Descendente el Oeste, el Medio Cielo está sobre nuestras cabezas y el Nadir por debajo y detrás de nosotros. Aún más, dependiendo de la hora del día, el Sol se representa literalmente por encima o por debajo de la línea del eje del Ascendente-Descendente y el resto de los planetas se disponen según sus posiciones físicas se encuentren elevándose, en culminación, descendiendo u ocultas. Igualmente, la posición de la Luna se muestra gráficamente en uno de los cuadrantes que divide el círculo en elevación y caída por encima y por debajo del horizonte. Todo ello establece, en la dimensión imaginaria que la astrología superpone sobre el cielo, la relación geométrica precisa entre los cuerpos celestiales en la banda zodiacal por encima y por debajo de la trayectoria eclíptica del Sol en su ciclo anual. Todos estos factores básicos, aunque parezca increíble, no son entendidos más que de manera muy vaga por la mayoría de los astrólogos.

En un segundo paso, debemos entender que tras el Mundo físico de la Manifestación está el Mundo sutil de la Formación. Aquí vemos por qué se utiliza el término de nivel 'sideral' o 'estelar', recordando que para las mentes antiguas y medievales éste se refería al nivel planetario de la existencia. Algunas Tradiciones, se dice, llaman a este nivel el 'astral', lo cual tiene exactamente el mismo significado. Es más importante, sin embargo, darse cuenta del hecho de que el

Mundo físico depende del Mundo sutil cambiante y no al revés, tal y como creen las personas inclinadas a dar únicamente importancia a lo percibido por los sentidos. Los movimientos dentro de la galaxia, del Sistema Solar y de hecho los de la Tierra, no son auto-generados. Se originan a partir de las leyes y principios explicados anteriormente. La galaxia rota en concordancia a la naturaleza de las grandes masas, y las estrellas nacen a partir de la energía y la materia de la creación. Del mismo modo, los planetas se forman a partir de principios y leyes que operan a nivel de la materialidad molecular, por lo que la posición exacta de los planetas en el Sistema Solar está determinada por un conjunto particular de relaciones electromagnéticas y gravitacionales. Estas posiciones son un *resultado*, no una causa, y cuando son dibujadas en la carta del horóscopo, indican meramente la yuxtaposición de las condiciones sutiles o psicológicas presentes en ese momento y lugar.

Del mismo modo que cada fotografía instantánea es única, todos los factores que crean la cualidad de cada momento son irrepetibles, puesto que al instante siguiente todo ha cambiado; el evento, el país o la persona ha evolucionado un grado psicológico más allá en la línea de su *sino* hacia su *destino*. Esto nos lleva a introducir el tercer nivel, el de la Creación o del Espíritu, en el horóscopo.

El Mundo de la Creación, recordemos, es el factor cósmico de la Existencia. Es el gran diseño de la Existencia que despliega la Voluntad de Dios. Se trata del descenso gradual del impulso creativo desde el Mundo perfecto de la Emanación Divina hacia su manifestación más física y del impulso de la evolución que trae al Universo y a sus habitantes de nuevo hacia la Presencia Divina en su camino de vuelta. Sin embargo, toda la experiencia que se adquiere en el retorno de este ciclo cósmico habrá transformado al espíritu inocente en uno lleno de conocimiento y al alma sumisa en un alma dispuesta a la cooperación. En el Mundo de la Creación se manifiesta el tiempo, el cual provoca el movimiento del Mundo sutil y la orientación del Mundo físico. En términos del horóscopo, el estado de la Creación y el estado que ésta ha alcanzado pueden ser sólo percibidas por aquellos que han desarrollado una visión amplia y profunda. Si pudiéramos ver el movimiento de la Vía Láctea a nivel físico quizás vislumbrásemos la escala de la Creación; pero una sola vida no es suficiente para desplazarse un poco, ni siquiera a las estrellas más cercanas, excepto a través de registros muy antiguos o a través de grandes instrumentos de magnificación. Por tanto, cuando a un hombre basado en la experiencia de los sentidos se le presenta este nivel de existencia, no

Figura 17—ZODIACO
Esta banda de símbolos no se relaciona con las constelaciones, aunque originalmente su configuración coincidía. Debido al movimiento de los equinoccios, ya no se corresponden. El diseño de cada signo no se basaba en la posición de las estrellas sino en el efecto que cada área tenía sobre la Tierra cuando era atravesada por el Sol, la Luna y los planetas. El Zodiaco es como una serie de cristales tintados que determinan qué color o influencia viene del cosmos. Una imagen como la de la cabra se relacionaba con el Sol en el momento en que deja de descender y comienza a ascender después de las festividades del invierno y con las personas ambiciosas, pacientes y prácticas que nacen durante los días en los que el Sol está en Capricornio. (Dürer, siglo XVI).

puede comprender los grandes movimientos del Universo. Solamente puede ver una vasta quietud sobrecogedora que le atemoriza y le hace aferrarse a los patrones conocidos de la Naturaleza, a su minúscula vida y a sus preocupaciones. Incluso ciertos eventos terrenales, como los terremotos, son deliberadamente ignorados debido a un adormecimiento psicológico autoimpuesto por no querer reconocer la actividad planetaria. La falla de San Andrés en California es una especie de mito imposible que pertenece, para la mayoría de sus habitantes, a otro mundo. De hecho, sí que es de otro Mundo y así será hasta que se desencadene un terremoto desastroso debido a la tensión que ejerce el Sistema Solar sobre esa región de la Tierra. Cabe notar que la palabra 'desastre' también significa 'de las estrellas'.

Entrando en más detalle, el Mundo de la Creación puede ser detectado a nivel físico en el horóscopo a través de la disposición de la Vía Láctea, las constelaciones y las estrellas individuales. El Gran Año precedente a los Equinoccios, el cual generó la Era de Acuario, muestra la respuesta de la Tierra al gran diseño de los mundos galáctico y estelar. Por tanto, la Tierra en el Sistema Solar sigue el gigante impulso cósmico de la evolución, de tal modo que las criaturas nacidas en determinadas épocas se relacionan con el estado actual de la galaxia, cuyas emisiones estelares, con frecuencias y longitudes de onda variables, producen mutaciones particulares en la vida orgánica de la Tierra. Tanto es así que el metabolismo equilibrado de la Naturaleza da respuesta correlativa a la influencia celestial que recibe en una amplia gama de plantas, animales y seres humanos, de modo que cada especie y tipo absorbe y transforma un grado de vibración particular. Así, por ejemplo, una flor absorbe todos los colores del espectro excepto uno, el cual rechaza y hace visible en su forma, como el rojo de la rosa. Igualmente ocurre en el reino animal; el organismo de cada criatura absorbe una cualidad particular de energía total y expresa en su vida el reflejo de esa cualidad hasta que la última de sus especies ya no puede convertir o estar a la altura de ese requerimiento cósmico, por lo que se extingue. El hombre, a la cabeza de la evolución física, contiene en sí todos los otros reinos, por lo que es la más versátil de las criaturas terrestres. Tanto es así que, durante nuestra era, la raza humana se está extendiendo rápidamente sobre la superficie de la Tierra, y eliminando otros niveles de vida menos eficientes. No hay duda de que esta aberración es parte de la educación del hombre hacia una consciencia y responsabilidad como cultivador de la Tierra. Esta intención cósmica queda claramente señalada en muchas Tradiciones según las cuales el planeta debería convertirse en un paraíso terrenal. Esto favorecería al Sistema Solar, refinaría la Vía Láctea y contribuiría a que se cumpla el propósito del Universo.

El Zodiaco es la banda de signos a través de la cual el Sol se mueve cuando es visto desde la Tierra. Sin embargo, para ser más precisos, se trata de una zona celestial más que de una colección de constelaciones, ya que el Zodiaco astrológico se basa en la relación entre la Tierra y el Sol. Por tanto, hay una diferencia entre el Zodiaco astronómico estelar y el astrológico. El Sol es el centro de conversión e implementación del influjo galáctico, por lo que su posición en relación a la Tierra, y por tanto al horóscopo, es primordial. Esto se debe a que el Sol, el cuerpo estelar más cercano a la Tierra, es el foco central del Sistema Solar y está compuesto de un nivel de energía y de materia que a medio camino entre la galaxia y los planetas. Como tal, es el foco de la influencia galáctica en forma de principios zodiacales, los cuales representan, alegóricamente, las doce configuraciones de energía y materia galácticas que fluyen desde las distintas zonas que bordean a la Vía Láctea. Como analogía, los doce signos pueden ser contemplados como doce ventanas cósmicas a través de las cuales los rayos galácticos son refinados y concentrados por las esferas de los planetas y la lente del Sol hacia la substancia de la Tierra.

Desde el punto de vista desde el que se traza el horóscopo de una persona, la posición del Sol en el Zodiaco define el tipo espiritual del ser que encarna. Por ejemplo todos los Escorpio comparten la cualidad de ese signo en su naturaleza interior, es decir en las características del Ser o esencia de la persona. Esto implicaría, por tanto, que alguien nacido bajo el signo de Escorpio (o bajo cualquier otro signo) no puede ser un individuo. Esta afirmación contiene cierto grado de verdad. Para nuestra mente-ego Lunar es muy difícil aceptar esta noción, pero si observamos a otras personas con nuestro mismo signo Solar, apreciaremos que esto es una incómoda verdad. El Virgo está siempre preocupado por el detalle, el Aries nunca puede rechazar un reto, y el Capricornio no puede resistirse a organizar, etcétera. Cada signo en el ser humano es una expresión del Mundo Creativo, del nivel espiritual de la Existencia, el cual es un factor más simple pero mucho más potente que la composición psicológica sutil o la complejidad física del ser humano. Sin embargo, a cada entidad espiritual le es dada su individualidad particular por el grado del signo y el decanato, o la división terciaria del mismo. Así por tanto, aquellos con el Sol, digamos, a veintitrés grados de Leo, en el tercer decanato, sub-regido por Marte, tienden a ser Leo de tipo militar, a diferencia del compasivo, a quince grados de Leo, cuyo decanato está sub-regido por Júpiter. La modificación e individualización es aún mayor cuando añadimos a la naturaleza espiritual del Sol la capa de diferentes colores y tonalidades creada por el efecto de los planetas sobre el equilibrio de la psique y el efecto de la Luna y del Ascendente sobre el cuerpo.

Huelga decir que la variación de elementos y ángulos tienen gran relevancia en la manifestación del complejo Espíritu-Sol-Ser. Si el signo de la persona es, digamos, Tauro entonces el Ser se manifestará de una manera fija y terrenal, es decir, práctica e inclinada a amar el confort; a diferencia de un Piscis que expresaría su Ser de un modo acuoso y cambiante, con una respuesta sensitiva pero inestable a la vida. Al mismo nivel, los aspectos activo y pasivo de los signos también se muestran, por ejemplo, en el activo ajetreo de un Libra, a diferencia de la formulación reflexiva de un Capricornio. Aquí también se debe considerar la interacción entre los signos. Por ejemplo, el acuoso Cáncer de misterio Cardinal se sentirá molesto con la iniciativa abierta y fogosa del Cardinal Aries. Igualmente hay que tener en cuenta la confrontación o cooperación entre opuestos, como ocurre, por ejemplo, entre los signos Fijos de Acuario, de carácter democrático, y Leo, inclinado hacia la realeza. Irónicamente, como ocurre con todos los opuestos, cada uno contiene su signo complementario en sus raíces. Así, el difuso pero sabio Sagitario se encuentra a nivel profundo dentro del Géminis, impulsando a los gemelos a recopilar datos que no pueden retener en su memoria durante el tiempo suficiente como para convertirse en sabios; de igual modo, el primordialmente guerrero signo de Aries se encuentra profundamente arraigado dentro del Libra, empujándole a buscar la diplomacia como sustitución a la guerra. Todos los signos contienen a sus opuestos dentro de sí, al igual que cada hombre contiene en sí el principio femenino y viceversa.

El principio Solar para cada persona es su conexión con el mundo del Espíritu. Como representante interior del nivel estelar en el Sistema Solar, el Sol espiritual es llamado a veces el cuerpo radiante del ser humano. Al ser observado en la Escalera cabalística de los cuatro Mundos, el Sol puede ser considerado como el lugar de encuentro de los tres Mundos inferiores y, como tal, actúa como el foco de intersección de la experiencia más elevada del cuerpo físico, del asiento central de control de la psique y de la conexión más baja del espíritu con el alma encarnada. Desde el punto de vista astrológico, el Sol-Ser es el factor de mayor pureza en la mayoría de los seres humanos. Al igual que el Sol físico, el Sol del Ser irradia aquello que está en el interior de su naturaleza y absorbe aquello que viene del Mundo superior y del Mundo inferior. Si el Sol de una persona queda oscurecido por, digamos, el ego Lunar que se encuentra por debajo, o si sólo está conectado con los niveles espiritual y cósmico que están por encima, no puede darse el flujo de experiencia, ni crecimiento ni evolución. Por esta razón el signo Solar es el de mayor importancia en el horóscopo. Sin embargo, no puede relacionarse directamente con la Tierra que está debajo. El *sino* tiene que trabajar con los planetas que afectan a la vida de la persona a través del cuerpo astral. Por tanto, la composición del horóscopo indica no sólo el carácter esencial de la persona sino también su *sino*, el cual es tan sólo un eslabón de una vida dentro de la larga cadena de su existencia espiritual o *destino*.

9. Énfasis Planetario de la Psique

Al igual que el Sol es el eje central de interconexión entre el Espíritu y el cuerpo físico, los planetas en la carta astral representan los principios que configuran la psique, vehículo mediador entre ambos. La psique pertenece al Mundo sutil de la realidad. Esto significa que su composición es más variable que el nivel más puro del espíritu esencial y que el fijo y limitado conjunto de leyes físicas que gobiernan el cuerpo carnal. Así, mientras que todos aquellos con el Sol en Piscis, por ejemplo, son muy similares en principio, al igual que lo son el resto de los signos entre sí y al igual que todas las personas encarnadas tienen el mismo modelo de cuerpo, el grado de diversificación en el espectro psicológico es enorme. En él hay divergencias que abarcan desde el necio hasta el genio, desde el criminal al santo y desde el loco al místico. ¿Cómo y por qué se produce esto? El nivel planetario del horóscopo lo revela.

Los planetas, siguiendo el esquema cabalístico, pueden dividirse a grandes rasgos en pares, siendo Mercurio y Venus el par psicobiológico, Marte y Júpiter el emocional y Saturno y Urano el intelectual. Neptuno y Plutón, los dos más remotos, representan, junto con el Sol, la conexión interior más profunda con el nivel cósmico del Espíritu. A éstos también se les conoce como los 'planetas de la transformación' a diferencia de los otros, que son los 'planetas de función', ubicados en los pilares activo y pasivo del Árbol Psicológico. Desde este punto de vista, la combinación de cada planeta en cada signo particular adquiere una significación amplia. Examinemos algunos ejemplos.

Supongamos que una carta astral tiene a Urano en Capricornio y a Saturno en Aries. Esto significaría que el lado activo del intelecto, o el principio de revelación de Urano, estaría caracterizado por una constante y periódica reflexión de tipo capricorniana. Por tanto las ideas nuevas y originales provenientes de la profundidad del inconsciente tendrían un matiz filosófico, algo similar al momento de iluminación de Sir Isaac Newton cuando vio caer la manzana de un árbol y percibió cómo las leyes de la gravedad la atraían hacia la Tierra. La posición de Saturno, el lado pasivo del intelecto, en Aries

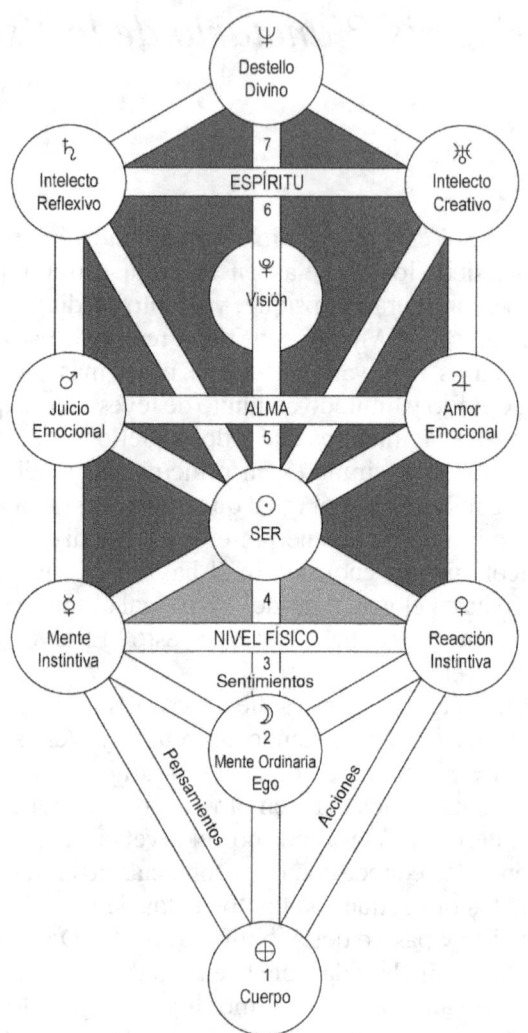

Figura 18 — LA BASE DE LA PSIQUE
En este Árbol, la mente del día a día se centra en el ego, regido por la Luna, mientras que las tríadas adyacentes definen el hábito y el condicionamiento. La tríada formada por el Sol, Venus y Mercurio es el cuarto modo de consciencia, en el que estamos particularmente alerta. El resto del diagrama es inconsciente para la mayoría de la gente. En esta zona, los principios psicológicos, simbolizados por los planetas funcionan sin ser notados excepto en sueños, en actitudes irracionales y en acciones compulsivas que subyacen y a veces dominan el condicionamiento. Plutón y Neptuno son los agentes de la experiencia mística que las personas tienen quizás una o dos veces a lo largo de su vida. (Halevi).

tendría el efecto contrario. Aries, al ser un signo activo, estimularía un razonamiento original pero de una cualidad muy diferente a la de Urano en Capricornio. Es más, al estar en cuadratura a Capricornio, el propio signo de Saturno, estaría bajo tensión, de tal modo que una cierta ilógica se produciría en la secuencia del razonamiento, provocando un pensamiento inusual, con saltos cuánticos. Sin embargo, mientras que para una persona esto puede ser el fundamento claro de una capacidad de pensamiento extraordinaria, para otra puede producir un desvarío irracional y pedante. Esta diferencia dependería de otros factores de influencia en la carta astral, como los aspectos de Mercurio y la posición de las casas mundanas de Saturno y Venus.

Igualmente, la posición de los planetas Marte y Júpiter crea variaciones en sus efectos de tal modo que, por ejemplo, si Marte está en Libra, la capacidad emocional de la persona para decidir se vería dividida. Este problema es el contrario si Marte está en Aries, su propio signo, el cual puede, si está mal aspectado, crear un exceso de decisión en la respuesta emocional. Aquí debe recordarse que Marte no es el principio de violencia o pasión, sino principalmente el de control emocional. Los aspectos degenerados o negativos de este principio emocional sólo se dan cuando la restricción de Marte es malentendida, dividida o excesivamente reaccionaria. Muchos fanáticos religiosos tienen un Marte afligido, lo que les confiere una ira auto-justificada. Ciertamente, los siete pecados capitales, al ser colocados en los siete principios celestiales inferiores del Árbol, revelan el lado negativo de sus cualidades. En el caso de Marte, éste es obviamente la ira injustificada, mientras que en el de Júpiter es la envidia. Esto se debe a que Júpiter normalmente representa el aspecto compasivo y generoso de la vida emocional de una persona. Cuando se encuentra, por ejemplo, en Virgo, puede hacer de la persona alguien mezquina y tacaña. Este pecado se ve aumentado si Júpiter está duramente aspectado y si la persona decide permitir que este defecto domine su psique. Aquí se abre la noción del libre albedrío, cuyo ejercicio es de crucial importancia entre estos dos planetas emocionales. Puede decirse que Marte, el Sol y Júpiter forman la tríada de la consciencia. En Cábala esta tríada del Árbol es el lugar del alma individual, la cual no sólo es emocional por naturaleza sino que, como el Sol, se encuentra a medio camino entre el macrocosmos espiritual del inconsciente y la consciencia egocéntrica del cuerpo microcósmico del individuo.

Venus y Mercurio, por razones astronómicas, no pueden encontrarse muy alejados del Sol; a veces están tan cerca que se dice que están

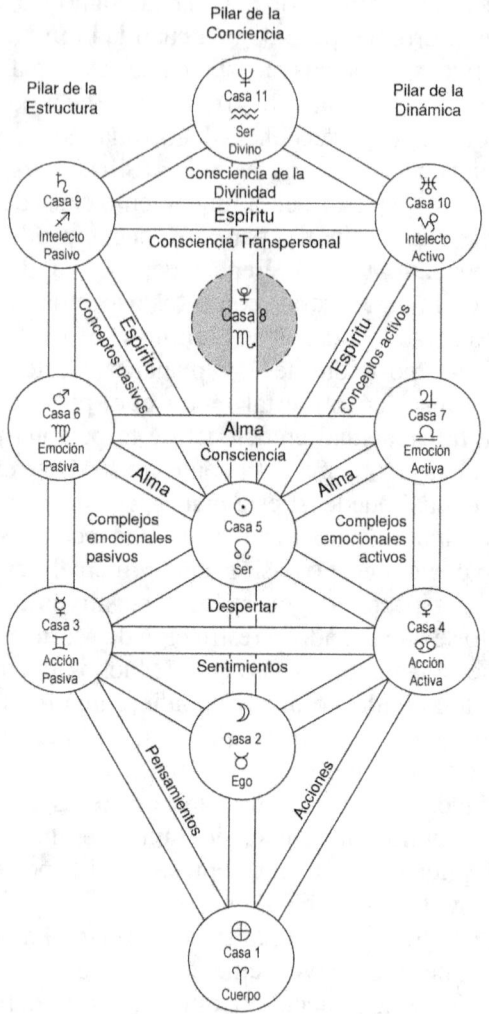

Figura 19—CARTA ASTRAL SOBRE EL ÁRBOL
Aquí, para mayor claridad, el ciclo del Zodiaco se ha utilizado para ilustrar cómo cada sefirah puede ser influenciada por el signo que ocupa. Por ejemplo, la Luna en Tauro generará un ego al que le gusta el confort y, al estar en la Casa 2, amante de las posesiones bellas. Marte en Virgo crearía una facultad del Juicio muy crítica, especialmente en cuestiones de salud. Éstas y las demás posiciones de los planetas en cada signo y Casa afectarán a las tríadas, por ejemplo, de los complejos emocionales. Este Marte haría a la persona ser muy exigente y disciplinada a nivel emocional, mientras que Mercurio le dotaría de un humor inteligente y agudo. (Halevi).

en 'combustión', o cegados por su proximidad al Sol. Esto significa que sus facultades bio-psicológicas a veces no pueden funcionar por completo y la persona parece perder el contacto con el mundo ordinario. Esto se debe a que ambos planetas son los responsables del flujo de entrada y salida de información y de acción física y psicológica. Su posición en los signos es crítica para el funcionamiento y la conexión entre los Mundos interior y exterior de la persona. Ambos son el primer puente o barrera. Así, Venus en su propio signo de Tauro será excesivamente sensual y creativo mientras que si está en Aries, su lugar de detrimento, trasladará su actividad sensual o bien hacia un puritanismo de autocensura o bien hacia una indulgencia extrema y feroz. El pecado capital de Venus es la lujuria. Igualmente Mercurio, si está situado en el acuoso signo de Piscis, verá su habitual precisión transformada en una nube de sensiblería, al contrario que ocurre cuando se encuentra en Géminis, donde generará una híper obsesión por los datos. El pecado capital de Mercurio es la pereza.

Todo lo expuesto más arriba muestra cómo hay al menos doce posibilidades para cada uno de los seis planetas fundamentales. A su vez éstas son modificadas según se encuentren en signos positivos o negativos; bajo la influencia Fija, Mutable o Cardinal; según estén en regencia, exaltación, detrimento o caída; o en el primer, segundo o tercer decanato del signo. Esta envoltura de capas dota a cada psique de un equilibrio particular, por lo que hay, incluso sin tener en consideración los aspectos, una composición psicológica única para cada persona.

La influencia de Neptuno y Plutón en la psique es de un orden muy diferente. Al ser los planetas más remotos, insondables y lentos, su posición en el Zodiaco tiene un efecto gradual y de influencia profunda a lo largo de la vida. Es más, ya que ninguno de ellos es, según la especulación cabalística, activo o pasivo, su función es la de transmitir las influencias cósmicas más anómalas de origen superior o la de ser canales receptivos del nivel espiritual presente en los Mundos de abajo. La posición zodiacal de ambos puede observarse en la tendencia espiritual de cada generación en particular. Por ejemplo, muchas de las personas interesadas en el ocultismo, en lo esotérico y el misticismo nacieron después de 1956, cuando Neptuno entró en Escorpio, el signo de los temas ocultos. Sólo unos pocos de entre los millones de personas nacidas con anterioridad a esta fecha tienen interés en estos temas, y esto generalmente es debido a que sus cartas astrales particulares muestran un énfasis en ello. No había habido un interés similar en la religión no convencional desde hacía no años, sino décadas. Neptuno tiene un ciclo de 164 años, por lo que su anterior posición en Escorpio fue a mediados del siglo dieciocho, cuando los movimientos religiosos que resurgieron entre las masas de gente estaban siendo dirigidos, por ejemplo, en Gran Bretaña por los *metodistas* cristianos y de forma similar para los judíos de Europa del Este por el movimiento popular del *hasidismo*. Este es el efecto cósmico de Neptuno. Plutón tiene un efecto parecido pero éste no ha sido observado durante el tiempo suficiente (ya que tan sólo fue descubierto en 1930) como para determinar sus efectos con precisión. Todo lo que puede decirse es que, al ser el más lento y remoto de los planetas, la función de Plutón parece ser la de transformar la influencia cósmica de gran alcance que se encuentra dispersa, antes de penetrar en el macrocosmos externo y en el microcosmos interno del Sistema Solar de nuestro Mundo encarnado.

Los aspectos mutuos entre los planetas crean tanto flujos positivos como resistencias dentro del equilibrio de la anatomía psicológica. Estos aspectos se basan en la relación geométrica de los cuerpos celestiales dentro del círculo de 360 grados del horóscopo. Los aspectos describen el énfasis particular entre los distintos principios psicológicos. En algunos casos el ángulo produce un efecto fuerte, en otro un efecto medio y en otros un efecto débil. En términos generales, los efectos de los aspectos se dividen en buenos y malos, aunque esto es un error que puede desorientar. Por ejemplo, Saturno y Marte son usualmente considerados como maléficos. Esto es un malentendido acerca de la naturaleza real de los aspectos negativo y positivo de los principios cósmicos. De nuevo, tomemos los así llamados 'benéficos' Venus y Júpiter. Como parecen traer buena fortuna se consideran como favorables; pero si pensamos en el hijo excesivamente mimado de un hombre rico o en la mujer con muchos amantes, ninguno de ellos es, por norma general, feliz. El primero porque nunca está satisfecho y es inevitablemente débil y la segunda porque nunca encuentra plenitud en el amor, por lo que va deambulando de amante en amante sin relacionarse verdaderamente con ninguno de ellos.

Por contraste, las lecciones severas de Saturno y la astringencia de Marte pueden parecer, para quien recibe su aparente mala suerte, duras, pero sin embargo su enseñanza inevitablemente, si se toma con inteligencia, hace crecer a la persona y la protege de la conmoción de los eventos que a menudo destruyen la frágil comodidad del hijo de Júpiter y el placer superficial de la hija de Venus. Ocurre igual con los aspectos. El trino y el sextil son configuraciones que fluyen fácilmente, pero en exceso pueden ser una fuente de problemas. El gran trino puede traer una suerte extraordinaria pero genera pereza y falta de resistencia. Por el contrario, la cuadratura y la oposición pueden parecer difíciles, pero desde el punto de vista del crecimiento espiritual pueden ser benefactores por el reto que plantean. La cuadratura puede ser transformada en una doble virtud y la oposición en un eje de inmenso poder. Incluso la gran cruz o la T cuadrada pueden ser revertidas, desde una dificultad aparentemente crucial hacia una ventaja superior. Muchas personas de grandes logros tienen en sus cartas la cruz, la cuadratura y la oposición. Estos aspectos les aportan tenacidad, mientras que a menudo, aquellos con dones considerables garantizados por un exceso de trinos y sextiles han malgastado sus vidas debido a una falta de esfuerzo y de retos para desarrollarse de forma completa.

Vistos en su totalidad, los aspectos revelan la configuración psicológica particular del conjunto de planetas en el Zodiaco. Así, por ejemplo, Venus en cuadratura a Marte indica que los deseos instintivos a veces ejercerán presión en el juicio emocional y producirán indiscriminación, a menos que, claro está, esta tendencia sea conscientemente revertida, creando así en la persona una sensibilidad extraordinaria. De nuevo, supongamos que Saturno está en trino al Sol. Esto aportará al Ser la habilidad para razonar y seguir una secuencia basada en la verdad. En su aspecto negativo, puede producir una filosofía superficial llena de reglas excesivamente simples. Si Júpiter está en cuadratura, digamos, a Neptuno, habrá un necesidad religiosa profunda que el ritual formal no podrá satisfacer; mientras que, por ejemplo, si Urano está en trino a Mercurio, habrá un ilimitado flujo de ideas e invenciones brillantes pero erráticas. Cada carta astral tiene un conjunto particular de aspectos y muchos astrólogos otorgan a los patrones nombres tales como la Cubeta, el Trípode, el Balancín o la Cuña. Estos nombres reflejan a simple vista la configuración general de los aspectos e indican la concentración o dispersión de fuerzas en la psique. El Balancín, por ejemplo, revela una naturaleza polarizada, a diferencia de lo que ocurre con el patrón conocido como la Locomotora, el cual, a modo de rueda casi completa, da lugar a una psicología de carácter circular, no polarizada. Las ventajas y desventajas del primero residen en la capacidad de enfocar el poder, pero un poder limitado, a diferencia del segundo, que exhibe un gran número de talentos pero dispersos. Ambos extremos, y los casos intermedios, plantean sus

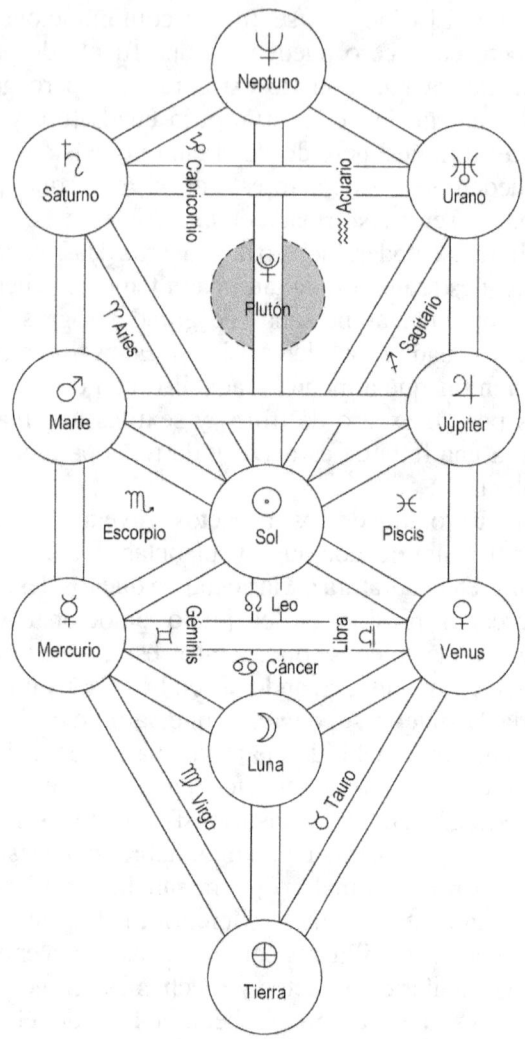

Figura 20 — TRÍADAS
Cada tríada se relaciona con un signo zodiacal. Venus, por ejemplo, es el regente de Libra y de Tauro, por lo que dota a sus tríadas de un matiz venusiano, mientras que Júpiter otorga a las tríadas de las emociones y los conceptos activos una capacidad expansiva. Esto las hace abiertas e idealistas aunque pueden ser incontenibles si no se revisan. Las tríadas de Leo y Cáncer se relacionan con el Ser y el ego, o con niveles de consciencia mayor y menor. La tríada de Marte, Júpiter y el Sol, se relaciona con el alma, mientras que la del Sol, Saturno y Urano se relaciona con el espíritu. Neptuno, Saturno y Urano forman la tríada de la Divinidad en la psique. (Halevi).

potencialidades y sus problemas. Objetivamente, todo el mundo tiene exactamente la misma cantidad de fortalezas y debilidades. Nadie, desde el ojo de Dios, tiene ventaja alguna o desventaja frente a otro. La Luna en la anatomía de la psique representa el ego. Como tal, actúa como intermediaria entre el Mundo físico y el sutil. Su lugar en el Zodiaco determina la cualidad de ese ego en particular. Así por ejemplo, la Luna en Virgo llevará a cabo la fase de aprendizaje siguiendo un programa detallado de estudio, mientras que la Luna en Cáncer simplemente absorberá todos los sonidos, vistas e impresiones generales de alrededor para formarse una imagen de su hogar, cultura y actitudes. La Luna en Aries, por otro lado, explorará y abordará su entorno de una forma directa y honesta, al contrario que la prudente y circunspecta Luna en Capricornio. Todas estas diferentes modalidades del ego se desarrollan durante los primeros años de vida y se superponen a los principios planetarios y al principio Solar en la psique. El efecto de esto es que, para aquel que es poco perceptivo, la Luna se mostrará como la personalidad psicológica, a diferencia de la tipología física del Ascendente. La palabra 'personalidad' viene de la raíz 'persona', o máscara, y esto es exactamente lo que es la Luna, sólo que además es también el vehículo a través del cual negociamos interiormente con nuestro subconsciente y exteriormente con los demás a nivel social. Para la mayoría de la gente el ego Lunar es su psicología, ya que su Ser o Sol no está suficientemente desarrollado para ir más allá de la impronta de su educación. De hecho, las personas dominadas por la Luna se mantienen rígidamente dentro de su zona social, donde las convenciones de clase y las reglas son casi absolutas. El conformismo es una cualidad lunar que frecuentemente eclipsa la luz del Sol o del Ser. El pecado capital de la Luna es la avaricia.

    La Luna es el pálido reflejo del espejo bio-psicológico, enfocado según el signo que ocupa en el momento del nacimiento y revestido por la educación y el ambiente de la vida temprana. El matiz particular de su receptividad al entorno se ve afectado por los aspectos solar y planetarios respecto a su posición zodiacal, de tal modo que el ego queda sujeto a las presiones y distensiones de los principios planetarios intelectuales de Saturno y Urano, y a los componentes emocionales de Marte y Júpiter. El emplazamiento de Mercurio y Venus tiene, en cierto sentido, aún más influencia porque, al tratarse de los planetas inferiores, tienen una conexión directa con el ego lunar. Por tanto, un Mercurio en aflicción acelerará o retrasará los procesos mentales del ego, mientras que un Venus bien ubicado dotará al ego de un encanto y una gracia liviana que no cabría esperar, por ejemplo, en la reservada Luna en Capricornio. Los planetas de Plutón y Neptuno no serán percibidos de manera obvia, a menos que tengan un aspecto fuerte y preciso con la Luna. Si, por ejemplo, Plutón estuviera en conjunción a la Luna, se generaría un extrañamiento en la personalidad que podría perturbar a la persona e intrigar a un observador externo. El efecto psicológico de Neptuno en la misma posición dotaría al ego de una mayor habilidad psíquica y haría que la persona se fascinara por lo inusual aunque, a menos que esté fortalecido por otros aspectos, este factor podría quedarse simplemente en una apreciación supersticiosa de la realidad. Como cabe notar, el ego lunar no es un principio generador en sí. Sólo transmite y refleja lo que ha sido absorbido. Sin embargo, su poder radica en el vínculo que establece con los hábitos, ya que el principio lunar se ocupa de mantener los ritmos, imágenes y patrones. Por esta razón la primera mitad lunar de la vida es crucial, ya que establece el modelo de vida para la mayoría de la gente, antes de entrar en la segunda mitad considerada como el periodo solar.

Vista en su totalidad, la Luna es el foco inferior de la consciencia del ego de la psique, mientras que el Sol es el foco superior o interior y, para la mayoría de la gente, el foco inconsciente de la psique. Estas dos luminarias forman el eje de la Voluntad entre las funciones activa y pasiva de los planetas Mercurio, Venus, Marte, Júpiter, Saturno y Urano. La Luna es el receptor inferior de prácticamente todo lo que llega del mundo exterior, e implementa la mayoría de las cosas que emergen del inconsciente. Debido a la intermediación de la consciencia del ego Lunar, ésta y la persona que la posee a menudo creen que su identidad y sensibilidad son reales. Esto se ve reforzado por el mundo exterior, el cual moldea el ego Lunar según una imagen nítida y reconocible que la persona acepta felizmente o rechaza ferozmente— lo cual es una muestra de su poder. Esta imagen, o el deseo de tener una identidad reconocible, dota al ego Lunar de un fuerte sentido de su propia importancia personal. Su posición zodiacal, junto a los aspectos Solares y planetarios, juega un papel muy importante en el equilibrio y en el énfasis de la imagen que el ego tiene de sí mismo. A continuación expondremos cuál es la base del cuerpo planetario y sus fortalezas y debilidades. Éste, por supuesto, está crucialmente afectado por su posicionamiento en el sistema de Casas Mundanas del horóscopo natal. La yuxtaposición única de la configuración zodiacal con el sistema mundano, genera el *sino* potencial del individuo, siempre y cuando éste elija salir del dominio de la Luna para ponerse bajo la guía de su Sol.

10. Las Casas y las Edades del Hombre

Mientras que el Zodiaco, los principios planetarios de las luminarias y sus aspectos representan la configuración particular de la psique, la relación entre estas disposiciones sutiles y las Casas mundanas indica cómo la entidad encarnada se manifestará en el Mundo Natural. El sistema de Casas mundanas, desarrollado a lo largo de muchos siglos, es un esquema basado en los principios zodiacales, que actúa como recubrimiento estático sobre el movimiento continuo del cielo.

Por tanto, si tomamos el patrón clásico que se desarrolla a lo largo del año pero al revés, la posición del mediodía, representada por las Casas 9 y 10, está ocupada por los signos de invierno, Sagitario y Capricornio; es decir, que la posición del zénit corresponde al Solsticio de Invierno. El nadir opuesto en la base del sistema se encuentra entre las Casas 3 y 4, relacionadas con Géminis y Cáncer, con el Solsticio de Verano entre ambos. En el ángulo izquierdo, sobre el Ascendente, está el amanecer del día, cuya Casa 1 se basa en el signo de Aries, el signo del Equinoccio de Primavera. Igualmente, el Descendente, en oposición, se relaciona con el Equinoccio de Otoño, resonando con las casas 6 y 7 con los signos de Virgo y Libra. La razón de esta inversión no es sólo debida a que el aparente movimiento diario del cielo y el movimiento anual verdadero del Sol y los planetas son contrarios el uno al otro, sino también a que el esquema mundano es una imagen refleja de la situación celestial.

En esencia, el sistema de Casas mundanas es el sector de un patrón que se mueve alrededor del lugar de nacimiento, o del lugar donde el evento ocurrió, está ocurriendo u ocurrirá. A través de sus ventanas radiantes, el Zodiaco se ve en relación al horizonte del lugar. Desde el posicionamiento de los signos y los cuerpos celestiales, puede determinarse cómo la persona—si se trata de una carta natal— expresará su psique. Si empezamos por el ego, supongamos que la carta natal de una persona tiene la Luna en Virgo en la Casa 10. Esta casa, según la Tradición, está relacionada con el logro en el mundo, dado que está relacionada con el ambicioso signo de Capricornio y se encuentra en la altura mayor del ciclo diario. La casa 10 es el zénit *práctico* mientras que la 9 es el zénit *ideal*, ya que se basa en el signo

Figura 21—CASAS
Este antiguo grabado define la función de las divisiones en las doce Casas estáticas del cielo en una carta astral. La imagen de un rey en la Casa 10 denota el logro en el mundo mientras que la de la muerte en la Casa 8 representa el karma o aquello que se trae de la vida anterior. Las Casas se relacionan con el Zodiaco, pero hacen referencia, según lo que se encuentre en ellas, a cómo la carta astral se manifiesta en la vida diaria. Por ejemplo, si la Luna está en la Casa 3, o casa de los Gemelos, la mente del ego será muy vivaz, habladora y mostrará curiosidad hacia todo mientras que Venus en la Casa 3 puede hacer que ese individuo tenga talento para la poesía o la música. (Grabado en madera, siglo XVI).

de Sagitario. La Luna en Virgo en la Casa 10, por tanto, inclinará al ego de la persona hacia una aplicación doblemente práctica de su personalidad, en lo que respecta a la organización, administración y todas aquellas profesiones relacionadas con actividades que mezclan las características de Virgo y Capricornio, como la administración de hospitales, los grandes negocios, la contabilidad, la publicación, o el Servicio de la Seguridad Social, por ejemplo. La persona, si los aspectos a la Luna son favorables, crecerá lentamente hasta convertirse en un administrador destacable con una buena reputación ganada por su meticulosidad escrupulosa y detallada, aunque a veces tenga tendencia a verse inmerso en pequeños datos que atraen su atención por ser injustos o faltos de sentido. La Luna en Leo en la misma casa manifestaría el ego de un modo bastante diferente. Aquí al ego le faltaría la modestia de la Luna en Virgo e insistiría en obtener reconocimiento aunque éste no fuera merecido. De hecho, un toque de megalomanía, pero con estilo, puede constituir una personalidad carismática pero, a menos que esté bien aspectado, la ambición de la casa 10 por llegar a ser una figura leonina popular puede causar sufrimiento y una constante humillación. Aquí vemos cómo la interacción entre la naturaleza interior y el mundo exterior empieza a producir un *sino* particular en la vida.

Las posiciones de los planetas en los signos y en las Casas mundanas crean una amplia variedad de manifestaciones. Por ejemplo, Marte en Virgo en la Casa 7, la casa de los socios o de las parejas, haría de la persona alguien excesivamente exigente a la hora de elegir compañeros y relaciones, ya fueran de tipo profesional o privado. Sus relaciones se verían dificultadas por el juicio constante y detallado y por la crítica continua, por lo que atraería una respuesta similar de los demás. Debido a ello, el tipo de pareja con la que esta persona se casaría, por ejemplo, sería probablemente un tipo de esposa muy concienzuda y algo fastidiosa, que prestaría gran atención al detalle en la apariencia, a los modales y a las expectativas emocionales. A menos que hubiera algún otro factor mitigante, como Venus en Acuario en la casa 5, la persona nunca se relacionaría con un amante maleducado, mal vestido o excesivamente emocional. Por el contrario, si Marte estuviera en Piscis en la casa 7, esto crearía una indecisión emocional que daría por resultado una constante inversión del equilibrio emocional dentro la relación, haciendo que el agresor dominante de pronto se convirtiera en la víctima confusa. Esto podría afectar claramente al tipo de matrimonio que la persona atraería hacia sí.

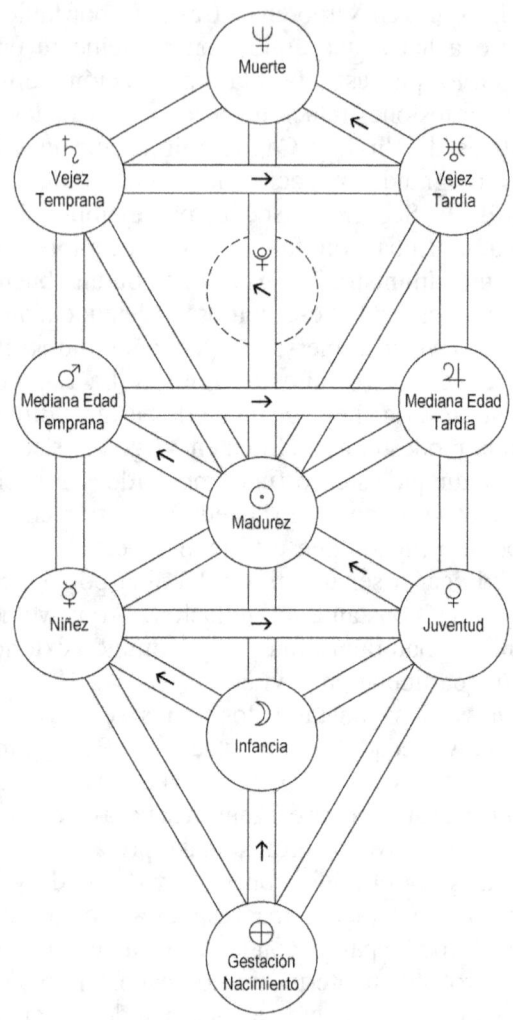

Figura 22—EDADES
Entre el nacimiento y la muerte hay etapas claramente reconocibles, cada una de ellas relacionada con una séfira y cuerpo celeste. Cada una dura aproximadamente siete años. Lo que no siempre se observa es que mientras que el cuerpo de una persona puede hacerse viejo, su mente puede haber quedado fijada en el estado Lunar, Mercurial o Venusino. Muchas personas de mediana edad son todavía muy infantiles. En el proceso de desarrollo interior, uno debe alcanzar la madurez Solar antes de pasar a la disciplina Marcial, a la apertura Jovial y a los aspectos superiores de la evolución, simbolizados por los planetas superiores. (Halevi).

Aquí observamos de nuevo la ley en el hecho de que nosotros, debido a nuestra naturaleza, creamos nuestro propio tipo de vida particular. Por tanto, dos personas nacidas en el mismo hogar, habiendo recibido la misma educación, vivirán vidas completamente diferentes debido al modo en que su psique particular se manifiesta y genera su propio *sino*. Como ejemplo clásico, tomemos el caso de unos gemelos nacidos, como ocurre a menudo, con unos minutos de diferencia. Esta diferencia puede ser crucial, ya que el Zodiaco se mueve un grado cada cuatro minutos. Esto podría significar que Saturno en Escorpio se encuentre en la Casa 8 del hermano gemelo mayor y en la 7 del menor. Esta diferencia supondría que el primero muestre un gran interés por las filosofías ocultas y el segundo sienta una atracción profunda hacia personas del sexo opuesto de edad avanzada. Claramente las dos vidas pueden tomar direcciones muy diferentes dependiendo de si Saturno estuviera particularmente bien o mal aspectado. El primero probablemente buscaría secretamente una vida de evolución espiritual, mientras que su hermano podría estar preocupado por hacer funcionar la relación con su madre a través de un triste matrimonio con una mujer mayor. Obviamente, cuanto mayor sea el espacio entre el nacimiento de los gemelos, más habrá girado la rueda del Zodiaco en el sistema de Casas Mundanas y menos parecidos serán los gemelos entre sí. Esto sin considerar el movimiento rápido de la Luna a lo largo de, digamos, dos horas, periodo en el que puede haber cruzado de un signo a otro. El ejemplo de los gemelos nacidos en el mismo día a horas diferentes ilustra bien cómo naturalezas sutiles casi idénticas pueden dar como resultado vidas muy diferentes.

De lo expuesto más arriba puede inferirse que los planetas en los signos y en la Casas revelan cómo y dónde los diferentes aspectos intelectuales, emocionales y prácticos de la naturaleza de una persona se expresarán en la situación terrenal. Lo mismo ocurre con el Sol. Sin embargo el Sol se diferencia en que mantiene una posición especial, al tratarse del punto central del ser encarnado. Como tal, si su potencial es desarrollado al máximo, hará del *sino* de la persona algo verdaderamente individual. Esto significa que en lugar de vivir acorde al ego socialmente educado de la Luna, como hace la mayoría de la gente, la persona opera en concordancia con su naturaleza solar esencial. La marca Solar de estas personas puede verse a menudo en los grandes exploradores, pintores, pensadores, soldados, poetas y científicos. Estas personas siguen a su estrella, es decir, su Sol. Por razones obvias, la posición del Sol en un signo y en una Casa es muy decisiva en cuanto a cómo se expresa la individualidad. Por ejemplo William Blake, el poeta místico, tenía el Sol en Sagitario, el signo de lo metafísico, en la Casa 5, el lugar de la creatividad y la fama. También tenía ahí a Júpiter y a Mercurio, de tal modo que contaba con el poder emocional y la articulación adecuada para expresar sus visiones.

Por el contrario, Oliver Cromwell, el austero pero profundamente religioso *Señor Protector de Inglaterra*, tenía el Sol en el signo fijo de Tauro en la Casa 1, con Aries en el Ascendente. Esto le daba un practicidad directa y, con la Luna en Virgo en la Casa 6, una inclinación hacia el detalle y la sutileza. Él fue el único dictador militar que ha tenido Inglaterra. El Rey Enrique VIII, famoso por sus múltiples matrimonios, tenía el sol en Cáncer en la Casa 10. Esto le dio el poder de unificar a Inglaterra como nación después de un largo periodo de guerra civil y, al tener la Luna en Aries en la Casa 7, se convirtió en alguien que impulsivamente buscaba saciar su pasión con sus diferentes mujeres, para luego aburrirse de ellas. Su Sol y su Luna estaban en cuadratura.

Gladstone, el gran político longevo de la era Victoriana, tenía el Sol en Capricornio en la Casa 1 con Mercurio en conjunción, y el Ascendente a trece grados de Capricornio. Vivió más años que la mayoría de sus contemporáneos y fue famoso por su verbosidad pomposa. Como buen Capricornio, recibió la petición de ser Primer Ministro aun cuando contaba con más de ochenta años. Mientras que todos estos ejemplos ilustran las vidas de aquellos que han sido famosos, debemos tener en cuenta que el mismo principio de combinación del Sol en cada signo y Casa se aplica a todas las cartas natales. El Sol es el principio de plenitud del *sino*. Es lo primordial en la vida de una persona e, incidentalmente, está sujeto a su tentación mortal, el orgullo. Para comprender esto debemos retornar al momento de nacimiento y seguir la progresión del *sino* a través de sus fases generales de la vida.

La Tradición dice que hay siete edades planetarias en el hombre. La primera está gobernada por la Luna. Ésta abarca el periodo desde la concepción –claramente relacionado con el ciclo de ovulación de una mujer y con el principio Lunar— hasta el final de la etapa de lactancia. La cualidad lunar del bebé, virtualmente orbitando alrededor de la madre y absorbiendo los fluidos de su cuerpo terrenal, puede ser observada claramente aquí. Ocurre igual con los ritmos que se dan entre el dormir y el despertar, el comer y el excretar, y los cambios de humor de tipo lunar a medida que el pequeño y suave ser acuoso crece lentamente en el periodo vegetal de su vida posterior a la gestación. En este punto cabría pensar en la palabra "ser", ya que todo el proceso de la vida consiste en "llegar a ser". Desde esta primera etapa, proveedora del vehículo físico, la persona encarnada pasa a la edad de Mercurio.

La infancia comienza aquí, a medida que los sistemas de mantenimiento de vida, ya estables, son reemplazados por un cambio de atención hacia la inteligencia mercurial que la parte animal del hombre posee para mirar hacia el exterior. En esta etapa, el niño escapa periódicamente de su órbita materna haciendo excursiones guiado por su curiosidad, lo cual es la característica distintiva de Mercurio. Aquí lleva a cabo todo tipo de experimentos, como coger pesos, lanzar cosas, sumergirlas en agua o jugar con fuego para descubrir más acerca del mundo. A medida que su niñez se va desarrollando por completo, colecciona cosas, juega a distintos juegos, hace preguntas interminables y curiosea continuamente acerca de todo aquello que le resulta extraño y peculiar—otra cualidad de Mercurio.

Con la llegada de la adolescencia, surge la edad de Venus, con sus poderosos gustos y aversiones, con sus preocupaciones por la atracción y la repulsión, el placer y el dolor, el amor y la violencia. Venus no es la diosa del amor, sino de la pasión. Sólo le interesa aquello que le satisface, y si no lo consigue, entonces lo rechaza y a veces lo destruye, convirtiendo en odio los objetos de su pasión. Los sentimientos y preocupaciones venusianos suelen durar, en la mayoría de la gente, hasta los veintinueve años y, huelga decir que, durante este periodo es cuando muchas personas se emparejan, completando así sus partes vegetal y animal y procreando hijos para la próxima generación. A partir de este momento un nuevo periodo comienza, cuando la vida sale de la fase biológica para entrar en la psicológica—en caso de que exista el deseo de evolucionar.

La siguiente etapa es el periodo Solar. Éste comienza cuando la persona alcanza el máximo desarrollo físico de su capacidad corporal, alrededor de los treinta años. Con esta edad, la persona ha tenido suficientes experiencias vitales para evaluar sus dones físicos y psicológicos, sus capacidades y limitaciones. Este es el momento realmente Solar, cuando la verdad acerca de la propia naturaleza de uno empieza a aparecer. Hasta este punto todo han sido posibilidades. Así, un estudiante de arte se da cuenta de que su talento, de hecho, no es el de un gran pintor, sino un don menor que puede expresarse a nivel verdadero en el diseño de portadas de libros. El brillante chico inventor descubre que sus ideas no son realmente originales, pero su mente es

Figura 23—NIVELES
Una persona puede tener una carta astral muy favorable. Sin embargo, esto puede hacer que se vuelva perezosa. Esto puede hacer que se mantenga en el nivel mineral sin hacer ningún esfuerzo. Igualmente, puede pasar al nivel vegetal, contentándose con lo que tiene. La gente animal al menos sacará el máximo partido a su sino, aunque sólo sea para probarse a sí misma. Las personas buscando ser verdaderamente humanas a menudo tienen un horóscopo difícil y los obstáculos les ayudan a superar sus debilidades y a limpiar así su karma. (Grabado en madera, siglo XVI).

muy eficaz para resolver problemas mecánicos en una compañía de ingeniería. El líder natural del equipo de fútbol de un pueblo descubre que tiene un don para mantener una gran granja, mientras que una enfermera introvertida y problemática decide especializarse en niños marginados.

Una vez que se ha entrado en la edad Solar, la cualidad particular de la vida puede ser percibida, si no por la persona en sí, ciertamente por sus amigos y colegas. Un hombre puede intentar vivir de la imagen de ego Lunar, pero sus socios saben exactamente lo que puede y lo que no puede hacer. Así, mientras que un hombre, por ejemplo, a pesar de la presuntuosidad de su luna nunca consigue un aumento de sueldo, a otro que es naturalmente modesto siempre le ofrecen mejores asignaciones dado que su capacidad es reconocida y su reputación crece. El nivel Solar es el principio de la siguiente etapa de desarrollo de la existencia, ya que es desde el Sol desde donde nace la tarea verdadera de la vida de la persona. Esta es la razón por la que la posición del Sol en el signo y en la Casa es tan crucial en una carta astral. Si una persona tiene, supongamos, el Sol en Géminis en la Casa 10, puede que llegue a alcanzar su lugar como periodista famoso o académico de renombre a la edad de treinta años. Igualmente, esta será la misión de su vida, es decir, traer el factor de la verdad e integridad a una audiencia popular o erudita. En todo ello residirá un completo modo de vida y el comienzo de la realización de su *sino* potencial.

El periodo de Marte tiene lugar a principios de la edad madura. Es cuando la capacidad física y psicológica está en su máximo esplendor y la dirección de la vida está fuertemente enfocada. Así, el arquitecto que se ha establecido durante el periodo de los treinta a los cuarenta empieza a ser reconocido por su estilo concreto. Aquí la disciplina de Marte afina con precisión el propósito de la vida. A menudo se trata de una época controvertida, ya que la persona está sometida a constante evaluación por parte de sus colegas competitivos y por aquellos que mantienen posiciones de dominio en la profesión. Le surgirán enemigos y tendrá que luchar por aquello en lo que cree. Esto puede hacerlo ahora con toda la virtud marcial en su dominio basada en la experiencia y en su reputación establecida. Ahora tendrá que tomar decisiones de las que dependen las vidas y trabajos de otras personas. Nadie cuestionará su capacidad si ha luchado correctamente. Sólo la diferencia en la manera de actuar podrá ser cuestionada.

Tiempo después, se entra en el periodo de Júpiter, asociado con la edad madura tardía, cuando la persona empieza a ser más suave, físicamente menos dura, y ya no tiene que defender su reino establecido o sus acciones. A partir de ahora, y con su riqueza material y de experiencia adquirida, será capaz de ser generoso y psicológicamente tolerante. Se hará más blando y más expansivo, aunque si su Júpiter está en un signo constrictivo como Virgo, tendrá mal temperamento y economizará su generosidad. Si la vida le ha tratado bien, sentirá compasión hacia otros. Si no, quizás empiece a perdonarse a sí mismo a medida que entra en una fase menos extenuante y más afín a la de un rey benévolo que a la de un guerrero.

Con el tiempo se alcanza la época de la vejez temprana, el periodo de Saturno, planeta de la reflexión y el entendimiento. En esta fase la persona revisa su vida y ve, positiva o cínicamente, el efecto del mundo sobre sí mismo y el suyo sobre el mundo. Para aquellos que continúan sin haber realizado, como es natural, sus sueños interiores del ego, el periodo de Saturno es duro y sombrío. El tiempo pasado se ve a largo plazo y a posteriori como patrones y ciclos. Los momentos cruciales son percibidos en retrospectiva y las oportunidades que no se reconocieron en el momento son contempladas dentro de los ritmos del *sino*. Por tanto, en este periodo la cualidad de la vida es revelada, los éxitos y fracasos son evaluados y el aspecto de la muerte es reconocido o negado.

En el periodo de Urano, de la vejez tardía, pueden ocurrir revelaciones acerca de la vida vivida. Finalmente el momento de Neptuno llega cuando la persona experimenta un flash Divino al desencarnar. Después de este momento comienza el proceso postmortem, previo al renacer siguiente.

Todas las personas siguen esta progresión planetaria general. Sin embargo, lo que pone en movimiento cada *sino* particular no es sólo el despliegue de las diferentes edades, sino también el movimiento continuo de los planetas a medida que transitan y aspectan la configuración original de la carta natal. Aquí es donde los detalles del *sino* pueden ser pronosticados, aunque sólo hasta cierto grado. Este es el estudio de las progresiones astrológicas.

11. El Despliegue de los Ritmos

La base del *sino* es el nivel inicial de la anatomía sutil dentro de la forma sólida del cuerpo carnal y el progresivo despliegue de su patrón inherente a lo largo de la vida, a medida que el flujo cósmico interactúa con el individuo. Ya hemos estudiado con detalle el momento de cristalización en el nacimiento, pero una breve recapitulación puede sernos de ayuda antes de examinar el efecto que tienen las progresiones en la vida de una persona.

El momento de concepción tiene lugar en el punto de interacción entre los Mundos espiritual, sutil y físico. Aquí el espíritu de la entidad, operando desde una escala de tiempo totalmente diferente a la de los Mundos inferiores, inicia el proceso a través del cual el cuerpo sutil envolvente queda conectado, en el momento físico de la unión orgánica, a una célula fertilizada. Por lo tanto, la concepción no es nunca un accidente sino un momento elegido cuidadosamente en el tiempo, diseñado para ajustarse a las necesidades particulares para el desarrollo y cometido de ese ser. Durante los meses de gestación, cuando el vehículo físico se construye, el cuerpo sutil se encuentra aún en un estado altamente fluido, pero su viscosidad psicológica va lentamente haciéndose más rígida, a medida que se adhiere más y más al cuerpo en crecimiento dentro del útero materno. Obviamente, hay momentos cuando, por elección, el embarazo es abortado, bien por los padres, bien por la propia entidad que va a encarnar o bien por la Providencia. Esto puede ocurrir por libre voluntad en el nivel humano (encarnado o desencarnado), o porque el aborto es una lección en sí misma, al igual que lo hubiera sido el nacimiento. Si el embarazo se completa, entonces el momento de entrada en el Mundo físico también es elegido cuidadosamente. Como muestra la experiencia, muy pocos nacimientos tienen lugar en el día establecido médicamente con antelación. Usualmente ocurre antes o después del momento teóricamente esperado. Esto se debe a la posición de la Luna, la cual tiene una influencia profunda tanto en la madre como en el bebé, de tal modo que, por ser el factor celestial más inferior, rige el momento del nacimiento al igual que gobernó durante el ciclo mensual de

Figura 24—RUEDA DE LA FORTUNA
Este no es un proceso al azar o un ciclo regular, sino un patrón según el cual una carta astral es activada o retardada por las condiciones celestiales. Aquí Marte rige durante un tiempo antes de ser reemplazado por el Sol. Debajo, la Luna y Mercurio están en posiciones restringidas. En términos cabalísticos y psicológicos, las sefirot y funciones se ven estimuladas o impedidas, lo que lleva a explosiones de acción o a frustración. (Grabado medieval en madera).

menstruación de la madre durante el periodo de concepción. Aquí, de nuevo, se debe recordar que la Luna y, de hecho, todos los cuerpos celestes, son sólo expresiones físicas de los ritmos sutiles que tienen lugar dentro de un vasto proceso creativo.

En el momento de nacer, cuando se respira independientemente por primera vez, tienen lugar muchos procesos de cambio en el cuerpo del bebé para transformar su metabolismo después de haber sido alimentado por la madre a través de la placenta. Abruptamente, el bebé sale de un entorno acuoso para respirar y vivir en un mundo de aire. De repente, ya no es mantenido de manera total como antes, sino que tiene que sobrevivir semi-independientemente. El cambio que tiene lugar es enorme, no sólo en el cuerpo sino también en la psique, la cual ahora se encuentra completamente encerrada en un vehículo carnal.

Se ha observado que algunas entidades se sienten contentas de haber encarnado y lo muestran con un llanto alegre, mientras que otras están enfadadas y protestan, y otras simplemente aceptan su encarnación y se mantienen en estado plácido. Ésta es la edad de la sabiduría, ya que el bebé todavía recuerda de dónde viene y aquello que tendrá que vivir. Este conocimiento, sin embargo, se recubre pronto del peso del esfuerzo físico que supone el vivir dentro de un cuerpo formado por tejidos en rápido crecimiento. Desde nuestro punto de vista, el momento importante es el del primer aliento porque es en este instante crucial cuando el cuerpo sutil se condensa y asienta.

Lo primero que precipita la cristalización es el Ascendente, o el signo zodiacal que aparece en el horizonte en el Este. A partir de la interacción inicial terrestre y celeste, en la que el cielo crea un impacto sobre la Tierra, surge una huella distintiva que queda estampada en la forma o apariencia del cuerpo del recién nacido. Por tanto, si Tauro está en el Ascendente, el cuerpo tomará y desarrollará la forma de este signo y si, por ejemplo, Marte también está presente modificará la sencillez de Tauro endureciendo y ensombreciendo el rostro. Por supuesto, el resto de la carta astral tomará las cualidades de los signos en cada Casa y la interacción de los planetas y luminarias. Esto significa que la psique encarnada queda inserta en una matriz psicológica particular dentro de la que el cuerpo crece. A diferencia de la visión científica, la astrología sostiene que el cuerpo se adapta a la psique y no al revés. Por lo tanto, una persona va lentamente llenando, durante su vida, una forma ya existente que quedó cristalizada en el momento de nacer. Las modificaciones de esta forma, por supuesto, pasan por las siete edades planetarias, pero éstas forman parte de una progresión general. Las particularidades del *sino*, sin embargo, están determinadas por la respuesta de la persona a la cristalización única en el momento de nacer, expresada gráficamente en el horóscopo natal. Aquí comienza la interacción entre los aspectos estáticos y dinámicos del *sino*.

En primer lugar, contenidos en el momento natal se encuentran todos los talentos, fortalezas y debilidades de la persona. Este es el punto de partida. A partir del momento de nacimiento, los procesos del 'llegar a ser' continúan desarrollándose en el mundo natural; con cada etapa se va abriendo y desarrollando, a través de éxitos y fracasos, de movimientos rápidos o de largas esperas, el ser de la persona. Se dice que la síntesis del *sino* se encuentra en la cabeza y cola del Dragón, es decir, en los nodos Norte y Sur de la Luna o eje lunar de ascenso y descenso. También se los conoce como los puntos de 'facilidad' y 'dificultad' ya que representan las áreas principales de éxito e impedimento en el *sino* de una persona. Al ser la Luna el fundamento de la persona, sus nodos representan los extremos reales de la interacción psico-física de la vida. Por tanto, alguien con su Nodo ascendente en la Casa 1 y su Nodo descendente en la 7, no tendrá problema al presentarse a sí mismo en público pero no ocurrirá lo mismo en su vida privada. Lo contrario tendría lugar en el caso de que la 'cabeza del Dragón' se encuentre en la 7. Estos patrones están establecidos de por vida para que la persona evolucione y se desarrolle por completo. Aquí debe observarse de nuevo que, al igual que los llamados malos aspectos o planetas, las aparentes debilidades o dificultades son áreas sobre las que trabajar para transformarlas en fortalezas.

No existe algo tal como una carta desastrosa. La disposición de la carta natal es la plataforma a partir de la cual el ser encarnado comienza su viaje a través de la experiencia terrenal. Desde su nacimiento se le dota de un patrón interior que generará un estilo de vida particular en relación al mundo exterior. Durante su vida, sin embargo, tiene tres opciones a elegir: desarrollarse, mantener lo que ya es o descender en la cualidad de su ser hasta que la muerte le libere de la forma encapsuladora de su carta astral. Ahora bien, mientras que el horóscopo puede ser considerado por algunos como una prisión limitante, es de hecho un patrón soporte que sirve de guía para indicar los dones, las faltas y el camino vital de uno. Nadie, ni siquiera el Mesías, puede evitar la forma del *sino* porque incluso su vida debe ser expresada a través de una psique y un cuerpo natural. Sin embargo, para los mortales más inferiores, el ímpetu no proviene del impulso potente del espíritu creativo del *destino*, sino del empuje de los eventos que tienen lugar en el Mundo sutil de los planetas, de su efecto sobre la humanidad en general y sobre la psique individual en particular. Estos eventos son provocados por los fenómenos de los aspectos progresivos de los procesos celestiales que tienen lugar a partir del momento del nacimiento.

El primer ritmo que se experimenta es el del Ascendente, o el de la rotación diaria de la Tierra. En él se sienten las cimas y los valles del acontecer físico. A menudo, por ejemplo, la persona nacida al amanecer con el Sol en la Casa 1, encuentra que su mejor momento del día es la mañana temprana mientras que otro con el Sol en la Casa 10 siente que su hora más lúcida y energética es alrededor del mediodía. El efecto de la rotación diaria del cielo se ve afectado, por supuesto, por los aspectos que las luminarias y los planetas generan con el Ascendente y el Medio Cielo, pero la norma general es que el ciclo de veinticuatro horas se mide desde el Ascendente. Así, por ejemplo, alguien con el Ascendente en Géminis será de respuesta nerviosa e inmediata, a diferencia de la lenta reacción visceral de alguien con el Ascendente en Cáncer. Sin embargo, estos factores sólo se aplican a los ritmos corporales diarios, los cuales están cubiertos en gran medida por el efecto de la Luna y su ciclo mensual.

La Luna tiene un ciclo de veintiocho días en relación a la posición original de la Luna en la carta astral, por lo que durante un mes pasa por diferentes aspectos en relación a la Luna natal. Su efecto también es principalmente corporal, en la medida en que influye en el equilibrio de los fluidos del cuerpo y en la velocidad del índice metabólico. Por ejemplo, la sangre coagulando a diferentes velocidades en relación a las fases de la Luna ilustra este punto. Igualmente, todos los otros ritmos biológicos, de pequeño y gran alcance, están modulados según los cronómetros diario y mensual de los relojes terrestre y lunar. Sin embargo, la Luna no sólo afecta a los estados del cuerpo, volviéndolo inactivo durante la cuadratura a la Luna natal o tenso durante la oposición y conjunción, sino que también influye en el estado del ego, cuya constitución, como se recordará, es en parte física y en parte psicológica. Así, por ejemplo, cuando la Luna está en Capricornio y en trino a una Luna natal en Virgo, la persona se vuelve más calmada y es más capaz de relacionar la perspectiva a largo plazo de Capricornio con la visión detallada de Virgo. Con un poco de observación a lo largo de un mes, podemos percibir los cambios bio-psicológicos que transforman nuestros estados sensuales diarios en diferentes estados

Figura 25 – TRÁNSITOS
Las relaciones en continuo cambio entre los cuerpos celestes generan el clima cósmico. Esto afecta a la humanidad en general y a los individuos que tienen cartas astrales que resuenan con lo que acontece en el cielo. Si hay una fuerte configuración en la que Saturno está involucrado, las personas que se vean particularmente afectadas se sentirán desganadas y deprimidas en caso de estar Saturno afligido, o firmes y decididas en caso de estar favorablemente aspectado. Estos episodios son diseñados para dar tiempo a la reflexión o para sacar partido de una situación Saturnina. (Grabado en madera, siglo XVI).

de ánimo, de euforia o depresión, de claridad o confusión, de bienestar o debilidad. Los efectos lunares no son profundos y pasan cuando la Luna cambia de signo cada dos días. Para la mayoría de la gente este condicionamiento lunar conforma su vida habitual y su estado interior. Para la persona perceptiva, sin embargo, hay mucho más que observar acerca del efecto que los planetas tienen sobre la psique, más allá del ego-Lunar.

Los ritmos de Mercurio y Venus son de aproximadamente tres y seis meses respectivamente y su efecto también es bio-psicológico. Sin embargo, a diferencia de la Luna, éstos no tienen un ciclo zodiacal simple, sino que oscilan alrededor del Sol, sin separarse nunca de él más allá de uno o dos signos. Como resultado, su efecto es aparentemente más errático y más local en la mente y en el cuerpo, según se muevan rápidamente hacia delante o hacia atrás en su tránsito por el Zodiaco. Un ejemplo de esto sería Mercurio en Piscis, donde se encuentra en detrimento y produce una falta de precisión general en la comunicación en la vida mundana. La comunicación se volvería más clara cuando el planeta entrase en Aries, pero de nuevo se tornaría confusa y turbia al ponerse retrógrado y volver a Piscis. Una situación similar ocurriría con Venus, supongamos, en Libra, signo donde encuentra su máximo poder. Esta posición tendría un efecto, a nivel mundial, en el estímulo venusiano por la moda y el arte, por ejemplo. En el caso de un individuo con la Luna en Libra, su ego aumentaría tanto en deseo como en deseabilidad venusiana, provocando eventos o encuentros de alta sensualidad. En términos generales, el efecto de estos dos planetas inferiores se nota menos que el de la Luna y el de otros cuerpos celestiales, debido a que su impacto se pierde a menudo entre los estados cambiantes del cuerpo y el ego y la subcapa de los planetas superiores que crean los estados de ánimo a nivel inconsciente. Al ser los intermediarios entre el cuerpo y la psique, Mercurio y Venus actúan como el receptor pasivo y el transmisor activo de la misma. Ambos, debido al conjunto de sus aspectos y posiciones en la carta astral, hacen que la persona sea particularmente susceptible a este o a aquel evento interior o exterior durante una temporada y que ocurra al revés durante la siguiente temporada, como por ejemplo el ser muy sociable hacia el final de cada otoño pero marcadamente antisocial al principio de cada primavera, independientemente del efecto general que tienen sobre todo el mundo cuando pasan por sus signos de regencia, exaltación, detrimento y caída.

La rotación anual del Sol es el más evidente de los ciclos. Cualquier persona con algo de sensibilidad hacia el Mundo sutil puede relacionar su año personal con el ciclo natural de las estaciones. Para un Capricornio (en las latitudes norte) el invierno físico es su verano psicológico, mientras que para un Libra la primavera natural es su periodo oscuro. Esto significa que para cada persona hay un año Solar sutil, por lo que dependiendo de en qué cuarto se encuentre el Sol, así será su estado de ánimo. Según la posición del Sol sea, por ejemplo, un primer sextil o segunda cuadratura al Sol natal, se encontrará, a nivel psicológico, a mitad de la primavera o a principios del otoño. Este conocimiento es muy útil porque revela el estado de vitalidad Solar creciente o decreciente en relación al Sol natal e indica cuándo moverse o cuándo es mejor abstenerse de actuar. Por ejemplo, no es un buen momento para comenzar un proyecto para un Leo cuando el Sol está en Escorpio ya que encontrará resistencia oculta, algo con el que al abierto y real signo de Leo le resulta difícil lidiar. Sería mejor para él esperar hasta que el Sol se haya movido a Sagitario, cuando dos signos de Fuego puedan combinarse en todo su poder. Por tanto, aunque la mayoría de las personas no son conscientes de estas variaciones, sin embargo inconscientemente aplican su experiencia de tal modo que se les abren o cierran oportunidades según sea el momento de su ciclo personal anual. En esencia, el trayecto del Sol alrededor del Zodiaco hasta su retorno anual a su posición natal original en la carta astral marca la temporalidad del *sino*. Según este ciclo medimos nuestros progresos y los ritmos grandes y pequeños de los principios planetarios superiores e inferiores.

El primer par de planetas superiores es el formado por Marte y Júpiter, que representan los principios emocionales pasivo y activo de la psique. Tienen un ciclo de dos y doce años respectivamente. Esto significa que Marte tarda unos dos meses en pasar por cada signo mientras que Júpiter está alrededor de un año en cada uno. El efecto de Marte en un signo, dependiendo de si está favorecido o no en él, es el de precipitar confrontación y decisión a nivel emocional. Así por ejemplo, si Marte cruza por la Casa 7 de una persona en el signo de Acuario, se darán muchos momentos dramáticos y el cónyuge o los socios de sus empresas reconsiderarán todos los acuerdos pactados. Por el contrario, si la Casa 7, o de los asociados, contiene a Tauro, el juicio sobre lo que es correcto puede verse confundido por los placeres de la relación, de tal modo que un hombre y una mujer, por el placer del buen comer y de la cama, pueden perder la oportunidad de terminar con una relación que esencialmente no tiene futuro. El efecto de Júpiter es diferente en el hecho de que cuando este planeta está pasando por, supongamos, Sagitario, su propio signo, su impacto será el de abrir grandes posibilidades a nivel profesional para una persona que tiene este signo, por ejemplo, en su Casa 10. En su signo opuesto, en Géminis, la expansión de Júpiter se verá fragmentada y su poder dispersado. Este evento, si se encuentra ubicado, por ejemplo, en la Casa 5 podría resultar en el hecho de tener un hijo inesperado o una serie de romances amorosos. Esto significa que cuando observamos que Júpiter o Marte están a punto de transitar una determinada Casa o posición natal crucial, podemos esperar un efecto preciso. Este es el principio de toda predicción, basada en la posición de los planetas en cada momento.

Los otros planetas superiores generan las mismas causas y efectos, aunque cada uno a su modo, a medida que pasan por los diferentes signos y aspectan al Sol, a la Luna y a los otros planetas natales. Saturno y Urano, los principios intelectuales pasivo y activo, tienen unos ciclos aproximados de treinta y ochenta años respectivamente. El progreso de Saturno es fácilmente reconocible cuando se mueve a través de ciertas Casas, como la primera y la séptima, porque la forma severa en la que enseña invariablemente revisa, o fragmenta, de manera minuciosa las relaciones de la persona con los demás, algo que usualmente tiene por resultado una nueva perspectiva más amplia y a más largo plazo del mundo y sus habitantes, especialmente de aquellos cercanos. Aquí debemos mencionar el efecto que generan los aspectos de los planetas a medida que se van moviendo. Por ejemplo, cuando Saturno pasa por Cáncer en la Casa 4, la casa de la seguridad, no sólo afectará gravemente a la situación doméstica, sino también, por oposición, a la profesión, en la Casa 10, así como a las Casas en cuadratura y a los signos de Aries en la Casa 1 y Libra en la Casa 7. Saturno estará, sin embargo, en trino a Escorpio y a Piscis en las Casas 8 y 12, lo que propiciará una gran reflexión acerca del significado profundo de la vida. Este sería un periodo muy crítico para quien tuviera una carta astral con esta configuración.

Urano, al tener un ciclo tan largo, generalmente sólo afecta a cada signo una vez a lo largo de la vida. Sin embargo, a medida que entra en contacto con los aspectos de la carta astral, desencadenará tanto crisis exteriores como revelaciones internas. Por tanto, a medida que se mueve por el Zodiaco, alejándose de su posición natal, entrará en sextil, cuadratura y trino respecto a su posición natal, durante la primera mitad de la vida, antes de crear la gran oposición a la edad aproximada de cuarenta años. Esta oposición usualmente precipita la revelación más importante en la vida de la persona, mostrándole, en la mitad de su encarnación, los primeros frutos buenos y malos de sus acciones. El efecto de Urano a menudo es muy dramático porque es alrededor de los cuarenta años cuando, por ejemplo, se ha alcanzado la cumbre profesional y el matrimonio se evalúa como un éxito o un fracaso. Todo el mundo atraviesa la crisis de Urano y entra en la segunda mitad de su vida con una sabiduría considerablemente mayor si la lección ha sido aprendida. Urano es el planeta de la revelación.

Los planetas más exteriores, Plutón y Neptuno, como hemos visto, tienen sólo un efecto general. Pero si somos sensitivos, su influencia puede ser ligeramente detectada a medida que atraviesan los signos y las Casas de la carta astral. En primer lugar, por ejemplo, Neptuno en Libra, a gran escala, daría a toda una generación una actitud extraña hacia el matrimonio, mientras que su tránsito por la Casa 7 en una carta astral individual enfatizaría esta visión durante el periodo de duración del tránsito. El lento movimiento de Neptuno y sus progresivos aspectos, produce una mistificación y desmistificación de los signos, planetas o Casas que va aspectando. Lo mismo es cierto para Plutón, el cual se mueve a una velocidad aún más lenta. El efecto de Plutón, sin embargo, es aún más difícil de definir, ya que su influencia produce cambios casi imperceptibles, a través de los aspectos que crea en los diversos factores del horóscopo individual. Por ejemplo, un hombre puede que sólo se dé cuenta después de muchos años de que un periodo de sufrimiento plutoniano era la medicina necesaria para combatir la vanidad de su conjunción Sol-Luna en Leo.

De todo lo expuesto anteriormente, puede observarse que hay multiplicidad de ritmos y aspectos en continuo cambio. De todas estas dinámicas emerge el sentir de una época y, a nivel individual, el desarrollo de un tipo de vida que estaba presente en potencia al nacer. Por razonas obvias, el cálculo de todas las combinaciones no es sólo inmensamente complejo sino casi imposible de analizar con la exactitud necesaria como para hacer una predicción precisa, ya que un esquema tan sutil para cada vida está más allá de la capacidad ordinaria del astrólogo, quien puede errar considerablemente al pasar por alto un solo factor. Por lo tanto, los astrólogos honestos a lo largo del tiempo, aunque han pronosticado eventos detallados a corto plazo basándose en las posiciones celestiales observables en el momento, han desarrollado también otras técnicas diferentes de predicción a largo plazo en general, como la progresión Solar. Esto es lo que examinaremos en el capítulo siguiente.

12. Predicción: Ejemplo de una Vida

De todos los métodos de predicción para ver la tendencia general de una vida, la progresión del Sol es probablemente la más común. Ésta consiste en considerar que un grado equivale a un año, de tal modo que, por ejemplo, en el décimo año el Sol se ha movido diez grados desde su posición natal original. A partir de los aspectos que surgen desde esta posición puede hacerse una estimación de lo que ocurre durante ese año de la vida. Para ello es preciso observar solamente los eventos más destacados, como cuando se dé un aspecto preciso, por ejemplo una cuadratura exacta a Marte, lo que indicaría un año para tomar decisiones, o el cruce a través de una Casa o cúspide de un signo, momento en el que la cualidad o énfasis de la vida podría cambiar. El principio es muy sencillo por lo que sólo puede ser aplicado a grandes rasgos o tendencias. Por tanto, el tipo de eventos que se predicen pueden manifestarse según varias posibilidades debido a muchas razones, siendo una de ellas la de que solamente se tiene en cuenta la posición del Sol. Otra razón es que la posible manifestación depende del nivel de desarrollo de la persona, y otra la de que una configuración planetaria coincidente puede ser lo suficientemente poderosa como para afectar la inclinación del Sol progresado hacia una u otra tendencia. Por tanto, la predicción no es totalmente fiable. Además, siempre entra en juego la posibilidad de elección de la persona, lo que trataremos más adelante. Pero veamos primero un ejemplo de una vida desde el punto de vista de la progresión, para así captar el sentido de este patrón inevitable.

En primer lugar cabe mencionar que la carta astral utilizada como ejemplo es completamente ficticia. Es más, no sólo no pertenece a nadie, sino que no se corresponde con ningún periodo conocido. Se trata de una simple disposición que nos sirve para obtener una máxima demostración de los principios. De este modo, examinemos y construyamos incialmente una imagen del carácter de nuestro personaje ficticio, a quien llamaremos FP. Con el Sol en Capricornio en la Casa 12 cabría esperar que fuera un hombre reflexivo, trabajador, ligeramente formal y reservado. Sin embargo, esto se ve modificado

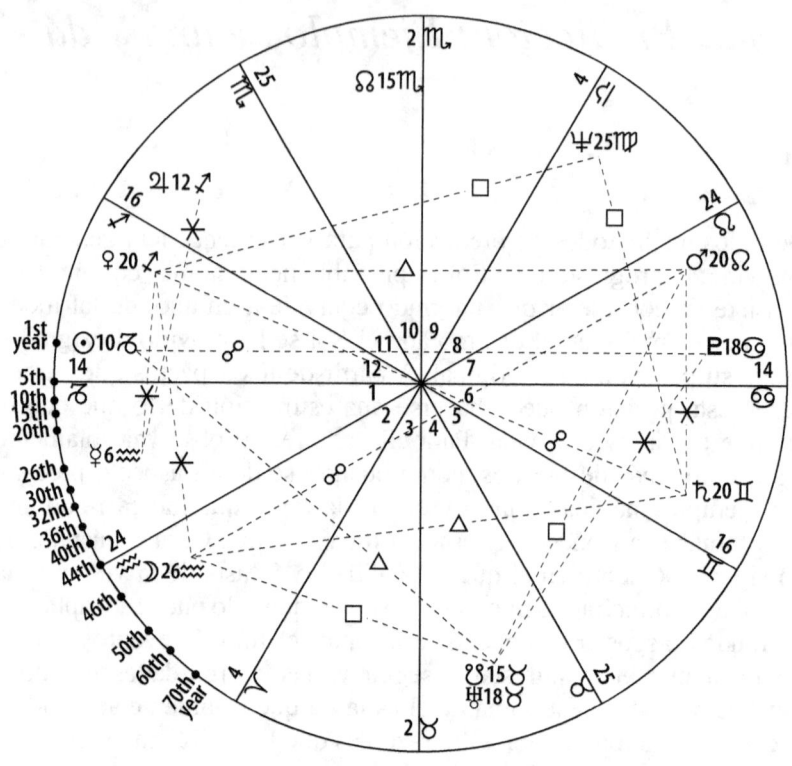

Figura 26 — PROGRESIÓN

Además de los movimientos normales dentro del Sistema Solar, los astrólogos han descubierto, a lo largo de los siglos, que el ciclo de un día después del nacimiento se corresponde con un año de vida. Esto revela otra dimensión del sino. Así, en el caso de esta carta astral, alrededor de los cuarenta y cuatro años de edad, cuando el Sol entra en la Casa de las posesiones, la persona puede encontrase con algún tipo de fuente de riqueza. Si bien este factor puede estar subyacente en la vida diaria del individuo, podría considerarse como una explicación crucial, si no hay ningún otro factor obvio, de un sino que parece ser inesperadamente cruel o generoso. La vida tiene muchos niveles kármicos. (Halevi).

por Mercurio en Acuario en la Casa 1, lo que indica que puede ser elocuente y sociable. Al no estar aspectado por ningún factor de orden mayor, excepto por un débil sextil a Júpiter, el carácter hablador de Mercurio podría ser solamente una máscara social o profesional tras la cual el Sol observaría atentamente. La Luna en Acuario en la Casa 2 indicaría que su manutención provendría del trabajo con otros, quizás con su Sol dirigiendo algún tipo de organización de naturaleza filantrópica. Podría, por ejemplo, ser un arquitecto ya que su Sol está en trino a Urano en Tauro en la Casa 4, el cual se encuentra en sextil a Plutón en Cáncer en la Casa 7, o Casa de los socios. Esto bien podría significar una profunda preocupación por la seguridad práctica de su familia y las de otros. En resumen, se trata de un hombre profundamente comprometido con el cuidado de la gente a nivel comunitario. Esta noción se ve acentuada por el nodo de dificultad en la Casa 4 y el Sol en oposición a Plutón en la 7, lo que sugeriría una situación doméstica difícil tanto con sus padres como en su propio hogar. El efecto de esta configuración sobre un Capricornio con el Sol en la Casa 12 sería, o bien el de intentar escapar, o bien el de tratar de conquistar el problema. En cualquier caso, su Luna le relacionaría con otras personas, aunque él muy raramente mostraría su ser interior. Saturno en Géminis en la Casa 6 le dotaría de una planificación meticulosa, otra indicación de una profesión de larga formación, y Plutón y Marte en la 7 sugieren un matrimonio o asociación profesional llena de drama e interminable lucha por ascender junto a su mujer o a sus colegas profesionales. Plutón indica que sería un proceso de crecimiento a pesar de las confrontaciones de poder provenientes de su Marte en Leo, con las que lidiaría con diplomacia más que de forma guerrera.

Neptuno en Virgo en la Casa 8 revela un elemento bastante inesperado en su psicología. Indica una habilidad psíquica e interés por los mundos invisibles. Tendría una pequeña biblioteca de libros esotéricos junto con volúmenes de filosofía, estudios sociales, historia y trabajos de referencia profesional. El nodo de crecimiento en la Casa 10 significaría que eventualmente sería un hombre de éxito en el mundo, haciendo una contribución considerable a la sociedad tras muchos años de lucha y esfuerzo (el clásico patrón de Capricornio). Esto contrastaría con la dificultad de su vida privada. Júpiter en la Casa de la amistad, traería potentes aliados y amigos, los cuales, al no estar Júpiter aspectado por ningún ángulo principal, formarían un entorno social pero nunca una influencia directa sobre su profesión o sobre su escena doméstica. Al estar Júpiter en Sagitario, sus amigos serían personas que compartirían los mismos ideales y, con el débil sextil a Mercurio, él disfrutaría de la buena conversación aunque, de nuevo, nunca revelaría su auténtico ser o su verdadero punto de vista. Venus en la Casa 12 bien podría manifestarse como un fantasía erótica acerca de un amor ideal, al estar en Sagitario, o quizás con más probabilidad como una amante que se llevara bien con su mujer, dado el trino a Marte en la Casa 7. De hecho, puede que ambas fueran viejas amigas. Podría tratarse de un acuerdo discreto pero aceptado. Así que FP es un hombre con una vida profesional ocupada y una situación doméstica difícil, quien disfruta de la buena compañía y tiene una amante que comparte su intensa necesidad por la privacidad, a pesar de aparentar excelentes modales sociales. Debido al Sol y los planetas en las Casas 12, 8 y 6, también tiene interés en los temas espirituales.

    La descripción anterior está basada en la latitud de treinta grados Norte, por lo que FP podría vivir en Nueva Orleans, El Cairo o en Lhasa, en el Tíbet. Esto significa que la forma del horóscopo se vería modificada según la cultura de esos lugares. Así el americano FP podría ser parte de una fundación filantrópica como las Naciones Unidas o trabajar en una comuna hippie bien organizada, mientras que el egipcio FP podría encontrase organizando a los campesinos en granjas colectivas o diseñando planes urbanísticos a lo largo del Canal de Suez. Igualmente, al FP tibetano se le podría encontrar, antes de la invasión china, siendo asistente en un monasterio o, después de la caída del Tíbet, como un reorganizador del pueblo en concordancia con la visión comunista. El don capricorniano para la administración y el amor por las formas respetuosas se afirmarían en las tres vidas y también se harían patentes el éxito social y las dificultades domésticas en todas. Es más, en las tres culturas veríamos como una psique particular, definida por el horóscopo, tomaría los cuerpos americano, árabe y tibetano absorbiendo las culturas del entorno y sus valores. Quizás, por ejemplo, el Capricornio americano expresaría el amor por la tradición en el orgullo por los ideales de la Constitución de los Estados Unidos y su propia descendencia de una familia original de Nueva Inglaterra, mientras que el árabe reflexionaría acerca del Corán e intentaría cumplir con todos los preceptos del Islam de tal modo que, a pesar de una apariencia socialista moderna, retendría muchas viejas costumbres que transmitiría a su familia. El tibetano igualmente buscaría preservar lo que fuera posible del antiguo Tíbet, quizás practicando secretamente oraciones budistas y guardando en escondites objetos sagrados o libros para recordar, cuando llegase el

PREDICCIÓN: EJEMPLO DE UNA VIDA   117

momento, a futuras generaciones qué es lo que hizo al Tíbet una de las regiones más sagradas del mundo. Tras haber creado este personaje, veamos ahora cómo funciona la progresión Solar.

El primer evento en la vida de FP, después de su nacimiento con el Sol a diez grados de Capricornio en la Casa de la privacidad, ocurriría cuando el Sol progresado cruzara el Ascendente a la edad de cuatro años. Esto podría significar que empezara a crecer fuera del círculo familiar. Por ejemplo, puede que hasta entonces simplemente hubiera observado a otros niños jugar sin juntarse con ellos, como si mirase a sus hermanos desde una ventana escondida mientras ellos se divertían fuera. Él habría sido más tímido y reservado que la mayoría de sus contemporáneos. Esto cambiaría al entrar el Sol en la Casa 1, aunque sólo hasta cierto punto. Sin embargo, la presencia del Sol en la Casa de la apariencia le haría destacar, aunque sólo fuera por su gran timidez. A los cinco años el Sol progresado estaría en sextil con el Nodo Norte, o punto de desarrollo, en la Casa de los logros, por lo que ese año haría algo que mostraría futuros talentos y capacidades. Puede que se tratase de un dibujo excepcional realizado en el colegio en el que habría caracterizado a un pueblo con gente o que se tratara de una pequeña casa construida con ayuda de otros en el jardín trasero. Este evento puede haberle traído, a esta edad precoz, cierto reconocimiento y admiración. Puede que también ésta sea una de sus memorias más tempranas y que inconscientemente marque su ambición y su tendencia general hacia la arquitectura y la organización. Por contraste, la misma posición del Sol en trino a su nodo de dificultad, en el hogar, puede tener el efecto de aliviar temporalmente un momento difícil en su círculo familiar en el que la relación con sus padres y sus hermanos no siempre habría sido armoniosa o tranquila. A la edad de ocho años su Sol progresado estaría en trino con Urano pero en oposición a Plutón. Esto apunta a una crisis familiar que podría afectar profundamente su actitud hacia el matrimonio en su vida posterior. Urano en la Casa 4 indica un padre errático; y Plutón en Cáncer en la Casa 7, una madre extraña y enigmática, lo que podría empujarle a buscar un tipo de figura materna similar como esposa, ya que ésta le ofrecería el elemento de seguridad que el Capricornio ansía profundamente, al contener en su raíz a su opuesto, Cáncer. Los eventos de estos años podrían afectar intensamente su vida posterior.

Entre los ocho y quince años de edad no hay aspectos de orden mayor del Sol en progresión, por lo que se puede esperar que ocurra poco más que lo definido por las leyes generales de la niñez y la juventud temprana, que corresponden a las épocas de Mercurio y Venus. En esta época el fundamento del ego ya estaría bastante asentado y ya sea en EEUU, Egipto o el Tíbet, la misma situación humana ocurriría a pesar de la apariencia exterior de la cultura; así pues, cuando llegase el siguiente aspecto, el niño FP habría vivido una vida relativamente tranquila, siempre y cuando, y aquí es donde surgen los límites de la progresión, no hubiera habido eventos planetarios importantes en la situación mundana o general que tuvieran más fuerza que el escenario teorético sugerido por la progresión de la carta astral personal.

A la edad de quince años el Sol progresado estaría en trino a Neptuno en Virgo en la Casa 8, casa de la muerte o de las materias ocultas. El efecto de esto podría ser la muerte de alguien cercano, lo cual le podría abrir a la pregunta acerca del significado de la vida, o podría hacer que FP encontrara un libro. Aquí aparece la cualidad de Virgo, que cambia considerablemente de apariencia. Podría tratarse de un libro de misticismo cristiano o judío para el americano, el descubrimiento de Ibn Arabi y el sufismo para el egipcio o el hallazgo de un texto esotérico como el *Libro Tibetano de los Muertos* para el del Tíbet. En cualquier caso, éste sería el segundo momento profundo que afectaría la memoria y la vida interior de este hombre.

A la edad de veinte años, cuando el Sol progresado entra en Acuario, comienza una nueva etapa. Su vida se vuelve más sociable y fácil, y cuando el Sol se aproxima a la conjunción con Mercurio, a los veintiséis años, nada le detiene. Se dedica a viajar, aprende mucho acerca de la gente y, con su sentido inherente de la historia, va coleccionando una gran cantidad de información acerca de las grandes y pequeñas comunidades sociales. A lo largo de seis años trabaja duramente pero, a partir de la edad de treinta y dos años, cuando el Sol entra en sextil a Júpiter en la Casa de la amistad, conoce y adquiere muchas amistades con ideas similares. Estos amigos se sienten atraídos a él por un profundo afecto y buena voluntad, factor que equilibra su oculta soledad y su duro trabajo.

A la edad de treinta y cinco años, cuando el Sol está en cuadratura a los Nodos ascendente y descendente, tiene un problema profesional y pasa por un mal momento familiar, quizás porque su padre o su madre enferman y él tiene que hacerse cargo de las responsabilidades familiares. Éste sería un periodo difícil. Tres años después, cuando el Sol estuviera en cuadratura a Urano, un segundo infortunio ocurriría, quizás con la muerte de uno de sus padres y con un cambio radical en la organización doméstica.

A la edad de cuarenta años las cosas toman un giro positivo al ponerse el Sol en sextil a Venus, indicando un romance amoroso, con el cual permitiría a una mujer entrar a su vida privada, y después en trino a Saturno lo que propiciaría el matrimonio. Un matrimonio tan tardío no es algo inusual para un Capricornio. Saturno en la Casa 6 indica que su mujer pertenecería a la misma profesión; al estar en Géminis, su mujer bien podría haber sido su asistente personal durante varios años. Sin embargo, no todo va bien, porque en el primer año del matrimonio, Marte en Leo en la Casa 7 está en oposición al Sol progresado, por lo que se generaría un conflicto debido a su propio deseo y el de su mujer por alcanzar estatus y a su periódica necesidad de retirase del entorno público para la contemplación y el recreo. A la edad de cuarenta y cuatro años el Sol progresado entra en la Casa 2 y él, por fin después de muchos años de esfuerzo, comienza a adquirir riqueza tanto material como intelectual—al ser Acuario un signo de Aire. Esta situación se ve reforzada dos años después, cuando el Sol hace conjunción con la Luna natal trayéndole muy buena reputación en el ámbito de su trabajo. Quizás sea reconocido como experto, tanto a nivel teórico como práctico, en relación a problemas de vivienda y alojamiento social.

A los cincuenta, el Sol progresado entra en Piscis, y comienza la siguiente etapa de su vida. Gradualmente, la relación con su trabajo, sus ideas y sus posesiones cambia, desde lo puramente intelectual para incorporar lo emocional. Tiene dudas morales sobre los conceptos ya establecidos y a los cincuenta y dos años, cuando el Sol hace trino a su Medio Cielo, ve sus logros desde un contexto religioso. Este aspecto creciente de su naturaleza hace que su inquietud espiritual de muchos años se torne hacia la búsqueda de la verdadera razón de su trabajo y de su profesión. De nuevo, al no haber aspectos de orden mayor, nada ocurre durante ocho años pero, cuando el Sol hace un sextil a su Sol natal, recibe con una fuerza lentamente creciente una revelación sobre la verdad de su propia naturaleza. Esto crea en él un cambio profundo, aunque sólo uno pocos se dan cuenta de ello, ya que lo mantiene oculto en su Casa 12. A la edad de sesenta y dos años, cuando el Sol está en cuadratura a Júpiter en la Casa de la amistad, pasa por una reorganización dolorosa de las relaciones con sus compañeros de toda la vida, viéndoles quizás como simples charlatanes idealistas incapaces de hacer o realizar algo, al no haber otros aspectos fuertes que apliquen energía de una manera práctica. A los sesenta y cinco años, con el Sol en sextil a su nodo de dificultad y en trino a su nodo de confort, se daría un cambio en su situación, haciendo que sus escenas doméstica y profesional se armonizaran durante un breve periodo. A los sesenta y ocho, el Sol estaría en sextil a Urano y en trino a Plutón, con lo que el hogar o el matrimonio se verían transformados por algún evento extra-ordinario, como la muerte de su mujer. Después de tres años, dejamos a FP con el Sol progresado en cuadratura a su Saturno y Venus natales, lo que podría significar un periodo final de reflexión cínica antes de la muerte, si no hubiera habido crecimiento espiritual, o una renovada etapa de trabajo, más pacífica y contemplativa que le conduciría a una rica vejez capricorniana, en el caso de que haya llevado a cabo una transformación interior.

Si bien todo lo anterior es completamente especulativo y ficticio, lo que sí demuestra es cómo un conjunto de principios psicológicos son activados para crear eventos a medida que el Sol los aspecta. De nuevo debemos repetir que esto, a diferencia de todas las progresiones reales, es sólo especulativo ya que se basa en una disposición artificial de los planetas. Las progresiones en personas reales nos revelan un punto de gran importancia: que en una carta astral genuina todos los cuerpos celestiales están situados según un conjunto de ritmos pre-ordenados, los cuales expresan, en un momento dado, el estado actual de la Creación y la Evolución en relación al Comienzo y Final del tiempo. Esto significa que, a diferencia de una carta ficticia, cada horóscopo real encaja en un esquema ya existente que está lentamente desplegándose a lo largo del Universo en general, en la Vía Láctea en particular y en concreto dentro de nuestro Sistema Solar. De este modo, casi todos los eventos de la Tierra están providencialmente integrados y preestablecidos para ser manifestados en determinados momentos de la Existencia. Así, cuando un espíritu encarna, es alojado en un lugar y un tiempo particulares para llevar a cabo un *destino* cósmico. Como dice el Eclesiastés, 'Todo tiene su momento oportuno; hay un tiempo para todo lo que se hace bajo el Cielo: un tiempo para nacer, y un tiempo para morir; un tiempo para plantar, y un tiempo para cosechar; un tiempo para matar, y un tiempo para sanar; un tiempo para destruir, y un tiempo para construir; un tiempo para llorar, y un tiempo para reír; un tiempo para lamentarse, y un tiempo para bailar; un tiempo para dispersar las piedras, y un tiempo para juntarlas; un tiempo para abrazarse, y un tiempo para despedirse; un tiempo para intentar, y un tiempo para desistir; un tiempo para guardar, y un tiempo para desechar; un tiempo para rasgar, y un tiempo para coser; un tiempo para callar, y un tiempo para hablar; un tiempo para amar, y un tiempo para odiar; un tiempo para la guerra, y un tiempo para la paz.'

Predicción: Ejemplo de una Vida

El propósito de cada fase es el desarrollo del ser y esto, como habremos aprendido en la vida, no siempre ocurre a través de lecciones sencillas o soluciones fáciles. La bondad, el conocimiento y el coraje deben ser puestos a prueba o, si no, se quedan en mero potencial. Para que se hagan reales deben pasar por las vicisitudes de la vida y del *sino*, de tal modo que el ser que las expresa pueda de hecho experimentar el bien en momentos del mal, el conocimiento en contraposición a la ignorancia y el coraje en medio del peligro. Por tanto, cada vida tiene sus talentos y sus pruebas. Estas tendencias, sin embargo, no son sólo factores en la carta astral que indican el *sino* a ser vivido. También están presentes en ellas los resultados de encarnaciones previas y las tendencias, tanto buenas como malas, adquiridas durante la vida actual. Una de las más comunes manifestaciones del mal es el fenómeno de la enfermedad. Este es el tema del próximo capítulo.

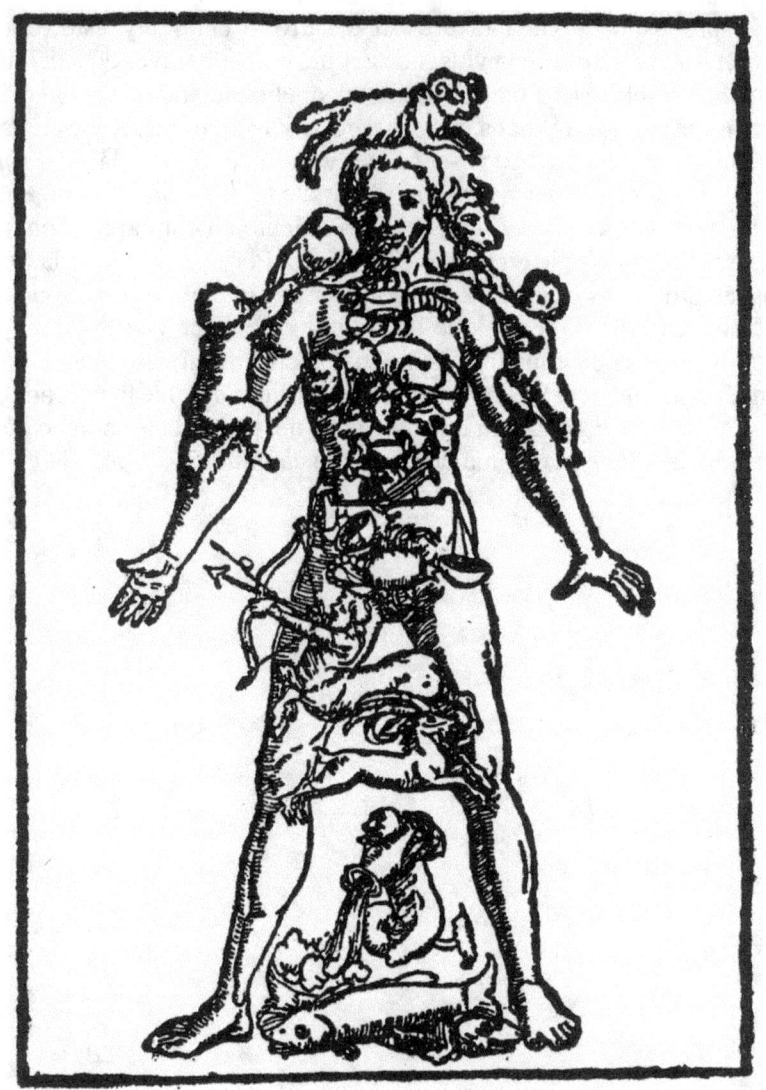

Figura 27—AFLICCIÓN
Según la tradición, diferentes partes del cuerpo son regidas por los varios signos y sefirot. Así, la Luna y Yesod se relacionan con el ego, con la persona y con la sexualidad. Si la Luna natal está afligida en la carta astral, o incluso sólo en un momento dado, esto afectará a estas funciones físicas y psicológicas. Si una situación tal persiste, entonces se manifestará una enfermedad, en mayor o menor grado. Esto es aplicable a todas las funciones corporales que están en resonancia con sus partes psicológicas equivalentes. (Grabado medieval en madera).

13. *Enfermedad*

'Enfermedad' significa falta de fuerza o firmeza[4]. En nuestro marco de referencia, este término se refiere a cualquier malestar, desde una ligera discapacidad intelectual como el no ser capaz de recordar la tabla de multiplicar, hasta el cáncer terminal. El origen de estos desórdenes puede ser interior o exterior, psicológico o físico. Es más, la causa de la enfermedad puede ser inherente o adquirida, desarrollada por el exceso o por la falta de actividad psicológica o física, o puede ser un mal impuesto desde fuera debido a un accidente o infección. Como ya debe entenderse, al ver que todo en el Universo está interrelacionado, no existe algo tal como un 'accidente', en el sentido aceptado de la palabra. Puede ocurrir el cruce de líneas de desarrollo aparentemente sin relación o puede darse la aparición repentina de un evento inesperado pero, desde un conocimiento profundo, y comprendiendo el sentido de la naturaleza del *sino*, estos eventos se perciben como inevitables o prefigurados. Examinemos a continuación los distintos niveles en los que estos fenómenos pueden ocurrir, para observar así el mecanismo astrológico que yace tras las enfermedades físicas y psicológicas crónicas o agudas, y el significado de los accidentes.

Comenzando por el mundo más ordinario, físicamente heredamos las fortalezas y debilidades corporales de nuestra raza. Por tanto, si somos esquimales nuestra resistencia a la tuberculosis es menor que la de una persona blanca, mientras que un europeo será más proclive a las enfermedades tropicales, pudiendo fácilmente contraer una enfermedad que a un africano sólo le afectaría de manera ligera. Después, están las tendencias físicas heredadas de nuestra nación o cultura. Por ejemplo, los judíos tienen una alta propensión a los desórdenes nerviosos, mientras que los noruegos sufren un tipo particular de cáncer. También el fenómeno del cáncer, pero en un área diferente del cuerpo, se da entre los parsis de la India, mientras que ciertas tribus africanas están afligidas por enfermedades que son desconocidas en el resto del mundo. Las causas de estas enfermedades

---
4. N. de la T.: En el texto original el autor se refiere al juego de palabras en idioma inglés entre 'disease' y 'unease'.

se deben en parte a la localización, al clima y a la dieta, y en parte a los siglos, si no milenios, de actitudes psicológicas. Por ejemplo, el problema de los parsis es generado por la ausencia de matrimonio fuera del clan, debido a la demanda familiar de pureza estricta, mientras que la tendencia judía a las enfermedades nerviosas es el resultado normal de siglos de inseguridad y persecución. Todos nosotros heredamos la constitución innata de nuestra gente, y aquellos que proceden de matrimonios mixtos tienen las fortalezas y debilidades de ambos. Este nivel constituye el patrón inevitable de nuestro grupo tribal y su estado de desarrollo.

El bebé recibe el legado de la constitución tribal en el momento de la concepción, ya que en los genes y cromosomas de los padres, se transfiere el historial médico de ambas familias a la célula fertilizada. Según el niño desarrolle la constitución del padre o la complexión de la madre, acelerará o retrasará la tendencia familiar a tener problemas del corazón o enfermedades del riñón, por ejemplo. El Ascendente es una capa superpuesta que modifica las características familiares raciales y físicas. Por tanto, el Ascendente en Géminis aumentará cualquier dolencia nerviosa en el pecho que ya esté inherente en el cuerpo, mientras que el Ascendente en Leo incrementará cualquier fortaleza o debilidad del corazón. Un Ascendente en Capricornio influirá en la más leve tendencia familiar al reumatismo o a enfermedades de la piel mientras que en Cáncer afectará a la propensión a los desórdenes en el pecho y el estómago. La base de estas conclusiones, como se recordará, es la noción tradicional de que las diferentes partes del cuerpo están asociadas con los diferentes signos del Zodiaco. Igualmente, los planetas están tradicionalmente relacionados con los diferentes órganos. Por ejemplo, la razón de que Leo esté asociado con el corazón es que el Sol es su regente y el corazón es el Sol todopoderoso dentro del sistema solar del cuerpo y sus órganos. De manera similar, Virgo, cuyo regente es el aspecto negativo o receptivo de Mercurio, está relacionado con el sistema nervioso y los intestinos, que mantienen el nivel óptimo de competencia en la máquina biológica. El significado de estas interacciones astrológicas y físicas se fue descubriendo empíricamente a lo largo de muchos años, y fue utilizado por la profesión médica hasta el siglo diecisiete en Europa para diagnosticar y tratar enfermedades.

Debido a que hay una conexión entre los Mundos sutil y físico, puede observarse que el equilibrio particular de cada anatomía psicológica tiene una influencia distintiva en el cuerpo. Por tanto, mientras que la fisiología puede heredar determinadas fortalezas y debilidades de la línea biológica, éstas pueden ser aminoradas por la naturaleza de la psique. Por ejemplo, supongamos que un hombre ha heredado una constitución física fuerte pero que tiene el Sol, la Luna, Mercurio, Venus y Marte en Virgo en la Casa 6. Esto tendrá el efecto de convertir, si los planetas están mal aspectados, a un hombre básicamente saludable en alguien nervioso y continuamente preocupado por su salud, que sólo se fijaría en sus imperfecciones físicas y trataría cada dolor y malestar con un cuidado meticuloso, buscando tratamiento entre su enorme colección de remedios. Aunque este es un ejemplo extremo, ilustra la influencia de la psique sobre el cuerpo. El efecto final en la vida de esta persona sería el de la enfermedad, bien fuera imaginaria o no. Aquí es donde comenzamos a percibir cómo el cuerpo sutil moldea actitudes inevitables que derivan en eventos sucesivos en la vida.

Supongamos que una persona tiene a Marte en Libra, donde está en detrimento, en la Casa 4 de la seguridad. Esto indicaría que el estrés emocional en el hogar podría generar problemas en los riñones, ya que Libra rige estos órganos, y que las emociones debilitadas y divididas podrían crear una actitud psicológica débil y dócil hacia los padres o la esposa. Esto podría, por supuesto, verse compensado por el apoyo de otros planetas, o por la elección deliberada y consciente de evolucionar y superar la debilidad. Pero examinaremos esto más adelante. La cuestión aquí es que una condición psicológica, tal como en este caso, de confusión e ira reprimida creará en el cuerpo un gran deterioro y muchos venenos que los riñones tendrán que tratar. Después de un largo tiempo la capacidad renal, sin importar cuán buena sea la herencia biológica o lo excelente de la dieta, se verá reducida debido a un exceso de carga. Todos conocemos a gente que come comida muy sana y sin embargo se niegan a la vida y sus implicaciones hasta tal punto que caen enfermos. Así es como a menudo se genera la enfermedad.

Otro ejemplo de la interacción de la psique con el cuerpo sería el de una persona que tiene, digamos, a Saturno en cuadratura al Sol. En esta situación, desde el punto de vista astrológico, ciertos conceptos intelectuales formalizados actuarían como constricción inconsciente profunda sobre la capacidad de abrirse a los demás y ser honesto. Por ejemplo, nociones religiosas, filosóficas o políticas concretas embebidas en el inconsciente a lo largo de muchos años acerca del amor, la verdad o la libertad, pueden restringir el deseo de la persona de expresar afecto de un modo abierto, de ver la realidad o de

Figura 28—SANACIÓN
Aquí un físico consulta la situación astrológica y la pone en relación a la carta astral de su paciente. Hay una correspondencia astrológica cercana con la salud tanto física como mental en la medicina esotérica que ha quedado casi perdida, aunque algunos médicos modernos sí dan crédito a los desórdenes psicosomáticos. Muchas enfermedades originadas en la mente necesitan una diagnosis astrológica además de la medicina convencional, tal y como se hacía antiguamente. Esta visión combinada se perdió en la llamada Edad de la Razón, cuando la dimensión esotérica de la salud quedó olvidada. (Grabado en madera, siglo XVI).

experimentar el mundo más allá de los rígidos límites de una religión formal o de una orientación política. El efecto a largo plazo será la opresión del Sol psicológico sobre el corazón físico de la persona, de tal modo que vaya volviéndose lentamente rígido hasta que se atrofie y se cierre, al recibir la presión del principio Solar oscurecido, lo que finalmente producirá enfermedades cardíacas crónicas asociadas a esas condiciones de estrés. De nuevo, dependiendo de en qué signo se encuentren los otros planetas y la Luna, éstos pueden mitigar o aumentar esta aflicción. Por tanto, un Sol en Aries, signo donde está exaltado, en trino a Júpiter en Sagitario, donde éste tiene su mayor poder, compensarán hasta cierto punto a un Saturno en Leo, el signo que gobierna el corazón y en el que Saturno está en detrimento. La posición de los signos y planetas en las Casas indicará, por supuesto, las áreas de la vida en las que se puede esperar esta tensión. Así por ejemplo, si el Sol estuviera en la Casa 10 oprimido por Saturno en cuadratura desde la Casa 7, los problemas con los socios de trabajo o con la mujer serían la manifestación exterior de la causa de la enfermedad.

Para ilustrar con un ejemplo real el principio del efecto que los cuerpos sutiles o planetarios ejercen sobre el cuerpo físico, tomemos una figura histórica bien conocida que pasó por un gran periodo de crisis y sufrió una condición aguda directamente relacionada con su situación planetaria. El presidente Richard Nixon, a quien ya hemos estudiado en relación al horóscopo de los Estados Unidos, tenía el Sol en Capricornio en la Casa 5, casa de la fama y el poder, y la Luna en Acuario en la Casa 6, casa de la salud y del trabajo diario. Durante los últimos meses de su mandato oficial se encontraba bajo una presión considerable proveniente de todas partes: de la inevitable derrota militar de los Estados Unidos en Vietnam, del escándalo del Watergate en el que el gobierno quedó expuesto, de una fortísima recesión económica y de un ataque general a su imagen como presidente de un país fundado sobre el ideal de la integridad política.

Como será rápidamente percibido, el ambicioso y tenaz Sol en Capricornio intentaría mantenerse en el mandato tanto tiempo como fuera posible, sin importar los golpes recibidos sobre el ego-Lunar. Sin embargo, estamos examinando en este periodo a Saturno, el cual, como apuntamos en la sección del horóscopo de los Estados Unidos, se encontraba a mitad de Cáncer y en oposición al Sol de Nixon. Este aspecto no sólo golpeó con fuerza a los Estados Unidos como nación, sino que también impactó en el propio Nixon a medida que Saturno se aproximaba a la oposición con su Sol. Su Luna, ya en cuadratura con Saturno en su horóscopo, también se encontraba afligida durante Julio y Agosto de 1974, cuando el Sol estaba en Leo. Es más, Mercurio en Leo, desde el 2 al 20 de Agosto, tampoco ayudó a la imagen de su ego, ya que sus métodos de trabajo quedaron expuestos al mundo, lo que supuso para él un gran detrimento político y personal. A medida que esta gran presión aumentaba sobre su psique, su cuerpo comenzó a reaccionar.

El 24 de Junio, el día después de que el Sol entrara en Cáncer, fue diagnosticado con flebitis, una inflamación de un coágulo sanguíneo en una vena. Desde el punto de vista astrológico, Acuario, el cual estaba ocupado por su Luna natal, está asociado con las piernas, y la combinación Leo-Acuario con la circulación y el corazón. Le fue confirmada una flebitis en la pierna izquierda en Julio cuando el Sol, que había pasado por una oposición a su Sol natal, se había movido hasta oponerse a su Luna. El jueves 8 de Agosto fue obligado por la presión del público y del gobierno a dimitir, cuando el Sol estaba llegando a su máxima oposición con su Luna natal y la Luna en Aries estaba en cuadratura a su Sol natal. Unas semanas más tarde, cuando el Sol estaba a punto de entrar en Libra y hacer cuadratura a su Sol, y Saturno estaba en oposición a su Sol, fue hospitalizado para recibir un tratamiento. Salió del hospital a principios de Octubre pero fue hospitalizado de nuevo el día 23, cuando el Sol estaba a punto de entrar en Escorpio, el signo de los cirujanos, en cuadratura a su Luna natal. El día 29 de ese mes, cuando la Luna estaba de nuevo en Aries y en cuadratura a su Sol, sufrió un shock vascular postoperatorio severo que puso su vida en la cuerda floja. Sobrevivió y dejó el hospital el 14 de Noviembre, cuando el Sol y la Luna estaban ambos en Escorpio y Saturno comenzaba a abandonar la oposición a su Sol.

De todo lo anterior podrá observarse cómo los periodos de gran estrés en el macrocosmos pueden causar presión, primero sobre el cuerpo sutil a través de su resonancia solidaria (a falta de una expresión mejor) y luego sobre el vehículo carnal, manifestando físicamente la falta de armonía en las partes del cuerpo relacionadas. Idealmente, el remedio consiste en la acción preventiva en el nivel psicológico, de tal modo que el estrés no sea transmitido hacia el cuerpo. Esto, sin embargo, requiere un gran auto-conocimiento y una gran disciplina personal, algo que muy pocos individuos tienen. Para la mayoría de la gente la cura reside en el tratamiento de los síntomas y no de las causas, para lo que la medicina moderna provee un conjunto relativamente primitivo de soluciones químicas y quirúrgicas. La medicina antigua, con su aceptación del cuerpo sutil, tomaba en consideración los factores planetarios y diagnosticaba las enfermedades en concordancia tanto a la evidencia física como a la celestial, ya que había una clara correspondencia entre ciertas enfermedades y ciertos principios planetarios en aflicción. Aunque puede parecer que los métodos antiguos de tratamiento no tienen rigor científico para el cirujano o el físico moderno, en realidad se basaban en un conjunto muy preciso de leyes sutiles. Por ejemplo, los remedios herbales de Culpeper, en el siglo diecisiete, estaban basados en ciertas plantas y su relación con cada signo y planeta. Así, por ejemplo, la planta alcaravea asociada con Virgo ayudaba a la digestión mientras que la acedera, astrológicamente conectada con Piscis, fortalecía el hígado, el cual está gobernado por Júpiter, el regente de Piscis. La lavanda, una hierba de Géminis, se aplicaba a los dolores de cabeza y la viola tricolor, una planta de Acuario, era un remedio para los males del corazón, algo claramente relacionado con la oposición a un Sol afligido. Todos estos remedios eran utilizados en relación al horóscopo natal del paciente y a la situación celeste del momento, la cual era de gran relevancia, tal y como muestra bien el ejemplo de Nixon.

 Los problemas psicológicos son diferentes a la enfermedad física porque se establecen en un Mundo diferente. Son desórdenes pertenecientes estrictamente al ser sutil, aunque tienen como resultado efectos secundarios físicos y síntomas en el cuerpo—como el desequilibrio químico del cerebro o la incapacidad para moverse. Debemos por tanto distinguir entre causa y efecto. Astrológicamente, los desórdenes mentales pueden ser clasificados por signos o planetas. Por ejemplo, un Saturno afligido generará una tendencia a la depresión severa mientras que un Marte sobre-activo creará una condición maníaca agresiva. Un Mercurio muy mal posicionado generará confusión neurótica mientras que un Venus extremadamente bien aspectado en apariencia puede provocar excesiva promiscuidad, ninfomanía y todas las enfermedades venéreas (de ahí el nombre) subsiguientes. Una Luna en Leo, pero mal ubicada y aspectada, puede conducir a la megalomanía y Urano en el mismo signo, donde está particularmente afligido, puede crear el tipo de locura asociada con el genio creativo. Los dos signos dobles de Géminis y Piscis son particularmente susceptibles a la esquizofrenia. También lo es Libra. Esta condición es precipitada a menudo por una Luna desconectada que no tiene aspectos con ninguno de los otros cuerpos celestes.

De hecho, cualquier planeta o luminaria sin aspectar puede tener la dificultad del aislamiento, acompañada bien del don de la objetividad o bien del problema de la falta de implicación. El clásico ejemplo de esto es el de una persona con una Luna sin aspectar en Cáncer en la Casa 12 que se retrae en su mundo privado de creaciones egocéntricas y vive en su fantasía creyendo ser el pivote central alrededor del cual orbita todo lo demás. Por eso los antiguos llamaban a quien padecía este tipo de enfermedad 'lunático'.

Finalmente examinemos las lesiones o daños generados aparentemente desde fuera de los organismos físico y psicológico. En primer lugar, los accidentes no existen. Todos los eventos son exactamente como son porque, desde el principio del Tiempo, el Universo se ha ido desplegando según ciertas leyes. Así, por analogía, si arrojamos una piedra en un estanque, su trayectoria se moverá conforme a las leyes de la gravedad, de la presión del aire, y de la acción de la humedad y el viento sobre el peso, la masa y la forma de la piedra. Esto significa que sólo puede caer en un punto predeterminado. Cuando rompe la superficie del agua, la piedra entonces pasa a estar bajo otro conjunto de leyes que afectan al modo en que se hunde hasta llegar a un punto concreto en el fondo del estanque. Los efectos de un evento semejante sobre la vida del estanque, incluso hasta la de su bacteria más pequeña y el lodo más fino, serán muy precisos, mientras que todo buscará asentarse en un nuevo equilibrio que no será del todo igual al anterior. Igualmente ocurre con las intrusiones providenciales, o así llamadas accidentales, que ocurren en nuestras vidas.

El movimiento del Universo continuamente impele a que todo cambie para que se desarrollen los acontecimientos, pero siempre bajo leyes concretas y con gran precisión. Esto se debe a que en el extremo más bajo de la Existencia hay muchas más leyes que supervisan el nivel de los seres poco desarrollados, ya que éstos por sí solos pueden errar demasiado y ser destruidos. Esto no significa que no exista el libre albedrío. Este privilegio, sin embargo, pertenece al área de la consciencia interior y no a la de los eventos exteriores. Todo lo que ocurre en el mundo exterior está más o menos fijado, al igual que la trayectoria de la piedra cayendo. Incluso los llamados momentos históricos, en los que se toman grandes decisiones, son el efecto y resultado de las leyes cósmicas. Ningún gobierno o individuo está al mando, sino que simplemente responden a las crecidas y menguas de las mareas celestiales que provocan eventos mundanos, los cuales contienen el encumbramiento y caída de las gentes, el crecimiento y decadencia de las sociedades y la formación y disolución de las familias plenamente inmersas en el drama nacional, global y cósmico. Así, si ocurre un accidente, esto no es algo de azar, sino el resultado de un gran evento que genera un evento menor de tal modo que coincida con otro acontecimiento en un momento particular. Por tanto, así ocurre que dos sistemas económicos globales se oponen, las naciones se confrontan, los ejércitos luchan, dos soldados se encuentran y uno de ellos muere. Por otro lado, cuando se trata del desarrollo o la degeneración individual, el asunto es muy diferente. Aquí reside la acción del libre albedrío o el funcionamiento de algún principio superior.

Un hombre resulta herido en un accidente de tráfico. Quizás su Urano en Virgo está en cuadratura a Mercurio. Otra persona en el mismo vehículo resulta ileso (su Sol en Géminis quizás está en conjunción a Mercurio). ¿A qué se debe esto? En la mayoría de los casos, esta sería una situación en que ambos resultarían heridos. Sin embargo, la misma situación es diferente para cada persona ya que ciertos factores del *sino* como la recompensa, el castigo, la oportunidad o la prueba entran en acción, y esta es una operación que tiene lugar desde los Mundos superiores. Para la mayoría de la gente sería una situación fatal, pero hay individuos que han pasado por los eventos más terribles sin un rasguño. Estas personas operan bajo las leyes del espíritu y del *destino*. Ejemplos tales se encuentran en los santos que caminan a través de las plagas o de zonas en guerra siendo protegidos. Personas así son obviamente poco frecuentes, pero existen.

La mayoría de nosotros estamos bajo la ley planetaria ineludible. Tanto es así que cuando contraemos, por contacto exterior, una infección o nos vemos heridos en cierta situación, no se trata de un accidente sino del resultado de nuestro camino en la vida que nos trae hasta un cierto lugar en un cierto momento, con una susceptibilidad particular a esa enfermedad o con una propensión al accidente. La prueba está en que a menudo hay otras personas presentes afectadas o dañadas más profundamente o al menos por igual. Esto indica que la mayor parte de la vida sigue un desarrollo inevitable y por tanto prefigurado si no se hace nada para superar el juicio preestablecido que gobierna nuestras vidas. Como dijo un maestro espiritual, 'No te das cuenta de cómo todos tus hábitos físicos y actitudes mentales rígidas te encierran mecánicamente en un patrón fatal. ¿Cómo podría ser de otro modo si una persona no reconoce lo dormida que está a nivel psicológico y espiritual?' Esto de nuevo nos lleva a la cuestión del libre albedrío y a la habilidad para modificar el *sino*, para evitar así la enfermedad o el accidente y quizás incluso la muerte. Sin embargo, antes de que esta habilidad pueda ser conquistada, es necesario mucho auto-conocimiento. En la astrología cabalística esto comienza primero por el estudio de la propia carta astral y la relación entre el conocimiento acerca de uno mismo y los eventos exteriores e interiores. Este ejercicio es un arte que supone un primer paso en la 'elección'. Sin embargo, ya que el Universo está fundado en la Justicia y la Misericordia Divinas, hay momentos en los que incluso las personas más débilmente conscientes pueden realizar la correcta elección. Estos momentos usualmente ocurren durante crisis inevitables, ya que a nadie le es negado nunca el privilegio del libre albedrío.

14. Momentos de Crisis y Decisión

Algunos ritmos celestes son grandes y otros pequeños. Algunos tienen un efecto diario y otros mensual, estacional o anual. Algunos ritmos se desarrollan a lo largo de ciclos de décadas y otros de cientos y miles de años. Todos, sin embargo, se entrelazan en el tejido del Tiempo en una fusión única reconocible: el *Ahora*. El *Ahora* es el Eterno presente, el instante en constante movimiento que empezó en el inicio del Tiempo cuando los procesos cósmicos de la Creación y la Evolución fueron puestos en movimiento. El *Ahora* es la única realidad. Tanto el pasado como el futuro no manifiesto están contenidos en el *Ahora*. Para nosotros, que vivimos en el Mundo físico, el *Ahora* es la manifestación física de lo que ocurre en los Mundos superiores. Esta es la realidad para nosotros porque, aunque podamos examinar el pasado y especular acerca del futuro, el *Ahora* de este momento en la Tierra es con el que nos podemos relacionar directamente, con el que podemos aprender y experimentar. Sin embargo, interiorizando en el pasado podemos, al observar el equilibrio de fuerzas de los Mundos superiores en el momento presente, especular y actuar correctamente y de manera favorable de cara al futuro. Esta es la base de dos de las ramas de la astrología, conocidas como astrología Horaria y astrología Judicial.

La astrología Horaria es el arte de plantear preguntas y luego examinar el horóscopo del momento en que la pregunta surgió. La naturaleza de la pregunta debe tener un significado relevante y debe basarse en algo que realmente preocupe de manera profunda al consultante. Suele ser común que surja una pregunta acerca de una persona desaparecida o de un evento lejano conectado con el consultante. Este método era utilizado en tiempos antiguos para conocer el paradero de viajeros extraviados ya que, al examinar la carta astral del momento, ciertas señales, como la Luna en Escorpio en la Casa 8 en cuadratura a uno de los maléficos, podrían indicar la muerte. Este método no es muy diferente del *I Ching* o *Libro de los Cambios* que opera con la ley de la sincronicidad, según la cual todo está relacionado con todo de tal modo que lo que está ocurriendo aquí está en concordancia con lo que ocurre en otro lugar. Por tanto, es

Figura 29—CONFRONTACIÓN
Cada sino tiene un momento de crisis cuando se dan una serie de aspectos críticos en la carta astral y en las circunstancias de la persona. Aquí, un hombre confronta a su dragón, un arquetipo de su demonio particular. Tiene que luchar contra la sombra de su naturaleza o controlar los impulsos neuróticos primitivos que habitan dentro de él. En este caso Marte – o el Juicio—tiene que combatir este elemento destructivo que podría arruinar su vida. Desde un punto de vista cabalístico esta es una prueba y una iniciación. (Imagen alquímica, siglo XVII).

posible, utilizando un conjunto de principios primarios, enfocarse en eventos del Mundo sutil que informan acerca de eventos distantes en el plano físico. La astrología Horaria opera del mismo modo, excepto por el hecho de que utiliza un conjunto de criterios astrológicos para indicar la situación. La cuestión aquí, sin embargo, no es tanto el hecho de que funcione a manos de un astrólogo hábil y objetivo ya que, a diferencia del verso y comentario cristalizado del *I Ching*, el juicio de un astrólogo puede estar prejuiciado, sino el hecho de que el momento de la pregunta expresa el estado de las mareas celestiales y la configuración particular de los ciclos e influencias en ese momento, a partir de lo cual uno puede evaluar los diferentes eventos.

La implicación de lo expuesto más arriba es enorme. Significa que es posible, al menos en teoría, saber lo que está ocurriendo a gran escala y por tanto lo que puede acontecer en el futuro y cómo planificar las cosas en concordancia. Esta es la función de la astrología Judicial. Los astrólogos a lo largo del tiempo han sido empleados por los reyes, generales y comerciantes por esa única razón. De hecho, por eso su profesión se fomentaba. Hubo un tiempo, por ejemplo, en el que ningún rey se dejaría coronar excepto en el momento recomendado por sus astrólogos, ya que el momento elegido tendría un efecto marcado sobre su reinado. Igualmente, ningún general comenzaría una batalla sin consultar a su astrólogo, el cual calculaba el momento en que las fuerzas celestes estarían a favor de su señor. Esto se hacía relacionando el horóscopo del general con el de la situación actual, eligiendo el momento en que la Luna y Marte estuvieran en la combinación adecuada para ayudar al juicio y a la determinación del general y su ejército. Igualmente, un comerciante astuto esperaría no sólo a que las mareas fueran favorables para navegar su barco sino también a que la posición entre la Luna y Júpiter estuviera bien aspectada, a ser posible en las Casas 2 y 10 de las posesiones y los logros. A un nivel más personal, el mismo procedimiento es aplicado a la vida del individuo en momentos cruciales, pero esto es algo más sutil y complejo que los asuntos mundanos de la política, la guerra y el comercio, los cuales están sujetos a las leyes generales más que a las particulares. Los problemas a nivel individual son de un orden diferente. Una evaluación de astrología Judicial no sólo es útil en relación a los eventos en el Mundo físico sino también para examinar las crisis psicológicas y espirituales así como los puntos de inflexión cruciales en la vida.

Todo el mundo pasa por periodos de crisis en su vida. El primero es

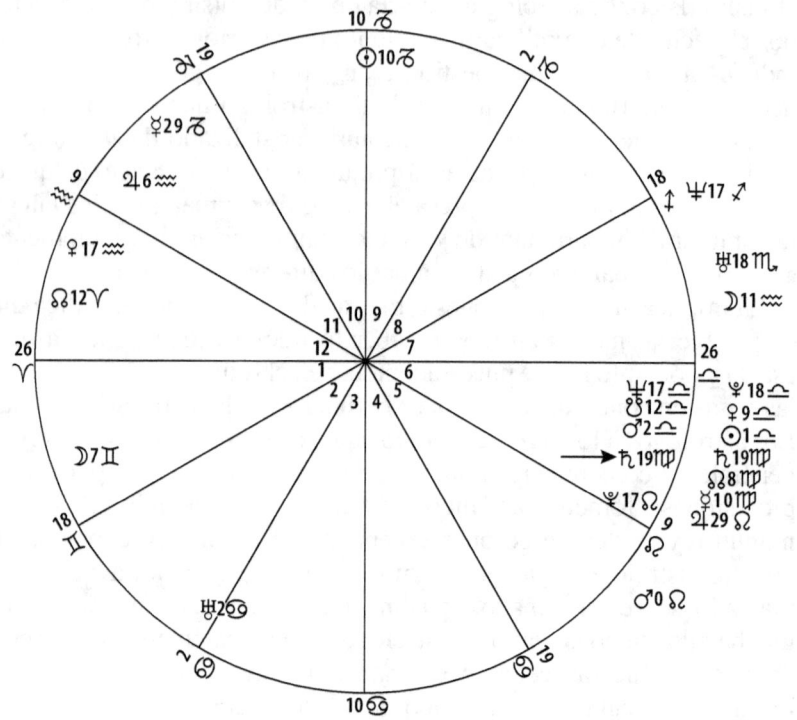

Figura 30—RETORNO DE SATURNO
Cuando un planeta retorna a su posición original, un nuevo ciclo comienza. Esto se ve claramente cuando Saturno, en su órbita aproximada de veintinueve años, hace conjunción a su lugar original en la carta astral. El resultado de ello es a menudo la destrucción de un conjunto de ideas o el refuerzo de las mismas. Desde el punto de vista del desarrollo, esto es crucial. Una persona de alrededor de treinta años de edad puede cristalizar o moverse hacia una nueva etapa. En este ejemplo, la salud y el trabajo se verán crucialmente afectados. La persona o bien se mantendrá en un trabajo monótono atrofiándose lentamente o bien desarrollará una profesión satisfactoria siguiendo una disciplina saludable. (Halevi).

la crisis del Ascendente que viene dada con el nacimiento en la Tierra, momento en el que se realiza un esfuerzo enorme y se sufre el impacto de ser transferido por completo al Mundo físico. En este punto se da la posibilidad de no conseguir llegar y, si no se cuenta con la ayuda hábil y el estímulo de los presentes en el nacimiento, habría, como solía haber, muchas almas desencarnadas que volverían de nuevo al Mundo sutil. La crisis lunar ocurre en el punto de transición entre la infancia y la niñez, cuando la persona por primera vez se separa de la madre y empieza a relacionarse con otros niños, comenzando así con las confrontaciones mercuriales. Después llega la crisis de Venus, en la adolescencia, cuando la persona tiene que lidiar con el amor y sus consiguientes agonías y éxtasis. Más adelante llega la etapa Solar, cuando se requiere la completa responsabilidad de uno mismo, y así vamos progresando a lo largo de las siete fases planetarias de la vida. Estos eventos siguen un orden fijo. Puede que lleguen antes o después para cada individuo, pero deben llegar, o, de otro modo, la experiencia de la vida estaría incompleta. Aquí lo importante es reconocer que son tan inevitables como nuestro ejemplo de la piedra cayendo en el estanque y hundiéndose en el fondo en un lugar particular. La manifestación más temprana o más tardía de las crisis se debe a las peculiaridades de cada carta astral particular. Por ejemplo un sujeto Aries se verá inmerso, debido a su naturaleza, en el juego del amor mucho antes que un Capricornio, quien también tardará más en encontrar su identidad Solar.

Si bien la inevitabilidad de los eventos fatales es un hecho, éstos no deberían ser vistos como una secuencia absolutamente rígida. Esto sólo es así para aquellos que eligen vivir una vida totalmente mecánica. Por tanto, aunque la forma general de una vida está determinada, los momentos de crisis también crean la posibilidad de cambio ya que, bien sean agradables o desagradables, usualmente despiertan a la mayoría de la gente del estado de somnolencia psicológica de los patrones habituales y les enfocan hacia la realidad de sus vidas y sus posibilidades.

Examinemos los principios astrológicos que tienen lugar en una crisis fácilmente reconocible y experimentada por aquellos que cumplen los treinta años. Este momento es llamado por los astrólogos el 'retorno de Saturno', lo que significa que el planeta del entendimiento y la reflexión ha viajado por su órbita completa y vuelve a hacer conjunción con su posición original en la carta natal. Esto ocurre alrededor de la edad de veintinueve años. Aunque, como puede

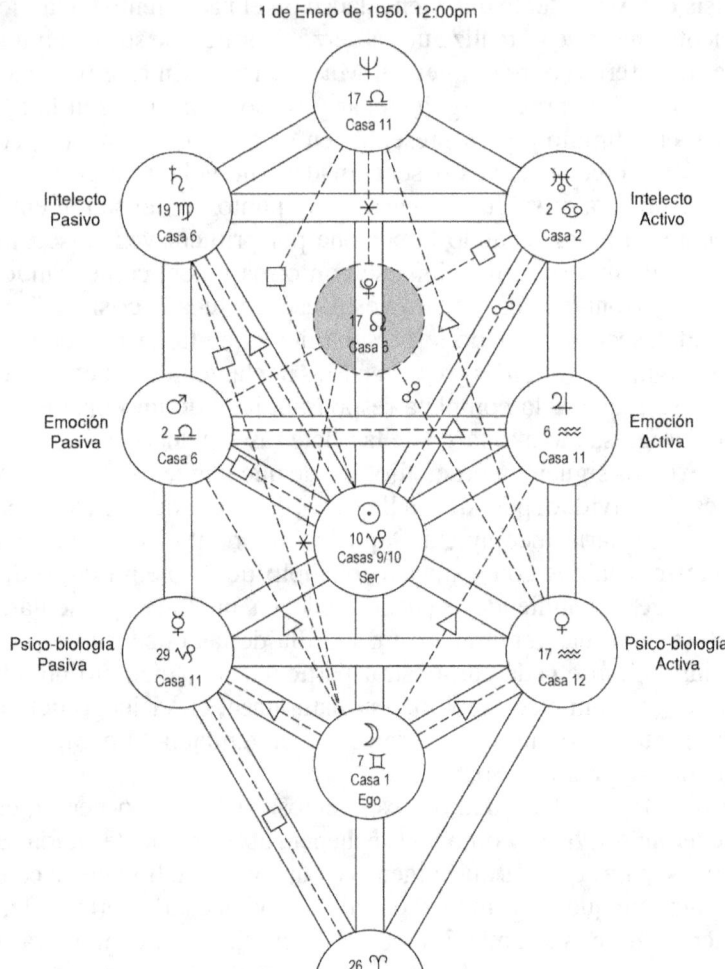

Figura 31 – PSICOLOGÍA
En este Árbol el horóscopo indica, por ejemplo, un ego inconstante. La Luna en Géminis, al estar en la Casa 1 y al tener tantos aspectos provenientes de diferentes partes de la mente, generaría una personalidad caleidoscópica. Flashes de inspiración desde Urano serían sostenidos por decisiones impulsivas de Marte. Pero éstos se verían contrarrestados por una filosofía meticulosa proveniente de Saturno. El Ser, encarnado con un Sol en Capricornio en la Casa 10, mantendría firme esta tendencia, pero la ambición se vería frustrada por un comportamiento errático. Este sería un factor de importancia mayor en el sino y en la lección a ser aprendida. (Halevi).

MOMENTOS DE CRISIS Y DECISIÓN   139

apreciarse, todos los otros planetas contenidos dentro de la órbita de Saturno ya han completado sus ciclos, las crisis precipitadas por Marte y Júpiter tienen una duración mucho más corta. Por ejemplo, Marte retorna aproximadamente cada dos años, por lo que ya se han producido decisiones emocionales a lo largo de la niñez y la juventud, mientras que el ciclo de doce años de Júpiter trae consigo dos periodos principales de expansión emocional al comienzo de la adolescencia y a los veinticuatro años.

La importancia de Saturno está en que revela, a menudo bajo constricción, los resultados de la actuación personal en la fase de crecimiento de la vida. La niñez se ha ido y la juventud está a punto de desvanecerse. El darse cuenta de esto hace que la persona usualmente analice cuáles son sus verdaderos talentos y capacidades. Puede que vea, con la reflexión saturnina, cómo ha conseguido que su sueño se empiece a hacer realidad o cómo sus fantasías se disuelven en fracaso y utilizará, si puede, la visión a largo plazo de Saturno para anticipar hasta dónde puede llegar en su trabajo y cómo prepararse para el paso siguiente. Para una mujer puede ser el periodo en el que observa por primera vez en profundidad el estado de su matrimonio. Ahora es cuando verá, con el ojo de la experiencia, que la organización de un hogar y el criar a los hijos no se parece en nada al mito de la felicidad matrimonial. Observará que la mayoría de su vida, sea profesional o doméstica, consiste de hecho en un trabajo duro de mucha responsabilidad, y que hay poco tiempo para los placeres que cabría esperar de la prolongación de un romance amoroso. Para un hombre casado puede ser la apreciación saturnina del gran esfuerzo que implica mantener a una familia y forjarse una carrera, así como el darse cuenta del largo periodo que le queda antes de alcanzar sus ambiciones. Para el soltero puede ser un momento sombrío, al reconocer la posibilidad de no casarse o la aceptación de una pareja que no esté basada en un ideal romántico. O puede ser el momento en que los sueños de juventud se empiezan a disolver o comienzan a hacerse realidad, a medida que Saturno muestra su filosofía práctica.

Para aquellos que no ven más allá de la superficie de los eventos, una crisis tal puede hacer que sus peores defectos se manifiesten, ya que las debilidades del horóscopo entran en acción y hacen más duro el lado negativo de la influencia de Saturno. Muchas vidas se han convertido, tras este periodo de Saturno, en vidas llenas de pesadez y monotonía en el hogar y en el trabajo. Para aquellos que no viven sólo de los sueños, recuerdos y deseos de la niñez y juventud ya pasadas, la situación está llena de nuevas posibilidades. Esto sólo puede ocurrir si uno reconoce lo que realmente está ocurriendo. Aquí es donde reside en su totalidad el valor de la astrología Judicial. Tomemos, por ejemplo, el retorno de Saturno de una persona imaginaria nacida el 1 de Enero de 1950 en Londres (ver carta astral, Figura 30).

 Aquí tenemos a alguien de ambición inmensa, dada la posición del Sol en el Medio Cielo en Capricornio, y de un gran encanto personal otorgado por la Luna en Géminis en la Casa 1. El Ascendente en Aries le daría una gran energía y poder personal y, junto con el resto del horóscopo, se puede esperar que se trate de un periodista distinguido, de un corresponsal diplomático o de un político que conoce a la gente adecuada alrededor del mundo entero. Su habilidad para hacer contactos y sacar partido de las situaciones, tanto a nivel personal como internacional, le traerían una fama considerable, y sus artículos de interés político estarían bien informados y rebosantes de conocimiento histórico. Júpiter en Acuario en la Casa 11 le garantizaría muchos amigos poderosos simpatizantes de la política de izquierdas incluso aunque él, al ser Capricornio, estuviera más inclinado al lado derecho de la política. Sin embargo su Luna mercurial le dotaría de flexibilidad respecto a sus puntos de vista y de habilidad a la hora de hacer preguntas. Explorando con la audacia de su Ascendente, llegaría a lugares donde pocos otros corresponsales se atreverían a inmiscuirse.

 Con Saturno, Marte, Neptuno y Plutón en la Casa 6, su salud no sería perfecta pero saldría adelante, muchas veces ignorando los síntomas y avisos de enfermedad. Mercurio en Capricornio en la Casa 11 le traería muchas relaciones con el gobierno y Venus en la 12, en Acuario, indicaría una variedad de romances amorosos interesantes pero discretos. Urano en Cáncer, en la cúspide de la Casa 3, le aportaría una forma irregular de recibir ingresos, como cabe esperar de un periodista autónomo, y haría de él un genio por ser capaz de descubrir hechos extraordinarios acerca de sociedades privadas y de secretos de gabinete. Sus Nodos ascendente y descendente muestran confort en sus momentos de privacidad, cuando se puede relajar, y un área de dificultad respecto a su salud, algo que cabría esperar de un viajero. Este es, en resumen, el carácter de este hombre. Ahora movámonos hacia el futuro y veamos cómo el retorno de Saturno puede afectarle en su periodo de auto evaluación.

 Tomando sólo algunos de los aspectos, ya que de hecho esta es una operación sumamente detallada, veremos a grandes rasgos el periodo de sus treinta años. Primero, el retorno de Saturno a su posición original, que empieza el 25 de Septiembre de 1979, sacará a la luz el tema de la salud. Sufrirá algún tipo de contracción en los intestinos, al estar Saturno ubicado en Virgo y en amplia cuadratura con la Luna en Géminis. Esto significa que el desgaste nervioso está empezando a pasarle factura. Sin embargo, al estar en trino con el Sol natal, su ambición le seguirá dando empuje a menos que sea capaz de ver las enfermedades que le esperan si sigue sobrecargando su organismo físico. Esta posición de retorno también le hará sentirse irritado hacia sus colegas profesionales y éstos se sentirán a su vez irritados por él, bien debido a los comentarios críticos basados en su gran éxito, a su arrogancia o a los celos que suscita. Esto de nuevo será una indicación de que debe observarse profundamente a sí mismo a nivel laboral.

En ese mismo momento, Marte entrará en oposición a su Júpiter natal y, al estar en Leo, puede hacer que muestre excesiva confianza en sus relaciones con la gente de poder. Esto podría traerle problemas. Es más, Urano en 1979 está en cuadratura a su Venus, por lo que es probable que sufra perturbaciones imprevistas en su vida íntima. Plutón en conjunción a su Neptuno natal en Libra también afectará a sus relaciones, tanto profesionales como privadas, transformándolas bien en distanciamiento, bien en algo más profundo.

Aquí de nuevo aparece un área de elección crucial. El Sol en conjunción a Marte en Libra en el día en que Saturno llega a su retorno exacto enfatiza el área de las relaciones y su dificultad en tomar decisiones sobre este aspecto. Por ejemplo, puede haberle resultado difícil comprometerse en el matrimonio o puede haberse sentido inseguro acerca de si salirse o no de una asociación profesional cuando su integridad le dice que debería hacerlo. Su ego-Lunar le dirá 'Puede que ellos me sean de utilidad', y su Marte afligido no le ayudará a hacer un juicio apropiado. Este hombre se encontraría en ese momento en un punto muy crucial de su carrera. Las semillas de sus fortalezas y debilidades, tanto físicas como psicológicas, están empezando a dar sus primeros frutos.

La mayoría de los hombres atrapados en esta situación ignoran las señales que pueden derribarles. Aún en el caso de que el hombre reconozca la amenaza física y descanse más para contrarrestar la posibilidad de una salud deteriorada, puede que aún no tenga en cuenta nada acerca de los principios psicológicos que están provocando esa situación. Éstos podrían, si no son comprendidos, destruir finalmente sus relaciones privadas y los logros de su vida profesional. Esta es obviamente una parte muy importante de auto-conocimiento y, si algunos de sus colegas de trabajo o sus mujeres no le enfrentan, de manera providencial, puede que nunca sepa qué es lo que le está dañando cuando su próxima crisis importante con la oposición de Urano a su posición original entre en acción en Marzo de 1988. Este evento puede, o bien recomponerle, o bien romperle, tanto en la salud como en la profesión.

Para los astrólogos cabalistas la importancia de la historia relatada más arriba reside en que al examinar el periodo en el que Saturno retorna a su posición natal, se pueden determinar los problemas que han de ser resueltos, así como ver cuáles son las expectativas de máximo potencial y plenitud. La posibilidad de tener este conocimiento viene dada espontáneamente por la Providencia durante las crisis o a través de una consulta deliberada de la carta astral, de tal modo que el continuo camino hacia la perfección pueda ser practicado. La acción consciente de la auto-evolución puede, lamentablemente, sólo ser implementada por aquellos que desean tomar la responsabilidad total sobre sus vidas. La mayoría de la gente se deja llevar a la deriva, totalmente inconscientes de que se hallan a merced de las fuerzas cósmicas que les llevan de aquí para allá según sea el flujo y movimiento de las mareas sutiles. Como evidencia de este fenómeno de la falta de voluntad en las masas de gente, están los eventos de las dos Guerras Mundiales. Millones de personas fueron llevadas sin resistencia desde sus granjas, fábricas y oficinas hacia un remolino de violencia nacional, y muchas fueron a luchar y morir bajo una presión contra la que se habrían podido resistir, aunque decidieron no hacerlo. Esta es la implicación que supone el estar a merced de la ley general. Sólo individuos con suficiente consciencia Solar, o consciencia de sí mismos, y una capacidad desarrollada de la libertad de su voluntad pueden reconocer y utilizar estas mareas cósmicas en lugar de verse arrastrados por ellas. Estos individuos no han nacido así, sino que se crean a sí mismos a lo largo de prolongados periodos de auto-disciplina, la cual empieza por reconocer que sus vidas tienen un significado inherente más allá de las necesidades biológicas del Ascendente o de los roles sociales de la Luna. Esto nos lleva al tema del desarrollo de la elección, el libre albedrío y la decisión.

15. Grados de Elección

Hemos tratado el tema de la elección antes esporádicamente, pero examinemos ahora en detalle lo que verdaderamente significa, y observemos que, de hecho, hay grados de elección. En primer lugar, hemos establecido que a medida que el Universo se despliega, va siguiendo una serie jerárquica de influencias interconectadas que se manifiestan en cadena a lo largo de los cuatro Mundos, desde la Vía Láctea y el Sistema Solar hasta la vida en la Tierra. La Naturaleza, compuesta de tres órdenes de seres celulares, es sensible a las influencias cósmicas en diferentes grados, desde las plantas y los animales hasta el hombre. En términos generales, los dos niveles más bajos responden lentamente a los cambios celestiales, pero la humanidad, al ser el más evolucionado y particularmente receptivo al Mundo sutil, a veces reacciona dramáticamente a los acontecimientos que se dan en el Mundo planetario. Estas reacciones pueden tomar la forma de movimientos de masas y manifestarse en eventos como guerras, revoluciones sociales o grandes migraciones. A la mayoría de la humanidad, al igual que a las plantas o a los animales, le pasan totalmente desapercibidas estas presiones celestes, pero hay algunas personas, como hemos visto, que son conscientes del clima cósmico y lo adoptan y lo utilizan para el progreso individual y general. Poseen esa rara cualidad: la completa libertad de elección o libre albedrío. Sin embargo, antes de que empecemos a comprender este nivel de humanidad debemos estudiar las partes físicas, vegetales y animales del hombre para ver cómo hay grados de libertad de elección, los cuales están influidos por el deseo corporal, la consciencia psicológica y la elección espiritual.

El cuerpo físico que una persona habita está compuesto de miríadas de células que han sido desarrolladas por la Naturaleza y organizadas en sistemas interactivos que operan en multiplicidad de acciones, que van desde la digestión de los alimentos a, por ejemplo, la elaboración de una delicada pieza de joyería. Es más, esta máquina orgánica puede, por ejemplo, corregir su propia temperatura, tolerar diferentes niveles de humedad e incluso reparar desórdenes importantes dentro

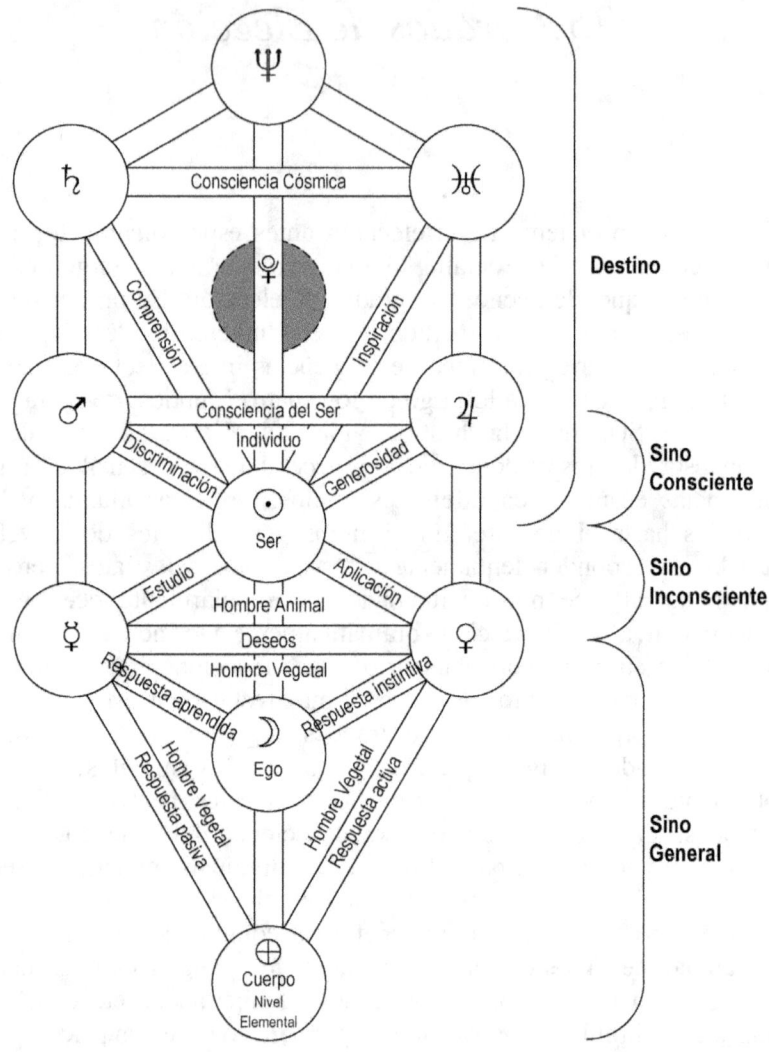

Figura 32—ELECCIÓN
Dependiendo del nivel de evolución psicológico de una persona, su sino estará bajo la ley general del movimiento de masas, bajo la tensión de la lucha por el éxito o será el de un individuo verdadero. El nivel vegetal constituye alrededor del noventa por ciento de la gente y el animal cerca del nueve por ciento. El uno por ciento restante son aquellos que son conscientes de su sino y saben cuál es su destino. Se encuentran a la cabeza de la evolución humana. En una población de 50 millones de habitantes, se trataría de medio millón de personas. (Halevi).

de su propio mecanismo. Todo esto lo hace sin el consentimiento de quien habita el cuerpo. Aún más, el cuerpo tiene, bajo ciertas condiciones, un conjunto de enfoques establecidos, como el deseo de evitar el dolor, de buscar el placer y de huir de cualquier tipo de amenaza destructiva. La conclusión obvia, a la que se llega con un poco de observación, es que el cuerpo tiene en sí mismo una voluntad característica y poderosa. El clásico ejemplo de ello es la necesidad de comer. Cuando una persona tiene mucha hambre, a menos que se trate de un individuo extraordinario, se verá forzada a trabajar y en circunstancias desesperadas a robar e incluso a matar por su supervivencia. Así, por tanto, podemos observar que el cuerpo tiene una influencia considerable, a nivel consciente o inconsciente, y ésta es la que motiva a la mayoría de la gente. Este es el verdadero poder del Ascendente.

Visto astrológicamente en detalle, el Ascendente otorga al cuerpo una cualidad elemental particular en función de sus deseos y de sus aversiones físicas. Los Ascendentes en signos de Tierra, por ejemplo, tienen una sequedad fría, los de Agua una cualidad ligeramente húmeda, mientras que los signos de Aire poseen un calor húmedo y los de Fuego una sequedad radiante. Estas cualidades elementales de cada cuerpo no sólo dan a cada uno un carácter distintivo en cuanto a peso, fluidez y vitalidad, sino que hacen que la persona busque ciertas condiciones físicas acordes con su salud y que evite aquellas que son perjudiciales para su organismo. Así, el Ascendente en Leo a menudo busca el Sol compulsivamente mientras que el saturnino Capricornio es más dado a los lugares secos y sombreados. Estas necesidades corporales indican ciertos límites de preferencia natural, lo que elimina el principio de elección. Bajo leyes elementales similares, personas con el mismo tipo de cuerpo se sienten o bien atraídas o bien repelidas hacia aquellas que se relacionan o no con su elemento físico. En términos generales los tipos corporales de Tierra y Fuego sienten poca atracción entre sí, ya que uno se siente asfixiado y el otro quemado, mientras que los de Agua y Aire se ahogan entre sí. A menos que haya muchos planetas y luminarias en signos afines, el encuentro físico no tendrá lugar. Por lo tanto, aquí hay poco grado de elección o, ciertamente, mucha evidencia de que el libre albedrío es ejercido puramente a partir de la atracción o repulsión del componente físico.

Además del deseo de supervivencia existe el impulso vegetal del organismo hacia el emparejamiento y la propagación. Esta es una de las voluntades más poderosas que existen. De hecho, después de encontrar un lugar seguro en el que vivir y tener el alimento suficiente, el tema del emparejamiento es la mayor preocupación de la mayoría de la humanidad. Éste no sólo se expresa en las reuniones tribales en el bosque, en el salón de baile, en la reunión social o en los encuentros de la alta sociedad, donde tienen lugar constantes tramas amorosas, sino también en el arte, la moda, los negocios, y en todo aquello que tenga que ver con la relación entre el hombre y la mujer. Este es un factor fundamental de la vida, el cual refleja el poder del sexo y cómo éste persuade a la gente a adoptar estados de sumisión en los que no sólo disfrutarán de los placeres del amor, sino que también prolongarán sus dolores y tomarán la dura responsabilidad de crear hogares, y de dar apoyo y crianza a sus hijos. El deseo vegetal de la propagación domina las vidas de la mayoría de la gente hasta tal extremo que no piensan en nada más. Una generación tras otra entran en la urgencia de la procreación, algo que no tiene nada que ver con una elección verdadera. La gente puede pensar que su relación es única pero, excepto por unas pocas que son diferentes, es exactamente igual a la de otros millones de relaciones que ocurren en el mundo entero. Este es el poder de la Luna y de los planetas inferiores Mercurio y Venus, no de la voluntad individual.

La Luna, Mercurio y Venus son los principios que operan detrás de los procesos vegetales que habitan dentro de nosotros. A nivel físico la Luna gobierna los ritmos de los órganos y los tejidos, y los planetas inferiores los mecanismos de supervisión dentro del organismo. Aquí, por supuesto, los tres pueden ser vistos en las operaciones de los principios astrológicos y en sus efectos sobre las funciones biológicas. Para ilustrar este punto, supongamos que Venus está en su propio signo de Tauro al nacer. Esto hace que su influencia sea muy poderosa en el cuerpo, creando un deseo considerable de buscar lo placentero y evitar lo desagradable. Si Mercurio, por otro lado, está en detrimento en Piscis, las respuestas del cuerpo serán vagas, el cerebro funcionará de modo borroso y estará sujeto a periodos de insensibilidad y descoordinación. En el caso de la Luna, si en el momento de nacimiento se encuentra, por ejemplo, en Sagitario, entonces el organismo tenderá, si la Luna está mal aspectada, a malgastar su energía y desperdiciar su substancia, por lo que el cuerpo deseará moverse cuando debería descansar y comer cuando debería hacer dieta. Aquí de nuevo vemos cómo la voluntad personal tiene muy poco que ver con cómo actuamos en un sentido corporal. Los signos que gobiernan nuestra Luna, Mercurio y Venus tienen gran relevancia sobre cómo actuamos, no sólo en general, sino también en el día a día, a medida que la Luna se mueve por el Zodiaco. Así por ejemplo, si un lunes hace conjunción con nuestra Luna natal, ese día nos sentimos muy bien, con la capacidad de empezar cualquier cosa, mientras que el lunes siguiente, cuando está en cuadratura a nuestra Luna natal, nos sentimos bajos de ánimo, a pesar de haber pasado un par de días de sextil favorable. Tras un periodo de dos días de descanso con el trino lunar, la Luna entra en oposición a nuestra Luna natal, por lo que estamos tensos, pero esta tensión de dos días se ve aliviada por otro trino antes de que nos encontremos con la dificultad de otra cuadratura, hasta que finalmente comience de nuevo la siguiente fase. No hay lugar para la iniciativa individual mientras uno no sea consciente de lo que está ocurriendo a este nivel.

El estado corporal domina a la mayoría de la gente porque la mayoría de la gente elige 'vivir bajo la Luna'. Esto significa que rechazan o niegan la opción de elevarse por encima de su condición física. Aquí comienza el primer grado de elección. Si bien los reinos mineral, vegetal y animal no tienen en absoluto la capacidad de elección ya que forman parte de la evolución en general, la humanidad sí la tiene. Cada ser humano tiene la opción de la elección. Este es un derecho de nacimiento. Sin embargo, la mayoría de las personas ignoran este privilegio y por tanto renuncian al rol activo que pueden jugar en sus propias vidas y en la Creación. Ahora bien, algunos pueden rebatir que las condiciones físicas excluyen cualquier tipo de decisión acerca de temas tan sofisticados como el libre albedrío, pero hay evidencias de que esto no es así. De hecho, a menudo, en las condiciones de mayor pobreza, como en la India, se han encontrado los mayores exponentes en temas de espiritualidad y de libertad de voluntad. Es más, lo contrario ocurre con frecuencia en las sociedades materialmente avanzadas, donde la gente tiene tiempo para el ocio y una amplia gama de opciones. El libre albedrío es un derecho de todas las personas y la primera elección consiste en ejercerlo o no. Para aquellos que evitan este derecho, éste no queda perdido sino que se prorroga hasta que la Providencia cree una situación de crisis (lo que hace usualmente varias veces en cada vida) en la que sea necesario tomar una decisión. Esto puede ocurrir a nivel personal o en una situación general, como una crisis nacional que, durante un periodo, sacude a todas las personas que siguen los hábitos lunares. De hecho, se dice que ésta es la función de la crisis y del mal, pero veremos esto más adelante. Aquellos seres humanos que sí toman la opción de la elección, progresan hacia el siguiente grado, aunque no se trata todavía de una libertad de voluntad total, ya que aunque se eleven por encima de las leyes generales del condicionamiento mineral y vegetal, todavía están sujetos al deseo de su parte animal. La gente que ha alcanzado esta fase constituye el nivel animal de la humanidad.

La parte animal de la naturaleza humana es el aspecto que tiene volición personal. Esto significa que, a diferencia de una planta que es básicamente estática y se ve afectada por su entorno, el animal puede maniobrar. Comparando los niveles humanos vegetal y animal, el paralelismo es muy preciso. Mientras que el estado vegetal del hombre le hace estar pasivamente sujeto a cualquier cosa que ocurra a su alrededor, el estado animal es activo en su respuesta. Visto astrológicamente, esto significa que una persona comienza a vivir según su Sol y no según su Luna. Esto es, ya tiene un grado de consciencia que la persona Lunar no tiene, lo que le da una dimensión y un radio de acción completamente diferentes. En contraste con la persona vegetal, la cual más o menos se conforma a su entorno y a sus costumbres sociales, la persona animal comienza a afirmar su individualidad. Rompe las reglas y las hace, mientras que la persona vegetal meramente las perpetúa, ya que eso es lo que elige: no hacer nada y simplemente seguir los caminos preestablecidos, al ser los que dan menos problemas y proporcionan la mayor seguridad, sin importar si son malos o injustos. Cualquier cosa está bien siempre y cuando uno pueda sobrevivir sin muchos problemas, piensa la psique gobernada por la Luna. Aquellos que están gobernados principalmente por el Ascendente piensan todavía menos y simplemente buscan satisfacer las necesidades corporales. El nivel animal rechaza todo este aparente letargo y falta de voluntad y desea dominar la situación, para luego cambiarla según su propia visión.

El hombre y la mujer de nivel animal son fácilmente reconocibles en cualquier sociedad. Son gente de acción. Destacan del resto de gente ordinaria, no sólo por su porte sino también por su vitalidad, ya sea en la acción directa y obvia del Aries o en la sutil pero poderosa diplomacia del Libra, en el impulso minucioso y determinado del Virgo o en la paciente y ambiciosa estrategia del Capricornio. La naturaleza animal puede ser percibida en todos los signos, cada uno tomando el aspecto activo de su naturaleza. No hay ninguno que no pueda expresar el poder y la volición del nivel animal del ser humano. El origen de su actividad está en la decisión. En algún momento en su existencia estas personas han elegido no ser pasivas como la mayoría de la gente. No elegirán el 'no hacer' como los demás. No serán esclavos de ninguna situación porque se ven a sí mismos como maestros. Esta conclusión es muy diferente de la fantasía Lunar del ego, que sólo imagina ser maestro de sí mismo.

La confianza de la persona animal está basada en que vislumbra sus posibilidades, incorporadas en su signo Solar, en el cual perciben su naturaleza real, aquello para lo que fueron creados y los dones y talentos que poseen. Sin embargo, la visión, que quizás tuvo lugar en la niñez, la juventud o incluso la madurez, es parcial porque inicialmente sólo genera el deseo de ser diferente a los demás, de ser superior a los otros. Una visión tal crea el tipo de arrogancia que uno esperaría del principio Solar, el cual sólo ve su propia gloria. Consideraría que el mundo es su propio reino y que los otros deben seguir sus mandatos ya que podría ver, con el brillante ojo del Sol, la verdad acerca de cualquier situación. Este sentido de importancia personal es la base de la psicología de la mayoría de la gente animal y es lo que les otorga el resplandor característico que les distinguen de las masas, las cuales les siguen por su brillo en cualquier situación en la que la persona animal ejerza su dominio.

Es parte de la naturaleza del reino animal el organizarse según un orden piramidal y una jerarquía de poder, y lo mismo ocurre en el nivel animal de la humanidad. En un comienzo el hombre animal joven deja su huella al querer ser deliberadamente diferente de sus compañeros. Sigue su propio rumbo y a menudo consigue seguidores sobre los que ejerce su deseo de dominar. En toda banda y grupo social se da este fenómeno. También ocurre en los partidos políticos, en las sociedades de moda y en muchas de las así llamadas 'comunidades religiosas'. Sin embargo, en las situaciones profesionales y de trabajo las cosas son diferentes, ya que éstas requieren experiencias y aptitudes. Generalmente, la mayoría de la gente sube de posición por la destreza demostrada en su área o por el factor del tiempo tras el cual toman el puesto de otro. Pero al hombre animal este proceso le resulta demasiado lento y tedioso por lo que, o bien intenta acceder a la cumbre haciendo contactos con la gente animal en el poder, o bien crea una crisis, incluso una revolución, para desbancar a aquellos que están en el trono y así poder ocuparlo él mismo. Este proceso puede ser observado en grandes y pequeños eventos, ya sea en las intrigas de una oficina o en un golpe de estado. Napoleón Bonaparte es el clásico ejemplo del hombre animal por excelencia. Dramático desde un principio, destacó siendo un joven oficial de artillería que de forma manipulativa eliminó a todos sus rivales. Este elemento de conflicto y de confrontación es típico en el nivel animal, como cabe esperar. Astrológicamente, el Sol del hombre animal es la primera fase de la voluntad personal. Como tal, es superior a la reflexión Lunar del nivel del ego y domina no sólo a su propia Luna sino también a las de otros que están bajo sus rayos. Este resplandor es la base de la cualidad carismática de la gente animal como Napoleón, quienes literalmente brillan en las reuniones a las que asisten personas gobernadas por la Luna.

Ahora bien, mientras que la gente dominada por la Luna tiene un patrón de vida, éste no está tan claramente definido en el *sino* de una persona animal. Esto se debe a que la persona Lunar está más sujeta a las influencias externas generales que la persona Solar que sigue a su propia naturaleza. Por ejemplo, un trabajador en una fábrica u oficina que sustenta a su familia, sin ambiciones particulares de realizarse a sí mismo, está a merced del boom económico o de la recesión y de los cambios sociales. Tal y como él ve las cosas, él no puede hacer nada para cambiarlas. Todo lo que quiere es dedicarse a sí mismo y dejar que otros luchen, hagan huelgas y se enfrenten con los jefes y el gobierno. Él no hará nada, excepto, por supuesto, unirse a sus colegas cuando éstos actúen en masa, votando por la huelga incluso si piensa que esto es incorrecto, debido a su fuerte necesidad de conformismo. El hombre animal, por otro lado, puede que elija encabezar la huelga, o no hacer huelga, ya que tiene suficiente voluntad personal para salirse del camino trazado, tal y como él lo ve, hacia otro tipo de vida. Esta maniobra viene determinada por su principio Solar, el cual le ha mostrado la verdad acerca de la cuestión. Él entonces 'sigue su estrella', expresión que significa el ser honesto con el propio Sol. Para ser más precisos, la decisión de moverse es generada por el deseo de no frustrar la realización de sus posibilidades. Si utiliza su impulso animal para el bien o para el mal es algo que veremos más adelante, pero sin duda en este nivel ya ha adquirido una grado de voluntad personal. Esta característica puede verse en los líderes de cada área humana-animal. Irónicamente, sin la determinación animal o la auto-importancia de cierta gente, no habría progreso político o técnico, ya que la masa de la gente vegetal habría permanecido en sus cavernas hasta hoy si no hubiera sido dirigida por las actividades del hombre animal. Visto históricamente, los héroes del nivel animal y los llamados villanos de la humanidad, tienen su lugar en el gran diseño de la Creación. Las guerras y aniquilaciones de Atila el Huno contra el Imperio Romano en decadencia fueron tan necesarias como el trabajo del astrónomo Galileo, un hombre centrado en sí mismo, quien destruyó la antigua y desgastada imagen del mundo sostenida por la ciencia medieval.

Es un factor interesante, en este punto, el hecho de que la gente que vive según su Sol se encuentra más cerca de su *sino* que aquellos que viven según su Luna o Ascendente. Esto significa que responden de manera más completa a las combinaciones astrológicas de sus horóscopos. Así, los buenos y los duros momentos, las crisis y los cambios, tienen un efecto más profundo en la gente gobernada por el Sol. Nadie sufre tanto como aquellos que se han esforzado por llegar a las cima y han caído en las profundidades. La gente vegetal ordinaria sufre, pero no con la misma intensidad, ya que su escala es menos extrema y dramática. Esta es la razón de que la vida de un individuo verdadero sea usualmente más rica pero más traumática que la de la persona que sólo vive para sobrevivir. Es también la razón de que las recompensas y castigos a los esfuerzos individuales sean mayores. Para el hombre animal, el deseo y la elección son lo que hace su vida interesante. Sin embargo, como ya debe apreciarse, todavía el suyo es un *sino* limitado porque, aunque pueda dominar a la gente con menos voluntad que la suya, aún está a merced de su propio deseo psicobiológico de ganar y de su miedo a la derrota. Es prisionero de sus ambiciones y está atrapado en su *sino* hasta que la victoria o la derrota de sí mismo deje de tener importancia alguna. Esto sólo puede ocurrir cuando la adoración a sí mismo pierda sentido y despierte a algo de mayor dimensión que la manifestación inferior de su signo Solar.

Figura 33—DECISIÓN
Aquí un hombre animal que ha conquistado el Mundo material de abajo se da cuenta de que todo quedará perdido cuando él sea reemplazado o cuando muera. De pronto hay un enorme vacío en su vida, una vez que todos sus apetitos materiales han sido saciados. La riqueza, el sexo y el poder no pueden traer felicidad ni paz permanentes. Entonces él comienza a buscar alguien que posee una vida verdaderamente plena. Aquí un maestro espiritual, simbolizado por sus alas, le ofrece llevarle a los Mundos superiores. El rey de este Mundo tiene entonces que elegir qué es lo que realmente tiene valor. (Grabado alquímico en madera, siglo XVII).

16. *El Sol Durmiente y el Sol del Despertar*

Hemos observado, desde el punto de vista cabalístico, cómo los tres Mundos se unen en el Sol de la persona individual, cómo el espíritu se encuentra por encima de la psique y cómo el cuerpo da envoltura a estos dos niveles superiores de realidad del hombre. Hasta el último capítulo hemos examinado la situación humana basándonos en la premisa de que todo el mundo se halla más o menos al mismo nivel. Ahora empezaremos a diferenciar entre los niveles natural y sobrenatural del desarrollo humano. El primer nivel, como ha sido mostrado, lo conforman aquellos que viven principalmente según su Ascendente, a quienes sólo les preocupa su supervivencia y la búsqueda del confort físico. Si bien las personas de este tipo abundan en todas partes, cabe notar que entre ellas también hay criminales. Un ejemplo famoso, o más bien infame, es Gilees de Laval, conocido como Barbazul, quien recaudó dinero para poder continuar llevando una vida de lujo, sacrificando la vida de muchas personas y haciendo un pacto con el Diablo. Como cabe apreciar, en este nivel no hay consciencia, sino sólo el código social adquirido suficiente para mantenerse dentro de la ley. En este nivel sólo existe lo que el cuerpo desea para su confort. Cualquier otra cosa no es de interés y los demás son contemplados como meros ayudantes u obstáculos para obtener la seguridad física.

El segundo nivel es el del ego-social, el cual, como hemos visto, adopta una compulsión hacia el conformismo. La vasta mayoría de la raza humana vive, en menor o mayor grado, entre este nivel y el del Ascendente, buscando diariamente crear riqueza, producir alimentos, mantener las comunicaciones y suplir todo aquello necesario para hacer funcionar a la sociedad dentro de cada país, según cada entorno cultural e ideología política. Estos dos niveles inferiores ponen a la persona bajo la ley de las masas multitudinarias haciéndola estar sujeta al *sino* general de la población y de su identificación nacional, como ocurre por ejemplo cuando los Estados Unidos atraviesan buenos o malos momentos. En este nivel hay poca individualidad verdadera porque la gente que vive primariamente según su Luna ha sido condicionada por la educación recibida y por su sociedad. Así, un inglés tiene ciertas opiniones y modos de comportamiento muy diferentes a los de un francés y mucho más aún a los de un chino o un brasileño. Esta capa corporal y cultural tiene más poder de lo que generalmente consideramos. Al viajar al extranjero uno en seguida se da cuenta de cuán inglés es—en caso de ser inglés—en muchos detalles que el ego consideraba como sus gustos y peculiaridades personales. El colectivo nacional inconsciente sostiene un conjunto completo de criterios según el cual vivimos y que no tiene nada que ver con nuestras naturalezas verdaderas. Vivir bajo la Luna significa que, además de actuar según nuestra etnia y el tipo corporal del Ascendente, principalmente reflejamos aquello que hemos adquirido. Sólo aquellos que viven bajo el tercer nivel de su Sol comienzan a ser originales y, por tanto, a acceder a su individualidad.

El hombre animal tiene el sello de la individualidad. Vive más cerca de su naturaleza verdadera que la gente regida por su Luna y Ascendente. Esto le dota de una cualidad única que se ve expresada en su vida y en su *sino*. Sin embargo, en la mayoría de los casos este hombre sólo expresa el cénit físico de su signo Solar, el cual es el aspecto más bajo del Ser. En esta situación la persona puede ejercer su influencia sólo en el Mundo físico y dominar sólo mientras su presencia física esté ahí. Podemos encontrar ejemplos de esto en las compañías comerciales y en los partidos políticos donde, una vez que el jefe o el líder ha desaparecido, su influencia rápidamente se desvanece. Este proceso a menudo se acelera cuando el siguiente hombre animal toma el relevo del mando, haciendo usualmente una limpieza general para afirmar su marca individual y su poder. Es interesante notar que a menudo se trata de personas hechas a sí mismas que frecuentemente proceden de entornos en desventaja o de posición inferior. Por ejemplo, Hitler era un cabo de origen austríaco que no procedía de la clase dirigente de Alemania, y Disraeli, un brillante Primer Ministro de Inglaterra, no tenía ni una gota de sangre anglosajona protestante en su cuerpo. Aquí se trata del fuerte ímpetu del deseo el que genera la poderosa voluntad de ser aceptado, para después convertirse en la cabeza dominante de la manada. Esto nos muestra que un logro tal es en realidad una compulsión más que una elección. Es más, este empuje a menudo expresa lo mejor y lo peor de un signo Solar. Sin embargo, comencemos por observar cómo el Sol puede manifestarse físicamente, psicológicamente o espiritualmente. Tomaremos el ejemplo de tres hombres famosos para ilustrar los niveles Solares, y los confinaremos a los signos de Tierra para así percibir con más claridad la diferencia de la cualidad de su Sol respectivo.

Mao Tse-Tung, el fundador de la China Comunista, procedía de un entorno relativamente modesto. Con el Sol en Capricornio y la Luna en Leo buscó el poder con justicia. Tras muchos reveses y un ascenso lento y duro, logró elevarse de manera sin igual por encima de sus rivales trayendo una filosofía pragmática a su política y proporcionando a la población china su primer gobierno firme y estable desde hacía décadas. Al ser un hombre práctico, habló a las masas de gente en sus propios términos, eliminando las viejas decadencias e implementando reformas implacables. Fue la mezcla perfecta del Sol en Capricornio y la Luna en Leo funcionando a nivel físico y social.

Sigmund Freud, el psicólogo, tenía su Sol en Tauro y su Luna en Géminis. Con su Sol sensual y su inteligente Luna, investigó la psique y detectó el poder del sexo que se ocultaba tras muchas de nuestras acciones. Con Escorpio en el Ascendente, la Luna en la casa 8 y Venus siendo el signo regente de su Sol, no es sorprendente que percibiera el sexo en todo. Sin embargo, lo que es significativo para nosotros es el hecho de que utilizara el segundo nivel de su Sol, el psicológico, para percibir el mundo alrededor suyo. Aquí la mezcla de los dos Mundos inferiores está bien ilustrada, pero no el tercer nivel del Espíritu—ya que Freud consideraba que los temas concernientes a la Espiritualidad y la Divinidad eran profundas necesidades y proyecciones psicosensuales.

Sir Issac Newton tenía el Sol en Capricornio y la Luna en Cáncer. Sin embargo, era algo más que un pensador práctico. Sus observaciones sobre una manzana cayendo y sus conclusiones acerca de que todo tiene efecto sobre todo, eran las de un visionario más que las de un científico estricto. De hecho, veía el Universo visible e invisible como un todo unificado. Sus desconocidos textos sobre la Biblia y su sentido interno indican que tenía una visión cósmica y espiritual. Este es un perfecto ejemplo que rebate la opinión común que sostiene que la oposición entre el Sol y la Luna es algo malo. La Luna en su Casa 9 de la sabiduría actúa como un reflector profundo del Sol, que se encuentra en la Casa 3 del estudio, y su Ascendente en Libra le aporta una apreciación verdaderamente libre y equilibrada de la realidad física. Fue Newton quien reprochó a Halley el haber ridiculizado la astrología, diciéndole: "¡La diferencia entre usted y yo es que yo la he estudiado y usted no!" El hecho de que un científico muestre una visión tan amplia y profunda es la marca distintiva del nivel espiritual, o tercer nivel, del Sol. Newton, a pesar de sus aptitudes prácticas y sociales, mostró que podía trascender en sus estudios no sólo el espacio sino también el tiempo, ya que gran parte de su trabajo es todavía válido hoy, mientras que el trabajo de Mao y el de Freud ya han quedado atrás.

El Sol, como se recordará, está en la parte superior del Árbol físico, en el centro de Árbol psicológico y en la base del Árbol espiritual. En el centro del cuerpo sutil o planetario está el foco desde el cual se producen las distintas influencias. Para la persona gobernada principalmente por el Ascendente o por la Luna, se trata de un observador invisible que, en momentos de crisis o de paz extraordinarias, puede emerger desde el inconsciente para hablar o para mostrar la verdad acerca de la persona o su situación. En el caso de la persona animal, ésta es vagamente consciente de su Sol interior y sigue sus direcciones de un modo práctico y físico porque no conoce, y a menudo no le importa, su estado psicológico y mucho menos las implicaciones espirituales de su conducta. En los tiempos modernos, desde los descubrimientos de Freud y Jung, el aspecto psicológico del hombre se ha vuelto más y más importante en el Mundo Occidental, no sólo porque explica muchos problemas personales y las razones del comportamiento social y antisocial, sino también porque las tradiciones ortodoxas espirituales de Occidente han perdido su visión y su conocimiento de estos temas, cubriéndolos de rito exterior y de cuestiones sociales. El deseo de comprender la naturaleza de la psique tiene su respuesta en las muchas escuelas de psicología que han surgido en el Mundo Occidental y en los movimientos espirituales que han aparecido desde los años sesenta. La Providencia siempre responde a esta necesidad porque se ocupa del desarrollo de la humanidad. Esta necesidad de crecer como personas y de relacionarse con el mundo, ahora puede encontrarse en todas partes y, de hecho, junta a mucha gente que de otro modo normalmente nunca se conocería. En el momento presente hay más tradiciones y técnicas disponibles que en ningún otro periodo de la historia. Algunas de ellas son enseñanzas completas; otras no sólo están incompletas sino que son versiones enmarañadas acerca de la naturaleza del hombre y del Universo. El fenómeno de la instrucción distorsionada y la mala dirección es uno de los problemas que el buscador de conocimiento tiene que enfrentar a medida que arduamente va pasando de un gurú a otro hasta que da con aquel que tiene sentido y concuerda con su tipología y temperamento. El ejercicio de probar éste o aquel método no es bajo modo alguno un desperdicio, sino la primera prueba de discriminación en el viaje del alma. Aquí llegamos a un punto crucial. Hasta ahora habíamos estudiado los tres niveles de la vida ordinaria. Ahora comienza la elevación por encima de la ley ordinaria terrenal hacia la esfera sobrenatural del despertar del alma. Esto concede un tipo de libertad totalmente desconocida para los 'miembros durmientes de la humanidad.'

Según un mito antiguo, la diosa de la Luna fue fruto de la unión entre la diosa de la Tierra y el dios del Sol, y esta diosa Lunar era el objeto de amor del dios de la Naturaleza. Sin embargo, la diosa de la Luna amaba a Endimión, quien había caído en un estado de adormecimiento a través del cual ella le visitaba para hablarle en sueños. El significado simbólico de este mito se hace patente cuando observamos el estado general de la humanidad, que vive bajo la regencia del Ascendente terrenal y de la Luna. El mito nos muestra, por ejemplo, cómo el poder de la Luna funciona a través del inconsciente de las personas, y está contenido en los sueños y los hábitos. La Luna tiene mayor interés en la humanidad que en la Naturaleza, ya que el hombre está a la cabeza del desarrollo en la Tierra y, como tal, es capaz de abarcar un espectro de conciencia más amplio y más profundo que cualquier otra especie animal o vegetal. Sin embargo, debido a que la raza humana nació tanto de los Cielos como de la Tierra, su potencial para elevarse por encima del nivel del Mundo físico es realizable, a diferencia del de la Naturaleza, la cual está estrictamente ligada a la Tierra. Esta es la diferencia crucial, no sólo entre la Naturaleza y la humanidad sino entre la gente que quiere despertar y la gente que sólo desea continuar durmiendo bajo el resguardo del Ascendente terrenal y la Luna. En el momento presente, el Sistema Solar está entrando en una nueva fase y la humanidad está siendo sacudida de su adormecimiento. Esto ocurre de vez en cuando, al darse grandes movimientos y actividad estelar, como en el periodo alrededor del 500 a.C. cuando muchas personas, a lo largo del mundo conocido desde China a Grecia, despertaron a los aspectos cósmicos y espirituales de la Creación. Ahora estamos, a principios del siglo veintiuno, en otro momento similar. Esta es la razón de que haya tanto interés en los temas espirituales y psicológicos y de que el conocimiento de los mismos, que tanto tiempo había estado oculto, esté empezando a salir a la luz.

¿Cómo, cabe preguntarse, se relaciona esto con el individuo? Otro mito, uno de Platón, nos da una pista, al explicar la condición natural del hombre—insisto, la condición 'natural'. En esta alegoría, varias personas se encuentran en una cueva, y tras ellas hay un fuego que arroja sus sombras sobre la pared de la cueva. La mayoría de las personas ven estas proyecciones parpadeantes e imaginan que se trata de la vida real y que la acción se encuentra en estas sombrías figuras en movimiento, ya que no pueden verse a sí mismos, al estar tan fascinados por las imágenes proyectadas desde detrás de su consciencia (física). Un hombre, sin embargo, consigue darse la vuelta y ver el fuego y, al darse cuenta de que las sombras son una ilusión, se aleja de la fascinación del fuego (el Sol psicológico) hacia la entrada de la cueva, donde descubre la luz del día. Al salir de la cueva queda temporalmente cegado por la intensidad del Sol (espiritual) para después recuperar su visión clara y descubrir un magnífico paisaje (cósmico) frente a él. Lo que ve es algo muy distinto al mundo limitado de la cueva con su realidad ensombrecida y tenebrosa. Éste es obviamente el mundo real, por lo que decide retornar a la cueva y contárselo a sus compañeros. Al volver a la cueva oscura, se dirige hacia las gentes que observan embelesadas el juego de las sombras parpadeantes. Sin embargo, a pesar de su historia acerca del mundo superior, no le escuchan y tachan sus descripciones de fantasía y a él de loco. Esta es la situación del hombre sobrenatural en relación al hombre natural.

¿Qué significa ser un hombre o una mujer sobrenatural? Significa el estar por encima de la naturaleza, el elevarse por encima de la ley natural. Este no es un proceso que ocurra de la noche a la mañana. Es un largo y prolongado viaje, a menudo llevado a cabo a lo largo de muchas vidas pero que puede ser alcanzado, según se dice, con la voluntad suficiente, en una sola vida. La primera etapa consiste en reconocer la situación actual de cada uno, lo que generalmente ocurre en aquellos momentos en que nos apartamos de las preocupaciones del Ascendente y de las ilusiones del ego Lunar para dirigirnos hacia el primer estado del Sol. Esto significa que entrevemos aquello que somos, cuál es nuestro tipo corporal, y cómo nuestro ego puede pasar de ser un pequeño dios de hojalata a un útil sirviente que refleje la verdad del Sol. Ahora bien, aquí, como hemos observado, está la tentación de creer que hemos llegado al fin, al haber alcanzado cierto grado de consciencia Solar y de voluntad personal. Esto puede convertirnos en un héroe, como los griegos denominaban a estas personas, a diferencia del hombre común; sin embargo, incluso los héroes pueden ser necios y ser destruidos por su propio *sino*. La siguiente etapa consiste en vivir el *sino* personal, ya que esto es inevitable, pero sin verse afectado interiormente por él, es decir, sin depender de él. Cuando Napoleón, por ejemplo, fue exiliado de su campo de gloria a una isla remota del Atlántico, colapsó como hombre. Igualmente le ocurrió a Mussolini cuando su *sino* dio un revés a su fortuna, como ha de ocurrir cada cierto tiempo según la ley astrológica. El individuo que puede atravesar el éxito y el fracaso con indiferencia sublime es maestro de su propio *sino*. Esto sólo puede ser llevado a cabo con conocimiento real, no con ignorancia deliberada.

El conocimiento al que nos referimos aquí no es la información y los datos de tipo mercurial, sino aquel que nace de la experiencia interna, con la sabiduría y el entendimiento de la naturaleza verdadera de uno mismo y el lugar que ocupa uno en el Universo. Este es el conocimiento del que se habla al principio de este libro y que empieza a ser adquirido con el despertar del Ser más allá de los estados del Ascendente y la Luna. Visto cabalísticamente, se trata de un cambio de énfasis desde la influencia del Mundo físico hacia el Mundo percibido por el Sol psicológico. Esto se consigue a nivel astrológico al observar y controlar el poder del Ascendente y del ego Lunar, y al prestar atención a los principios de Mercurio y Venus, ya que estos planetas inferiores crean cambios de ánimo según sean sus posiciones y sus relaciones en el macrocosmos. El siguiente paso consiste en estudiar la naturaleza zodiacal del propio Sol y sus aspectos a los planetas superiores para así adquirir un conocimiento práctico de los contenidos de la psique personal de uno mismo y de sus equilibrios y tendencias. Aquí es donde el horóscopo dispuesto sobre el diagrama del Árbol toma una dimensión real para el cabalista, sirviéndole como método de trabajo para su evolución psicológica y espiritual.

17. La Psique y sus Contenidos

Puede decirse que la composición de la psique está dividida en tres amplias áreas. La primera y más baja es la consciencia ordinaria de la persona. Es la mente que se utiliza en el día a día para llevar a cabo las tareas del mundo físico, a medida que entran en contacto con el cuerpo sutil. La segunda es la parte de la psique que se encuentra justamente más allá del límite ordinario de la consciencia y que tiene gran influencia sobre la persona, a menudo sin que ésta sea consciente de ello. Esta es la parte emocional del cuerpo sutil que equilibra la consciencia y la percepción interior en momentos de despertar psicológico. También actúa como mediadora entre el nivel del ego de la mente ordinaria y el tercer nivel más profundo, el de la consciencia verdadera, el cual contiene numerosas cosas, tanto pasadas como presentes, que la persona desconoce por completo pero que sin embargo le influyen profundamente a lo largo de toda su vida y, de hecho, durante todas sus encarnaciones.

Disponiéndolo astrológicamente sobre el Árbol Cabalístico de la Psique, el primer nivel está formado por el Ascendente, la Luna, Mercurio y Venus. Éstos forman un gran triángulo geométrico con el ego Lunar en el centro de las tres tríadas inferiores. Esta disposición no sólo muestra los roles activo y pasivo de Venus y Mercurio, sino también la interacción de la Luna y el Ascendente con ellos, creando un mecanismo triple que pone a todos en relación. En primer lugar, como hemos visto, el Ascendente da forma al cuerpo étnico y familiar heredado por el individuo. El signo zodiacal del Ascendente y su regente, así como cualquier planeta que se encuentre en la Casa 1, establecen la cualidad y la forma física particulares. Igualmente, el tipo de ego se ve afectado por el signo que ocupa la Luna, y se ve afligido o favorecido por todos los aspectos que recibe esta luminaria. El factor cualitativo también se aplica a los principios de Mercurio y Venus en los signos que ocupan, así como a sus aspectos. Todo ello forma una combinación única que se expresa en el gran triángulo Mercurio-Venus-Ascendente del mecanismo bio-psicológico.

Las tres pequeñas tríadas compuestas por los plantéas inferiores, la Luna y el Ascendente, representan el pensamiento, el sentimiento y la acción de la mente ordinaria. El proceso de pensamiento es esencialmente una función pasiva o reflexiva, formado por Mercurio, la Luna y el Ascendente. Es la parte de la mente que resuelve los problemas mentales ordinarios según los datos previos o la experiencia acumulada en el inconsciente. No se trata de contemplación intelectual, aunque la agudeza y la buena memoria pueden a veces ser tomadas como tal por aquellas personas que son poco perceptivas. Un buen bibliotecario no es lo mismo que un pensador real, aunque se trate de un mal pensador. La segunda pequeña tríada, compuesta por el Ascendente, la Luna y Venus, se llama la tríada de la acción. Esto es debido a que está en la zona activa de este complejo, y su función se ocupa de los procesos bio-psicológicos relativos al deseo venusiano de movimiento y de conexión corporal a través del Ascendente. Aquí es donde la mente ordinaria implementa los pensamientos y soluciones llevados a cabo por la tríada del pensamiento, haciendo que el cuerpo haga una cosa u otra, a veces actuando desde el ego y a veces influenciado desde más allá del umbral de la consciencia. La tercera tríada, conocida como la función del sentimiento, está compuesta por Mercurio, Venus y la Luna. Aquí podemos observar que no hay conexión directa con el Ascendente. Esto crea un área separada y volátil en la mente, ya que no tiene vínculos físicos con el Ascendente, excepto a través del ego-Lunar, que hace de conexión entre la mente y el cuerpo. La función del sentimiento surge por su asociación con ambos pilares laterales, lo que la hace altamente susceptible a las fluctuaciones activa y pasiva. Al tratarse de la parte de sentimiento del ego, crea los estados de ánimo y humores en la parte inferior de la psique.

Idealmente, las funciones del pensamiento, sentimiento y acción están igualmente equilibradas en cada persona. Esto, como sabemos, es algo imposible para el hombre ordinario; en parte porque tiene poco o ningún conocimiento, o control, sobre su mente, pero también debido a las tensiones astrológicas particulares creadas por las relaciones zodiacales del Ascendente, la Luna, Mercurio y Venus que se dan en cada horóscopo. Así, por ejemplo, si Mercurio se encuentra en su propio signo de Virgo y Venus en detrimento en Escorpio, el equilibrio se inclinará más hacia el lado reflexivo e inactivo, haciendo predominar la función del pensamiento. Por el contrario, tomemos el caso opuesto en el que Venus está bien aspectado y Mercurio se encuentra afligido. Esto potenciaría la tríada de la acción, dando por resultado una tendencia a actuar más que a pensar. Si el propósito es bueno

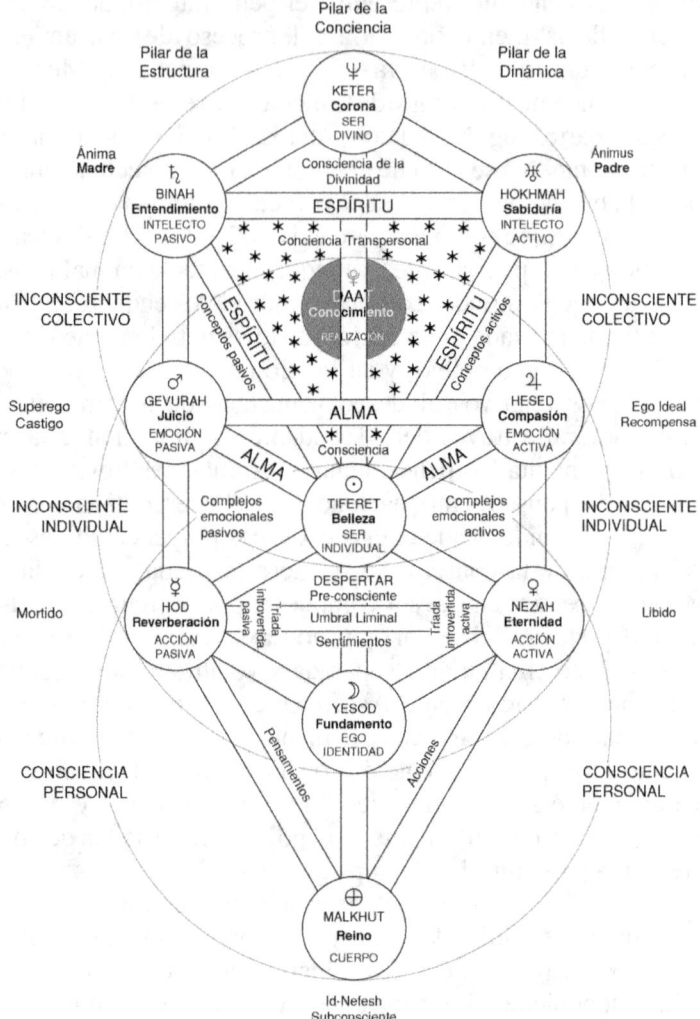

Figura 34—CONTENIDO DE LA MENTE
La psique es un organismo muy complejo. Tiene, además de su dinámica y su estructura, siete grados de consciencia, varias funciones, cargas y énfasis, según sea el tipo de cuerpo de la persona, su condicionamiento y su configuración astrológica. Además de si se trata de una persona de Tierra, Agua, Aire o Fuego, hay memorias de esta vida y de las anteriores que se superponen a los patrones de la cultura actual. Todo ello tiene que ser coordinado por el Sol del Ser y por los planteas exteriores del inconsciente. Sólo la tríada del alma formada por Marte, Júpiter y el Sol puede cambiar las cosas a través de un acto de libre albedrío. (Halevi).

o malo, es otra cuestión, ya que aquí estamos hablando de función, no de consciencia. De modo similar, el signo de la Luna afectará al equilibrio de las tríadas. Suponiendo que la Luna esté en Acuario, un signo activo fijo, y Venus se encuentre en el mismo signo, el resultado estará más inclinado hacia la tríada de la acción pero con una diferencia ya que, al tratarse de un signo de aire, la iniciativa sería de naturaleza mental, estimulante pero inherentemente fija; activa pero no práctica. Por tanto, la oscilación entre la revolución y el miedo al cambio, tan característica de aquellos con la Luna en Acuario, dejaría su huella en la mente inferior. Por contraste, de nuevo, supongamos que la Luna se encuentra en Libra. Aquí la tríada enfatizada sería la de la acción ya que se trata de la regencia de Venus junto al deseo Cardinal de hacer algo. Por otro lado, la Luna en Escorpio favorecería, por su cualidad Fija, el secretismo reservado del agua, inclinando el énfasis hacia la tríada del sentimiento y añadiendo una cualidad dogmática a todos sus estados de ánimo. Por razones similares pero a nivel físico, los signos y planetas en el Ascendente contribuirían a enfatizar la primacía de una las tríadas del pensamiento, del sentimiento o de la acción.

Todo lo anterior establece el marco de la parte inferior de la psique. Estos énfasis indican el modo en que recibimos los datos desde el exterior y en el que implementamos los dictados provenientes de la psique hacia el exterior. Con algo de observación y examen de la carta astral personal, uno debería ser capaz de darse cuenta de si tiende a iniciar nuevos emprendimientos o a responder a las situaciones a través del pensamiento, del sentimiento o del deseo de actuar. Este conocimiento es el paso inicial y principal para tener control sobre uno mismo. Sin la consciencia de cómo uno reacciona a las situaciones interiores y exteriores, cualquier comprensión de la psique intermedia y profunda es sólo teoría.

La tríada compuesta por Mercurio, Venus y el Sol es el área de la mente inferior que se ubica justo más allá del umbral de la consciencia diaria del ego. Éste es, sin embargo, el nivel que alcanzamos cuando ocasionalmente experimentamos un despertar durante una crisis o un momento de paz profunda o felicidad. Esto se debe a que hemos atravesado el velo del umbral entre Mercurio y Venus, dejando atrás las funciones ordinarias y procesos del ego mental para así experimentar el contacto directo con nuestro Ser, expresado por el Sol. Estos momentos o periodos son generados por la Gracia que reside en el interior profundo de la psique, o son el resultado del arduo trabajo de control sobre los procesos ordinarios del cuerpo y de la mente. En cualquier caso, se produce una sensación de iluminación y lucidez en la que la parte inferior de la psique de uno es observada con una claridad y un conocimiento que a menudo, desgraciadamente, se olvida cuando la atención se desliza de nuevo hacia el estado del ego, debido a la influencia que ejercen los planetas inferiores, la Luna y el Ascendente por su poder adquirido. Sin embargo, la experiencia de esta tríada del despertar nos da acceso a la parte intermedia de la psique, compuesta por Mercurio, Marte y Saturno en el lado pasivo, y por Venus, Júpiter y Urano en el activo, con el Sol como pivote central en la columna de en medio.

Como veremos, esta composición crea en el Árbol un conjunto de cuatro pequeñas tríadas conectadas con las columnas laterales. Las dos más inferiores, compuestas por Marte y Mercurio y por Júpiter y Venus, centradas en el Sol, configuran el almacén de las memorias y complejos emocionales. Aquellos guardados en la parte izquierda se ocupan del aspecto conservador de nuestras vidas emocionales: los miedos, las resistencias, el amor a la forma, la necesidad de apoyo, y todas aquellas memorias que guardan, contienen y constriñen nuestras vidas emocionales. En la tríada derecha formada por Venus, el Sol y Júpiter se encuentra la necesidad de amar, de iniciar, de crear, de perdonar y de explorar. Aquí se almacenan todas las memorias emocionales que nos hacen afirmar la vida y la esperanza, y que continuamente nos expanden y nos hacen ir más allá de nuestra vulnerabilidad. Estos complejos emocionales son bastante diferentes a los cambios de humor diarios producidos por la tríada inferior del sentimiento. Son relativos a la vida entera e influyen en la mayoría de la gente inconscientemente, al permear la consciencia del ego con las actitudes básicas de reserva o extroversión, miedo profundamente arraigado u optimismo. Alguien se puede sentir muy enfadado por haberse equivocado al comprar un par de zapatos, pero esto no se encuentra en la misma escala emocional que una profunda depresión debida a un constante fracaso profesional. Tampoco el placer efímero del triunfo sexual es lo mismo que el profundo placer que produce una relación duradera. Estas tríadas internas representan, para la mayoría de nosotros, el clima emocional inconsciente de nuestras vidas. Su equilibrio, huelga decir, también está gobernado por las disposiciones de los planetas superiores y el Sol.

Para ilustrar esto, tomemos uno o dos ejemplos. Supongamos que una persona tiene a Marte en el pasivo signo de Virgo. Este planeta, al estar en un signo debilitador, restringirá el poder emocional de Marte aún más allá de su inclinación natural hacia la disciplina emocional férrea. Por tanto, las memorias emocionales de la persona y las asociaciones subsiguientes que derivan en complejos psicológicos, se verán coloreadas de una actitud altamente crítica, estrecha y juzgadora, a menos que esto se vea aliviado por un buen aspecto del planeta Júpiter, que es emocionalmente expansivo. De manera similar, supongamos que Marte se halla en su propio signo de Aries. Esto crearía un matiz menos conservador entre los complejos emocionales pasivos y en la forma en que las memorias se organizan, de tal modo que cualquier evento no placentero sería olvidado o al menos su interés se mermaría una vez que el asunto fuera parte del pasado. Marte en Capricornio, sin embargo, endurecería la sustancia de esta memoria y se mantendría atado a ella hasta que ésta se resolviera con venganza o justicia muchos años después, a menos que, de nuevo, esta posición se vea aliviada por algún buen aspecto de Júpiter. Observando el lado activo de las tríadas emocionales, la posición de Júpiter es igualmente crítica. Si, por ejemplo, el planeta se encuentra ubicado en Piscis, entonces cabe esperar un exceso de apertura emocional, mientras que si Júpiter está, digamos, en Géminis, en su detrimento, podríamos esperar una cierta dispersión, indiscriminación y olvido de las lecciones emocionales aprendidas. Sin embargo, si Júpiter está en Cáncer, una cierta generosidad controlada hacia el círculo familiar de la persona se manifestará con recuerdos de amor y actos de esplendidez y misericordia. Una actitud emocional similar puede observase con Júpiter en Aries, donde un deseo enorme de complacer podría desembocar en un exceso emocional y una posible indiscreción. Como veremos, las ubicaciones y aspectos de los otros planetas son cruciales y afectan al tipo de contenidos almacenados o rechazados en el banco de memorias emocionales del inconsciente.

 El almacén intelectual de las tríadas compuestas, en el lado pasivo, por Marte, Saturno y el Sol y en el lado activo por Júpiter, Urano y el Sol, operan exactamente según los mismos principios que las tríadas emocionales, excepto que aquí se trata de las ideas y conceptos adquiridos durante el inicio de la vida y que subsecuentemente han sido modificados por la experiencia. Como tales, tienen un efecto muy profundo en la psique de la persona. Por ejemplo, aquí se almacenan todas las tradiciones personales de la familia, la sociedad y la filosofía de vida, bien sea ésta cristiana, budista o comunista. Las ideas absorbidas desde la niñez y la juventud son, para la mayoría de la gente, muy rara vez modificadas, a pesar de las aparentes transformaciones que tienen lugar externamente. El católico no practicante, a la hora de la verdad, se remite frecuentemente a la visión de su iglesia, incluso si la rechaza. El judío disidente no puede deshacerse del todo de cuatro mil años de historia y el chino de la China Comunista es todavía un confuciano o un taoísta en su corazón. De hecho, Mao Tse-Tung reconoció este conjunto de conceptos chinos heredados y modificó el comunismo europeo para adaptarlo a la mente china.

Estos conceptos están hondamente arraigados y sólo pueden ser cambiados a través de una profunda revelación, lo que nos muestra que, para la mayoría de la gente, sólo opera el lado pasivo o formal de nuestros conceptos, regido principalmente por Saturno. La acumulación de experiencia a lo largo de los años va lentamente endureciéndose y estableciéndose como una serie de conceptos y tradiciones formales. De aquí surge la actitud clásica saturnina, a menos que se vea modificada por un Saturno que se encuentre en un signo más radical como Aries, donde hace que el intelecto continuamente ponga a prueba principios ya bien establecidos, en caso de estar bien aspectado. Un tipo diferente de conflicto o modificación tendría lugar en los conceptos pasivos de una persona si Saturno se encontrara en Sagitario. Esto haría que las ideas fueran menos rígidas pero también sería más flexible hacia las actitudes conservadoras. Lo contrario ocurriría si este planeta estuviera en Capricornio, lo que produciría una perspectiva de conceptos estrictamente ortodoxa a menos que, de nuevo, estuviera benévolamente aspectado por Júpiter o Venus. Urano en los diferentes signos tendría un efecto iluminador pero errático sobre las ideas activas o reveladoras de una persona. Por tanto, se tendría un pensamiento original pero disciplinado si este planeta se encontrara en Virgo, mientras que Urano en Aries produciría invenciones notables aunque algo insensatas, junto con muchos planes innovadores. Los contenidos de esta tríada activa del intelecto se verían perturbados o estabilizados dependiendo de los aspectos que Urano reciba. Si bien todo el mundo tiene destellos ocasionales de genialidad, algunos experimentan explosiones periódicas de iluminación. Esto a menudo le sucede a aquellas personas que tienen a Urano en su propio signo de Acuario. Viven en un mundo diferente del resto de los mortales. Entre estas personas nos podemos encontrar desde los visionarios, los filósofos brillantes y los genios inventores hasta los criminales diabólicos y los profetas locos. La modificación y énfasis de los planetas, signos y aspectos se ve, por supuesto, afectada por la Casa particular en la que se ubican. La interacción con lo mundano es la manifestación externa de las tríadas emocionales e intelectuales. La configuración particular de complejos y conceptos, cuando queda configurada en el momento del nacimiento, marca las líneas de guía ocultas en el *sino*.

La función del Sol consiste en actuar como el foco de los planetas intelectuales, de los planetas emocionales y de los planetas inferiores y la Luna, la cual, según el esquema cabalístico, se interconecta con el Árbol del Cuerpo a través del Ascendente. El Sol es la esencia de una persona, el triple Ser que yace en el centro de su existencia. Es, como se recordará, la cúspide de la consciencia corporal y el centro de la anatomía sutil. Como tal, es el pivote psicológico del individuo y actúa como el coordinador de todos los principios planetarios asociados a él y de sus organizaciones astrológicas particulares. La implicación de esto es vitalmente significativa ya que, mientras que las funciones planetarias, la Luna y el Ascendente tienen influencia y poder, ninguno de ellos ocupa una posición tan crucial en el individuo como la que ocupa el Sol. Esta es la razón por la que el signo Solar es tan importante en el horóscopo. El Sol, ya sea el director consciente o inconsciente de la vida, es, como se le conoce en Cábala, el Asiento de Salomón de la persona.

A nivel estrictamente psicológico, el Sol es el punto de intersección de todo aquello que entra y sale de la psique. Todas las tríadas del intelecto y de la emoción se juntan aquí; también está aquí la tríada Mercurio-Venus-Sol del despertar, la cual es el nivel más alto de la consciencia física. Con la transformación del Sol físico en el Sol psicológico, el peso de los planetas comienza a manifestarse de un modo más completo en lugar de ejercer su influencia desde un segundo plano. Por tanto, la persona que vive desde su Sol Psicológico tiene que luchar con las fortalezas y debilidades de su cuerpo sutil, incluso aún siendo relativamente inconsciente de ellas, ya que trabaja más directamente desde las tríadas emocionales e intelectuales para ejercer un efecto sobre su vida. Aquí es cuando el mecanismo del *sino* realmente empieza a operar, a medida que el carácter del cuerpo planetario, libre de las restricciones físicas, comienza a afirmarse a sí mismo y a expresar sus contenidos en las Casas mundanas. Por ejemplo, si Marte se encuentra en Virgo en la Casa 10, todas las ideas y emociones asociadas con la combinación Marte-Virgo se filtrarán para afectar el rumbo y las ambiciones profesionales del hombre, haciéndole sentirse atraído, por ejemplo, por la medicina o la contabilidad. Por contraste, supongamos que Venus se encuentra en Leo en la Casa 2 y está bien aspectado. El deseo práctico y activo de adquirir cosas bellas y elegantes bien puede manifestarse como un don y un buen gusto para la decoración y el diseño de interiores, para coleccionar y vender objetos de arte o para el diseño de moda. Esta vida en particular estaría, a menos que haya aspectos excesivamente negativos en algún otro lugar, orientada seguramente hacia el confort elegante, si no el lujo. De estos dos ejemplos puede observarse cómo el equilibrio de todos los factores en el Árbol del horóscopo, operando a través de las Casas, determinará la cualidad y las características de la vida vivida; en otras palabras: la forma del *sino*. Para muchos individuos inteligentes este proceso es básicamente inconsciente, ya que están viviendo sólo en la parte media e inferior de la psique. Esto es todavía una cuestión de grado de conocimiento y elección.

Aquí de nuevo debe ser reiterado, ya que es algo que se olvida fácilmente, que el conocimiento parcial no es suficiente y aunque una persona pueda vivir una vida aparentemente única, se trata a menudo, de hecho, sólo del resultado mecánico de la carga psicológica del horóscopo. Esto significa que mientras que un individuo puede superar dificultades físicas, puede que aún esté sujeto al conjunto de presiones internas psicológicas o planetarias que le compelen a actuar según un patrón predeterminado. Por tanto, mientras que estas personas tan inteligentes, dotadas y destacables pueden escapar aparentemente a la ley general de las masas que afecta a la mayoría de la humanidad, están, de hecho, atadas al reino psicológico y dominadas por las condiciones planetarias del momento y, por lo tanto, no son maestras de sus propias vidas. Para llegar a elevarse por encima de la dominación del *sino*, el cual puede encumbrar a uno así como hacerle caer, el siguiente paso consiste en observar conscientemente las profundidades de la psique para llegar a conocer sus fortalezas y debilidades y así comenzar a gobernar el propio *sino*. Esto significa convertir lo inconsciente en consciente, tomar el mando del piloto automático de la inevitabilidad y, al menos, controlar las respuestas internas de los eventos exteriores que aún estén por ocurrir. Un paso semejante requiere la operación deliberada de la tríada formada por Sol, Marte y Júpiter que, según se dice, es conocida en Cábala como el alma o el lugar de la consciencia del Ser. Aquí comienza el trabajo de desapego del *sino* particular mientras aún se vive su patrón hacia el exterior. Como escribió Shakespeare: 'La culpa, querido Brutus, no es de nuestras estrellas, sino de nosotros mismos, que consentimos en ser inferiores.' La enseñanza esotérica va más lejos aún al decir que 'uno debe morir en este Mundo mientras todavía se encuentre con vida'.

18. El Alma

Sir Thomas Browne, un físico del siglo diecisiete, escribió: 'No cargues las espaldas de Aries, Leo o Tauro con tus defectos, ni hagas a Saturno, Marte o Venus culpables de tus locuras. No pienses en adjudicar tus imperfecciones a las estrellas, y así imaginarte bajo la fatalidad de ser malvado. Considérate en tu interior. No te busques en la Luna sino en tu propio orbe o circunferencia microcósmica.' En esta cita está la noción de libertad más allá del *sino*. Pero antes de que hablemos de la liberación del *sino*, comprendamos de modo aún más preciso qué es el *sino*.

Al identificar las tendencias en una carta astral es posible reconocer que un cierto tipo de temperamento generará un cierto tipo de patrón de vida. Así, por ejemplo, un Marte bajo aflicción en Aries en la Casa 1, en conjunción con un Urano también en aflicción, producirá como efecto un hombre bastante impulsivo y ocasionalmente violento. El resultado de ello es que este hombre creará situaciones de confrontación en las que continuamente reaccionará irracionalmente. Una persona así hallará poca paz y, como dijo un astrólogo acerca de esta posición, 'buscará la crisis continua como modo de vida'. Inversamente, alguien con el Sol y la Luna en Piscis en la Casa 12 buscará continuamente el retiro, para así esconderse y vivir en su propio mundo privado, llevando una vida recluida, si es que tiene la suficiente riqueza como para no tener que trabajar, o desarrollando una profesión en la que trabaje desde casa o alejado del bullicio de la vida, como la de un erudito inmerso en sus libros, un escritor, un pintor o un monje. En estos dos ejemplos puede observarse que el patrón de vida está, hasta un cierto punto, predeterminado, ya que la naturaleza de la persona crea un modo de vida atado a un conjunto de reflejos habituales. Si consideramos lo difícil que es cambiar un hábito reconocible, como el fumar o el caminar de cierta manera, podemos entender lo casi imposible que es cambiar hábitos psicológicos no detectados.

Esta observación acerca de los hábitos conocidos y desconocidos revela justamente cómo ambos refuerzan la tendencia del *sino*, convirtiéndolo en algo casi rígido. Sin embargo, esta inflexibilidad

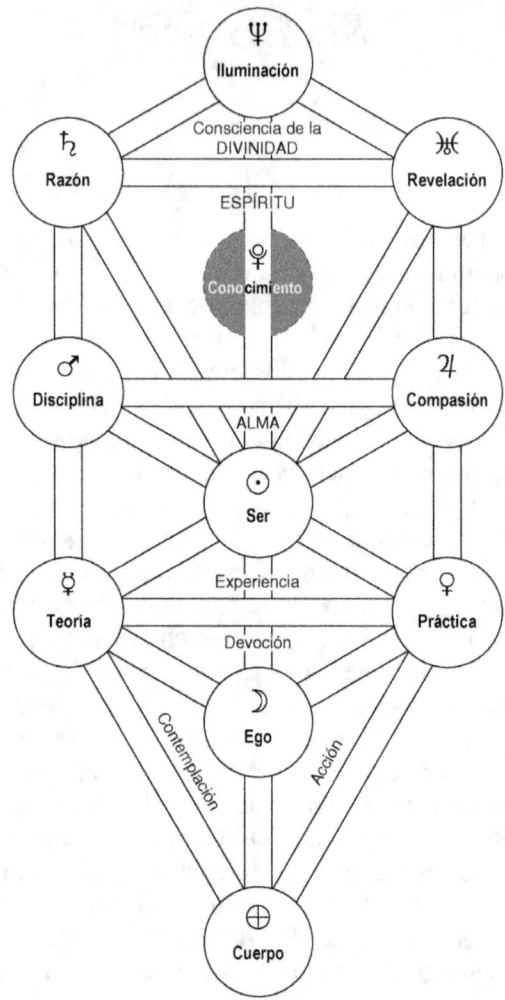

Figura 35—MÉTODO
Para descubrir el sino de uno, es necesario aplicar un método de trabajo. Alguien puede estar muy familiarizado con su carta astral, pero la mayoría de la gente tiene una actitud pasiva, lo que significa que no hacen uso de su saber. En este Árbol, se utilizan el Sol, la Luna y los planetas como instrumentos a partir de los cuales se pueden explotar las posibilidades positivas mostradas en la carta astral y reducir las negativas. Se puede utilizar a Marte como principio de disciplina o a Júpiter para abrir nuevas oportunidades. Un tránsito de Saturno o de Urano puede ser un buen momento para establecer un plan a largo plazo o para revolucionar la propia vida. El sino puede estar fijo, pero la lección consiste en trabajar sobre él. (Halevi).

tiene su propósito, para que nuestros patrones inevitables se ajusten a las vidas de aquellos que nos rodean. De hecho, el *sino* ha sido diseñado por la Providencia según una situación externa local teniendo en cuenta a las demás personas para que trabajemos sobre ciertos problemas y mejoremos la conducta de nuestro ser. Por tanto, mientras seamos incapaces de manejar nuestros propios asuntos conscientemente, el macrocosmos creará la circunstancia más precisa y adecuada para asistirnos en nuestro camino de perfección, aunque cuando estamos inmersos en el sufrimiento no siempre apreciamos la lección de ese momento. Todo esto implica que existe un elemento prefigurado en nuestras vidas que no puede ser alterado. Esto es verdad, aunque sólo hasta cierto punto. Para aquellos que viven principalmente en el Mundo físico y en el Mundo psicológico inferior, la vida está ciertamente determinada por los eventos externos y los hábitos. Pero al comenzar a desarrollar la consciencia del Ser y el conocimiento de la constitución psicológica de uno mismo, a través de una disciplina como la Cábala o, como en este caso, de la astrología práctica, se empieza a ejercitar la voluntad.

Hasta ahora hemos visto cuán poca voluntad tienen la mayoría de las personas, quienes generalmente se amoldan a las demandas del cuerpo, de la presión social, o del condicionamiento del ego. De hecho, se trata de personas sin voluntad o, por el contrario, personas muy obstinadas, según estén sujetas a los aspectos activos o pasivos de estos niveles inferiores. Con el comienzo de la consciencia psicológica del Ser aparece una voluntad que se basa en el reconocimiento de algo de dimensión mayor que aquello que ofrecen los niveles mineral, vegetal o animal de la existencia humana. Esta voluntad implica sumisión hacia una autoridad de influencia mayor que habita en el interior del Ser. La manifestación externa de la misma puede apreciarse a menudo en la búsqueda de un gurú o un maestro espiritual. Si bien esto es inicialmente necesario, su verdadero significado reside en el hecho de que la persona está volviéndose hacia el alma y poniéndose bajo la tutela de la misma.

El alma es el corazón de la psique. Es ese factor en la anatomía sutil que flota entre el cuerpo físico y el espíritu. Forma parte de la psique y sin embargo no está directamente implicada en las diversas mecánicas mentales del nivel de consciencia del ego o en las diversas tríadas de complejos emocionales y conceptos intelectuales. Dispuesta diagramáticamente sobre el Árbol de la psique, como recordaremos, se ubica en la tríada formada por Marte, Júpiter y el Sol. Por ello, tiene un carácter marcadamente emocional. Sin embargo, hay una diferencia importante. Al estar situada en la columna central, se ocupa de las cuestiones de la consciencia y la voluntad. Esto significa que, a diferencia de las tríadas laterales o inferiores, tiene un poder consciente más que funcional. Un ejemplo de ello es que si bien una memoria emocional puede ser muy potente, ésta no puede producir ningún cambio. Sólo puede ser repetida por rememoración, mientras que cualquier evento que ocurra en la tríada del alma y de la consciencia del Ser, como el remordimiento, puede precipitar un cambio. Es por ello que este triángulo es a veces llamado el Lugar de la Consciencia.

En términos tradicionales, la tríada del alma es el lugar donde tiene lugar la purificación; es también el área en la que se experimenta el purgatorio a medida que los buenos y malos elementos almacenados en las tríadas emocionales e intelectuales laterales son expuestos delante del ojo del alma en un momento de consciencia del Ser. Aquí vemos la acción psicológica completa del Sol, cuyo símbolo es Apolo, el dios de la Verdad. Se dice que pocos pueden enfrentar el ojo cegador de Apolo o evitar sus infalibles rayos de verdad, los cuales golpean hasta las profundidades y el centro de cualquier cuestión. Apolo también tiene, según el mito, un arpa extraordinaria que puede crear tanta armonía que incluso hasta las bestias salvajes se apaciguan y dejan de atacar a otros. Visto psicológicamente, este es el aspecto armonizador del Asiento de Salomón que coordina y aplica la ley entre los aspectos en conflicto del cuerpo y de la psique. Los planetas Marte y Júpiter, como aspectos del alma, operan como los principios de Justicia y Misericordia, que se observan durante los momentos de consciencia del Ser. Ambos revelan el mal y el bien al Ser psicológico y juzgan y perdonan para que se produzca equilibrio. Si sólo se diera el aspecto Marcial, la psique estaría desequilibrada, ejerciendo una severidad excesivamente dura y rigurosa y restringiendo todo tipo de acción. Igualmente, si sólo operase el principio Jovial, habría una tolerancia ilimitada y compasiva que permitiría que los malos hábitos se perpetuaran hasta convertirse en manifestaciones malignas que tanto la psique como el cuerpo tendrían que pagar caras. Marte y Júpiter, sin embargo, no sólo se revisan y se contrapesan entre sí, sino que también actúan como los factores de control y expansión en la vida psicológica de la persona. Este proceso usualmente no puede ser observado en los eventos del día a día, pero inconscientemente continúa, tras los pequeños acontecimientos, creciendo o disminuyendo según una progresión acelerada que usualmente sólo sale a la superficie durante las crisis importantes de la vida, cuando debe tomarse la decisión de expandir o restringir algún tema importante. Es durante estos momentos cuando la mayoría de la gente despierta psicológicamente y tiene que tomar una elección consciente, le guste o no. Nadie puede decir que no tiene el derecho vital de la libertad de voluntad o libre albedrío.

Veamos un ejemplo de un momento semejante de elección. Supongamos que un hombre tiene a Marte transitando sobre su Marte natal en la Casa 7, casa de los asociados, en el signo de Libra, en detrimento. Esta combinación precipitaría una decisión importante acerca de una pareja, digamos su mujer, y su relación con ella. Al encontrarse en Libra, la elección entre las posibles opciones no será fácil. Lo más probable, con esta disposición astrológica, es que perciba que la decisión de casarse no había sido muy sabia, sino un asociación formal a la que, o bien se había visto arrastrado debido a su indecisión frente a los compromisos, o bien había tomado siguiendo un impulso forzado por su deseo o el de su mujer de actuar respecto a su situación. Supongamos ahora que el resultado de aquella decisión ha pasado por un ciclo completo, quizás con el retorno de Marte al cabo de dos años, o con el ciclo de dieciocho años de la Luna, cuya combinación con el Sol vuelve a ser la misma que la que se dio al tomar la decisión de casarse, o con el retorno de Saturno transitando por su posición original en la carta astral de la relación. La naturaleza y profundidad de la crisis estará determinada por estos factores y por otros aspectos planetarios. El hombre, en el caso de un tránsito de Marte, en un principio nota físicamente, luego siente y después piensa que algo va mal, a medida que la conjunción de Marte se aproxima, en concordancia a su tipo de acción, de sentimiento y de pensamiento. Entonces recordaría las memorias emocionales e intelectuales almacenadas en el inconsciente relativas a la situación previa al matrimonio y al periodo post-matrimonial inmediato. Esta operación generaría en él mucha tensión, la cual, a su vez, sería transmitida a su mujer quien, por supuesto, respondería a ella, ya que sus cartas deben estar astrológicamente relacionadas, o de otro modo no se habrían casado.

El momento certero se aproximaría cuando Marte entrase por completo en el signo y la Casa del Marte natal. Su efecto psicológico sería el de incrementar la tensión con preocupación y un estado de ánimo reservado. La tensión se volvería aún más aguda cuando el orbe de Marte tocase, con menos de dos grados, el orbe del Marte natal. En este punto el problema que había sido evitado hasta entonces, hará que la pareja se enfrente. Él o ella, en respuesta a la restricción de Marte

Figura 36—EXPANSIÓN
Aquí el astrólogo, cabalista o practicante de una tradición esotérica, cruza más allá de los límites de la percepción física para observar los procesos que gobiernan el sino. Con este conocimiento puede prepararse para los momentos duros, sacar partido de los tránsitos favorables y convertirse en el maestro de su propio sino. Esto lleva a la cuestión de cuál es su destino, ya que saber quién y qué eres es la clave para conocer tu misión, no sólo en esta vida, sino también en las pasadas y en las futuras. Los individuos sabios recuerdan y practican en esta encarnación para lo venidero. (Grabado en madera, siglo XVI).

y a su sentido de justicia o injusticia, rompería la tensión sacando el asunto a la luz. Si el hombre fuera de carácter inferior, es decir, si estuviera gobernado por su Ascendente, su Luna o por su Sol físico, el resultado sería, o bien un arrebato emocional violento e indisciplinado, o bien una represión excesivamente controlada de la verdad acerca de la situación, con la que buscaría, acorde al compromiso del Libra, complacerse y evitar los problemas de la relación. Si la esposa también mantuviese esta última posición, entonces el matrimonio continuaría, en cierto modo, como una asociación de conveniencia y mentiras porque la oportunidad para la integridad, ofrecida por Marte, se habría perdido. Si tuviera lugar la confrontación, entonces ésta podría, o bien romper el matrimonio o bien, después de una corta explosión, volver al hábito, debido a la cobardía que produce el detrimento de Marte en Libra, y continuar con el compromiso de un modo de nuevo calmado. En cualquiera de los casos, una vez que la conjunción hubiera pasado y la decisión hubiera sido tomada (incluso una no-decisión es una decisión) la pauta para los próximos dos años quedaría ya establecida. Todo ello suponiendo que el marido y la mujer no tengan consciencia de su Ser, excepto por el hecho de que, en el momento crucial de la conjunción, ambos se dan cuenta ligeramente de que se encuentran ante una decisión fatal acerca de si romper o continuar con una relación desequilibrada. Es tan grande el poder del hábito que pocos hombres o mujeres que viven en función de su parte psicológica inferior hacen algo. Renuncian a la posibilidad del libre albedrío y por tanto permanecen atrapados en su *sino* hasta que las circunstancias externas precipiten otra crisis.

En el caso de hombres o mujeres en contacto con la parte superior de su psique, la situación es bastante distinta. Mientras que los eventos externos pueden ser los mismos e incluso todos los estados de ánimo y recuerdos idénticos, el manejo de la circunstancia sería percibido desde un punto de vista más profundo. En primer lugar, si tomamos al marido, él vería la situación como un aprendizaje. Se daría cuenta, incluso si no es consciente de la conjunción de Marte con su Marte natal ya que no todos aquellos que intentan evolucionar son astrólogos, de que se encuentra ante un momento importante. Sin embargo, vería su relación (e incluso su mala decisión producida en un momento de pasión) como un evento a través del cual podría aprender más acerca de sus propias debilidades, fortalezas y de la verdad acerca de su naturaleza. Al colocarse en el aventajado lugar de la tríada del alma y de la consciencia del Ser sería, como el Polonio de Shakespeare aconsejó, 'honesto consigo mismo' y por tanto incapaz de actuar de modo falso hacia ningún otro hombre o mujer. Esta es la única base posible para que pueda darse cualquier mejoría en el matrimonio, si es que éste ha de continuar. La apreciación relativamente objetiva de su propia composición temperamental traería consigo el conocimiento del carácter interior de su mujer y el verdadero significado de su relación, sin importar lo mala que ésta pudiera parecer en la superficie. Sería capaz, por ejemplo, de reconocer quizás su deseo de tener una figura materna o una hija suplente, para evitar así la responsabilidad de relacionarse con una mujer adulta en términos de igualdad. En otro caso quizás podría percibir cómo su mujer activa la peor parte de su tendencia a la indecisión, al tomar ella todas las iniciativas. En un momento de honestidad semejante, él podría, con voluntad consciente, resolver la situación y decidir cambiar el estatus quo, primero en sí mismo y luego en la relación. Si su mujer se opusiera a ello, quizás tendría que luchar (de nuevo una característica marcial) por su integridad. Hay mucha situaciones y combinaciones posibles en las que esto puede darse. Sin embargo, si él decidiera conscientemente actuar, entonces el futuro podría, a menos que él retornara a un estado inferior, cambiar para mejor el aspecto interior y consiguientemente el exterior de la relación, ya fuera hacia una intimidad mayor o hacia una separación llevada a cabo correctamente.

Como podrá percibirse, un evento semejante revelaría mucho acerca de una persona y de todos aquellos conectados emocionalmente a ella, porque cada miembro de su familia, amigos e incluso compañeros profesionales se vería afectado, en mayor o menor grado, por lo ocurrido en esa crisis. Así, se empieza a ver cómo las diversas vidas y *sinos* se entretejen. La implicación de esto es enorme. En primer lugar, además del auto-conocimiento, o conocimiento del Ser, adquirido durante estos eventos, tendría lugar una ligera alteración en el equilibrio de su círculo de personas. Uno sólo tiene que ser testigo de un divorcio o ruptura de una familia para darse cuenta de que su efecto va muchos más allá de su casa y hogar. Esta alteración puede reflejarse en un cambio en la situación social, a través de la cual la gente se reorganiza y se junta en nuevas relaciones, repitiendo sus patrones inevitables; o el cambio puede darse hacia un intento real de aprender y crecer más allá de los viejos hábitos limitantes. Si bien esto es inusual entre aquellos que anhelan el confort vegetal o desean ser el animal dominante, no es poco común entre aquellos que buscan ser verdaderamente humanos. La cualidad humana reside en el alma.

Esto es debido a que el alma contiene la prudencia de un Marte gentil y refinado y la compasión de un Júpiter disciplinado en combinación con un Sol honesto y clemente. Este estado de madurez sólo puede ser el resultado del trabajo consciente.

El trabajo consciente es la marca distintiva del hombre y de la mujer de cualidad superior. Significa percibir lo que realmente ocurre en cada situación y reconocer no sólo las motivaciones inconscientes de los otros, sino también las de uno mismo—es decir, hacer consciente lo inconsciente. Implica, por tanto, que uno tome la responsabilidad de sus propias acciones interiores y exteriores, cultivando lo bueno y útil, y desechando lo malo e innecesario. Esta actividad es llevada a cabo durante cada segundo, minuto y hora del día y de la noche, y durante todos los años. Cualquier desliz tiene como resultado a menudo una dura pérdida, ya que lo ganado psicológicamente, algo de lo que la mayoría de las personas comunes no son conscientes, se puede perder rápidamente, y lo que sería un error trivial para un hombre inferior no lo es para un hombre que está dedicado al trabajo de su alma. Por ejemplo, es habitual para la gente común el considerar como un derecho el llevarse a casa objetos procedentes de su lugar de trabajo. Una persona que esté intentando ser humana, en lugar de un hombre vegetal o animal, no puede hacerlo, ya que esto sería, lisa y llanamente, un robo que le conduciría a un tormento considerable en su conciencia, no debido al valor de objeto en sí, que pudiera ser tan trivial como el de un bote de pintura, sino porque el acto eclipsa la honestidad de sí mismo. Este es un caro precio a cambio del dudoso placer de conseguir algo a cambio de nada. Debe ser dicho aquí que bajo la ley universal uno no puede conseguir algo a cambio de nada. Esta es la justicia del principio Marcial. A alguien le puede ser concedido algo por la Gracia, pero este es un regalo del Cielo y no es lo mismo que aquello conseguido por mérito o demérito en la actuación física y psicológica de nuestras vidas. Esto nos lleva al principio de Júpiter en el alma, cuya generosidad permite el perdón, incluso a uno mismo, ante el fracaso o la insensatez.

De lo que hemos expuesto acerca del alma, puede percibirse que es posible modificar el karma, o la recompensa y el castigo psicológicos, acumulado en la vida temprana y en las vidas anteriores. El trabajo de la tríada emocional o moral, como es llamada en Cábala, se ocupa directamente de este tema, de tal modo que el individuo no tiene necesariamente que sumergirse en los eventos físicos y psicológicos de su *sino*, sino ser un observador imparcial que aprende acerca del juego de su vida. Muchos sabios espirituales a menudo hacen referencia a este lugar de observación. Como dijo uno de ellos, 'Debes ver la piedra y el oro, el fracaso y el éxito como lo mismo; trata a estas cosas como fenómenos del mundo físico y psicológico para ser usadas, pero no para atarte a ellas'. Esta indiferencia no es fría, sino que se basa en el punto de vista de alguien que se ha elevado por encima de su *sino* físico y psicológico, aunque seguramente haya atravesado acontecimientos que bien podrían truncar o destruir a la mayoría de la gente. La habilidad para llegar a este nivel se basa no sólo en las elecciones que momento a momento se toman para alcanzar la visión del hombre superior, sino también en una percepción arraigada en el aspecto más elevado del Sol, el cual tiene acceso directo al Mundo del Espíritu. Este tercer nivel Solar sostiene una perspectiva cósmica sobre los eventos y la Creación. En el hombre, este es el lugar donde se entrelazan los hilos de la elección psicológica que van formando la cuerda del libre albedrío.

19. El Espíritu

El cuerpo físico habita en un lugar y un tiempo. Ocupa un área muy pequeña y está restringido a un campo de sensibilidad limitado. Su duración es muy efímera, ya que una gran parte de su composición está en decadencia y va siendo reemplazada, de tal modo que sólo unas pocas de sus células está presentes a lo largo de su vida entera. De hecho, lo que desde la percepción física parece ser sólido y permanente, es más bien lo opuesto. Se trata de una ilusión de la sustancia, al igual que lo es la forma de este libro, ya que sus átomos están continuamente desapareciendo y siendo reemplazados por otros átomos que forman las moléculas y fibras de estas páginas. La escala temporal relativamente lenta del ojo no puede percibir la secuencia oscilante entre el algo y la nada, por lo que el libro aparece como algo presente. Se trata de algo similar a los fotogramas estáticos pero continuos de una película, los cuales le dan la apariencia de movimiento.

El cuerpo sutil de un individuo es aparentemente menos sustancial pero de hecho más estable, ya que los cambios que ocurren en él son muy graduales en comparación con el metabolismo del cuerpo carnal. En términos generales, para la mayoría de la gente sólo se da un pequeño cambio a lo largo de la vida, de modo tal que su estado psicológico no crece mucho más allá del que tenía al nacer. Prueba de ello puede verse en cualquier anciano, cuando el niño esencial, tan largamente encerrado bajo la máscara adquirida de una personalidad social sofisticada, emerge de nuevo con su verdadera inmadurez. Esto ocurre, en términos astrológicos, cuando la parte inferior de la psique comienza a perder su poder, cuando la lucidez y la memoria de Mercurio y la vitalidad de Venus se desvanecen a medida que se entra en la etapa terminal de la vida. En este punto, el principio de la Luna en el interior de la persona se atenúa, y el Sol escondido y el nivel verdadero de la persona empieza a brillar. Todo ello indica que poco trabajo consciente ha sido llevado a cabo y que la evolución del organismo psicológico ha sido abandonada al inconsciente. Las lecciones de la vida que han podido penetrar hasta el alma durmiente

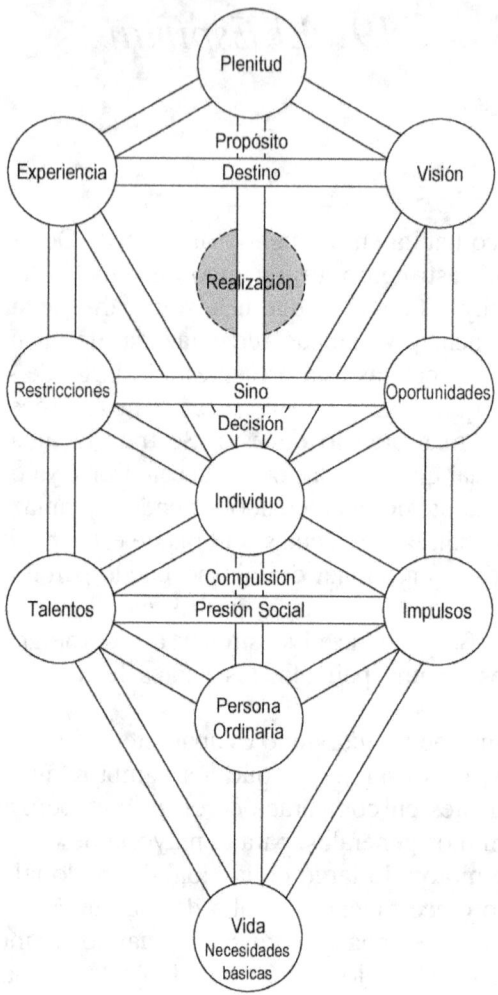

Figura 37—OPCIONES
Después de satisfacer las necesidades básicas de la vida y de encontrar un lugar en la sociedad, uno puede desarrollar sus propios talentos y dirigir su fuerza para elevarse por encima de las presiones sociales, siendo una persona animal compulsiva que empieza a convertirse en alguien verdaderamente humano. Desde esta posición se pueden tomar decisiones que cambien la vida, al reconocer las restricciones y las oportunidades. Éstas pueden hacer más profundas las cualidades del sino, expandiendo a través de la experiencia y de la visión la consciencia del potencial que yace en la carta astral y llevándolo a cabo en la vida de uno. Entonces el propósito y la plenitud de esta encarnación estarán completos. (Halevi).

El Espíritu

han sido aprendidas indirectamente. El alma es el receptáculo de la consciencia psicológica del Ser. Es el lugar donde se da la alquimia interna del metabolismo psicológico. Cuando se trabaja en este nivel, ocurren cambios sutiles y, al igual que sucede en el nivel metabólico del cuerpo físico, estos cambios vienen acompañados de una sensación de enfermedad o de bienestar. Sin embargo, la escala temporal del alma no está limitada a un ritmo diario o mensual, sino que se ve afectada por los periodos del Sol, Marte y Júpiter, de tal modo que la alternancia entre expansión y constricción se experimenta a lo largo de varios años, durante los cuales tienen lugar momentos cruciales a medida que estos planetas entran en aspecto entre sí y el Sol va arrojando luz acerca de la verdad de la experiencia vivida. Todo este trabajo de purgatorio Marcial y paraíso Jovial purifica y clarifica el alma durante el periodo de encarnación, cuando ésta, bajo la máxima presión de la existencia física, puede recibir todas las causas y efectos de los cuatro Mundos presentes en la persona encarnada. Esto brinda al individuo la oportunidad única de percibir cosas que no podría experimentar si viviera sólo en los Mundos superiores. El mecanismo operacional que subyace tras esta afirmación, como se recordará, es la interpenetración del espíritu en la psique y de la psique en el cuerpo. Ahora bien, cuando el proceso de ascensión y evolución comienza, en sentido inverso al proceso creativo del descenso hacia la materia a través de los cuatro Mundos, el ser empieza a elevarse a través de los distintos niveles de consciencia. Primero el individuo se hace consciente de su cuerpo o Ascendente, después del nivel vegetal de la Luna y luego del nivel animal del Sol. Al tratar de convertirse en un ser humano verdadero con consciencia y con un código de conducta interna (lo que no debe ser confundido con la moralidad social convencional), el alma va lentamente abriendo la puerta del más allá del Mundo físico, a través de la psique, hacia el reino del espíritu.

El reino del espíritu es el Mundo de la Creación. Es el nivel cósmico de existencia que es más vasto y menos tangible pero más potente que el Mundo psicológico. Ciertamente se podría decir que el cuerpo es a la psique en proporción, materialidad y energía, lo que la sustancia y vitalidad de la psique es al espíritu. Entendiéndolo a través de una analogía, es la diferencia que existe entre el mar y el cielo. Las aguas del nivel inferior fluyen por doquier, pero se mantienen adheridas a la tierra, mientras que el aire del nivel superior flota de una forma más libre en el espacio. Así, mientras que la psique toma la forma que fue vertida en el nacimiento, el espíritu se encuentra más allá de los

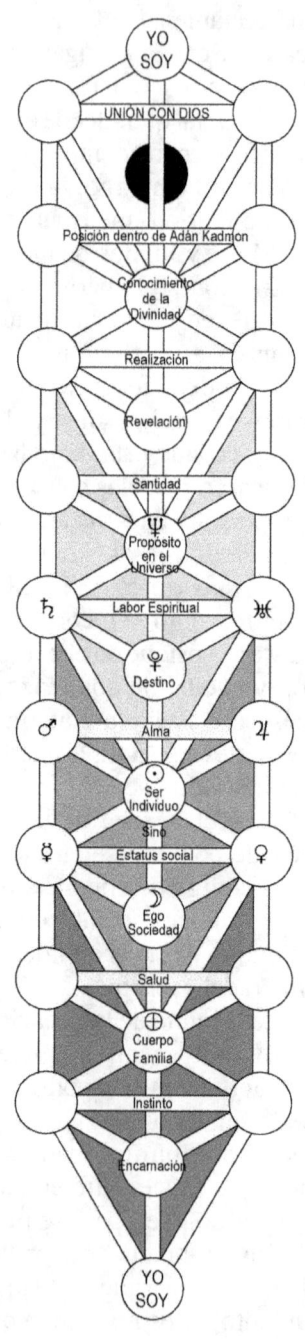

confines de la cristalización terrenal. Según esto puede verse que la función del alma es la de ser intermediaria entre el espíritu, la psique y el cuerpo. Esto se consigue a través del foco del Sol, el cual está en el centro del Árbol psicológico. El punto de entrada en el reino del espíritu está en la elevación o conversión del Sol psicológico en el tercer aspecto, o cósmico, de la esencia Solar del individuo. El acceso a través del Sol espiritual, como puede verse en el esquema cabalístico de los Árboles interconectados del cuerpo, la psique y el espíritu, se encuentra en la *sefirah* más baja del Mundo de la Creación.

El Mundo de la Creación es exactamente lo que su nombre indica. Es el lugar donde todo es creado, es decir, emanado de la Eternidad hacia el Tiempo y donde todo comienza a desplegar su *destino* y propósito. Su escala es universal, por lo que cualquier atisbo de este Mundo tiene un carácter cósmico. Hay muchos ejemplos de este tipo de visión, siendo quizás la más famosa el Apocalipsis de San Juan al final del Nuevo Testamento, en el que le es mostrado, de modo alegórico, el Final del Mundo. Menos conocido es el hebreo Libro de Enoch, en el que a un rabino se le revelan, en una visión cósmica, todas las generaciones de la humanidad y su historia. La escala temporal de este nivel es inmensa. Tomemos, por ejemplo, los profetas del Antiguo Testamento que se especializaron en esta visión cósmica. La visión de algunos tuvo un alance de hasta cientos de años, llegando incluso a ver la caída de Grecia, Roma o Persia. Sin embargo, estas son visiones relativamente cortas en comparación con lo que Buda o Mahoma percibieron en sus momentos de consciencia cósmica. Se dice que Moisés atisbó el lado oculto de la Eternidad, más allá del Tiempo, pero este es el Mundo que está por encima de la Creación, es decir, el de la Divinidad. Visto astrológicamente y cabalísticamente, la gran tríada compuesta por Saturno, Urano y el Sol comprende la parte del Mundo del espíritu y la Creación que se encuentra en el interior del

---

Figura 38—ASCENSO
Esta Escalera establece el camino del que se habla en todas las tradiciones espirituales. La astrología puede ser la puerta hacia los Mundos superiores si se toma como una disciplina esotérica y no como un simple modo de análisis y de aceptación pasiva. Subir por esta Escalera requiere mucho esfuerzo, pero también lo requiere cualquier tipo de ocupación mundana. Las personas con cartas astrales fáciles podrían estar en desventaja porque esto las hace más perezosas, mientras que los individuos con horóscopos difíciles pueden ser estimulados por la dificultad. La Providencia diseña cada sino para que cuadre con la necesidad de la persona; si ésta quiere sacar provecho de ello o no, es su decisión. (Halevi).

ser humano encarnado. La razón de ello es la siguiente. El Sol, como hemos visto, es el pivote del Ser. Es el factor iluminador, la unión entre todos los demás principios planetarios. Es el vínculo que la humanidad sostiene con las estrellas y la Vía Láctea, la cual pertenece al nivel cósmico de la Existencia. Por lo tanto es a través del Sol como una persona tiene contacto íntimo con estos Mundos superiores. Esta es la razón por la que el Sol es tan importante en un horóscopo, ya que contiene el núcleo espiritual de su naturaleza.

El planeta Saturno, con su lento periodo, es el definidor de la forma de la vida. Es el principio que se ocupa de organizar la experiencia según el entendimiento, a medida que el lento proceso de la razón percibe, a través de los años, el patrón que ha tenido lugar a lo largo de la vida. Como principio reflexivo, interpreta, observando en retrospectiva al Sol y a los planetas inferiores, el significado de este o aquel evento, reevaluando, en concordancia a sus ciclos de treinta años, la progresión de la vida. Al ser el planeta más alejado que puede verse a simple vista, representa la mayor escala de tiempo en la que un ser humano puede comprender algo más grande que su propia experiencia. En la Antigüedad, Saturno no sólo era visto como Cronos, o el dios del Tiempo, sino que se le conocía como el Vigilante del Umbral. Este título era un reconocimiento a la custodia que el planeta llevaba a cabo en el límite entre el Mundo natural y el sobrenatural. Esto significa que el principio de Saturno en la psique es el límite que una persona bien desarrollada a nivel psicológico, no espiritual, puede alcanzar pero no puede atravesar. Hay muchos ejemplos en la historia en los que los más cultos eruditos e incluso grandes pensadores se topan con una barrera que su intelecto no puede cruzar, ya que su razonamiento se queda corto. Aquí es donde Urano entra en juego.

Urano representa la función intelectual de la revelación. Es el planeta del momento de inspiración. Como esta palabra indica, es un momento de captación del Espíritu, cuya raíz hebrea *Ruah* también significa 'Viento' o 'Aire'. Éste, según algunos cabalistas, es el elemento simbólico del Mundo de la Creación. Esto implica que el principio de Urano permite acceder a los procesos creativos activos de tal modo que, en momentos de revelación, la persona percibe visiones acerca del funcionamiento real de la Creación, muy diferentes de la especulación razonada y reflexiva de Saturno acerca de sus sistemas. La escala de esta visión es cósmica pero también dinámica, como puede observarse en los flashes de genialidad y la enorme cantidad de poder creativo que otorga al receptor. Para alguien no preparado o desequilibrado, este influjo de Urano puede ser desastroso. Por ello, antes de que a alguien se le permita entrar conscientemente en este reino, debe haber adquirido cuidadosamente mucha teoría y práctica para ser capaz de hacer frente a cualquier experiencia cósmica o espiritual que pueda tener lugar en el día o en la noche, o durante algún aspecto primordial de Saturno o Urano.

Situado en el centro del triángulo espiritual se encuentra el planeta Plutón. Este planeta enano de órbita excéntrica es uno de los cuerpos más remotos del Sistema Solar. Representa, en este esquema, el punto de transición entre el Sistema Solar y la Vía Láctea. Como tal, se cree que su órbita actúa como un transformador de la energía y la sustancia que fluyen hacia dentro y fuera del Sistema Solar. Este mismo principio opera dentro de la psique humana. Mientras que Neptuno, el planeta entre Urano y Plutón, se ocupa del límite más lejano de los ritmos planetarios regulares, Plutón no se encuentra bajo el mismo conjunto de leyes y armonías. Como hemos dicho, su órbita es muy diferente a las de los otros planetas, ya que ocasionalmente deambula hacia el interior de la órbita de Neptuno y su trayectoria tiene una inclinación muy superior a las de los otros planos planetarios. Se ha sugerido que, de hecho, no pertenece al Sistema Solar y, si la Providencia es tan buena organizadora como para hacer que dos personas se encuentren como si se tratara de una casualidad, entonces podemos creer que la extraña relación de Plutón con el Sistema Solar no es accidental tampoco, sino que se debe a una función cósmica muy precisa. Todo lo que puede decirse es que la especulación sugiere que se trata de un vínculo crucial entre el Sistema Solar y lo que yace más allá de él. En términos humanos esto significa que Plutón trae consigo cambios interiores profundos, algo que es apoyado por la observación astrológica. Por tanto tenemos, en este complejo formado por el Sol, Saturno, Urano y Putón, una dimensión cósmica dentro de las profundidades de la psique. Esta dimensión cósmica para la mayoría de la humanidad es una posibilidad potencial dentro del inconsciente colectivo, el cual opera en la astrología mundana a través de la mente de una nación y su *destino*. Sin embargo, aquí estamos considerando este principio en relación al individuo en desarrollo y su posibilidad de hacer contacto con este nivel dentro de sí mismo.

Cuando una persona que ha estado trabajando sobre su alma alcanza un cierto punto, comienza a percibir que su propia naturaleza y la de aquellos que están trabajando a nivel del alma, va poco a poco construyendo una imagen de lo que su *sino* implica. Se le va haciendo más y más evidente que cada vida no es una configuración azarosa, sino una pieza cuidadosamente pensada dentro de un gran puzle que, para la mente del ego, es imposible ver. Como dice un proverbio, '¿Cómo puede una rana saber lo que es el océano?'. Este puzle es, inicialmente, percibido sólo en fragmentos con grandes vacíos intermedios. Pero poco a poco el gran esquema total se va sintiendo, aunque sea vagamente, a través de la reflexión de Saturno, el destello de Urano o la transformación no manifiesta de Plutón, la cual lentamente va alterando la visión que el individuo tiene del Mundo. Poco a poco, la historia adquiere un nuevo significado y los eventos personales nueva profundidad, a medida que se revelan conexiones sutiles entre remotos lugares, épocas y personas. Al principio este maravilloso despertar de las viejas memorias es fascinante en sí mismo y luego sus implicaciones se vuelven cada vez más y más asombrosas a medida que la persona en evolución ve que ha sido parte durante muchas vidas de un vasto juego cósmico en el que participa, o bien como un peón inconsciente o como un consciente caballero, alfil o incluso Reina o Rey, tal y como algunas personas han llegado a realizar a lo largo de la historia. La comprensión de esta dimensión saca a relucir la cuestión de la elección; pero una elección de orden mayor, en la que se considera el verdadero significado del libre albedrío. Un clásico ejemplo fue el dilema que tuvo Cristo al ver que tenía que jugar un papel concreto para que un nuevo impulso espiritual pudiese entrar en Occidente. Si bien sólo unos pocos son llamados a llevar a cabo un papel histórico tan importante, todos nosotros, sin embargo, tenemos algún tipo de labor que desarrollar en el *destino* cósmico. Pero antes de que podamos contemplar cuál pudiera ser éste, tenemos que examinar el concepto del libre albedrío, o la libertad de voluntad, bajo la luz de la eterna lucha entre el bien y el mal y entre el orden y el caos.

20. El Mal, el Libre Albedrío y el Cosmos

Según la tradición Cabalística, el mal comienza con la Creación. Anteriormente sólo existía la Divinidad perfecta y el Mundo no cambiante de la Emanación directa de la Deidad. Pero con el emerger de la Existencia del Mundo de la Creación, llega la primera separación. Esto se debe a que la Creación se diferencia de la Divinidad en que es un reflejo de los aspectos emanados de la Deidad. Como tal, está, hasta cierto grado, separada de la presencia directa de Dios y es, por lo tanto, imperfecta. Ahora bien, el mito bíblico manifiesta que si bien los arcángeles y ángeles tienen poderes extraordinarios, no disponen de libertad de voluntad. Esto se debe a que estos habitantes de los Mundos superiores son seres incompletos. El simple hecho de que todos sus nombres terminan con la sílaba 'el' —como Miguel, Gabriel y Haniel— indica que sirven a la voluntad de Dios y que están bajo su dirección. Sólo el hombre, dicen, tiene la opción del libre albedrío. Observemos los antecedentes de este fenómeno único.

Antes de que el hombre fuera creado, según narra la leyenda bíblica, el Universo llegó a la existencia a través de una serie de etapas. Primero el Cielo y la Tierra fueron creados, es decir, aquello que está arriba y aquello que está abajo, o los dos polos del Espíritu y la Materia. En este punto, narra la Biblia, la Tierra era vacía y sin forma, es decir, todavía era una realidad incompleta. La Luz fue evocada al emanar la voluntad de Dios desde el mundo Divino. La Luz fue entonces dividida en el día y la noche, o en los lados activo y pasivo de la Creación, estando la Voluntad Divina en el pilar central del equilibrio. Habiéndose organizado los tres pilares según los dos polos y el eje central, la estructura de la Creación fue entonces colmada con el firmamento o macrocosmos, con sus aguas, desiertos, prados, vegetaciones, estaciones y días, con estrellas y luminarias grandes y pequeñas. Después, los peces del mar y las aves del cielo, o los ángeles y arcángeles, fueron creados y asignados a las partes superiores e inferiores de los Mundos más altos. En el sexto día Dios creó las bestias de la Tierra, es decir aquellas criaturas que finalmente vivirían en los Mundos inferiores, pero que en este punto aún no

Figura 39—OPOSICIÓN
En el transcurso de la evolución siempre hay resistencia. Cuando alguien comienza a subir por la escalera de la Evolución, ciertos factores de la vida o del interior de la Naturaleza de la persona surgirán para oponerse al desarrollo. En la astrología hay atributos negativos para cada signo o cuerpo celeste. La sombra de Mercurio puede ser la enfermedad, lo exactamente opuesto al Sanador Mercurial. El aspecto oscuro de Venus es la lujuria mientras que el de Marte es la ira y el de Júpiter la prodigalidad. Las aflicciones de Saturno y de Urano son la rigidez y el comportamiento errático; las de Neptuno y Plutón son la desilusión y la auto-destrucción. El lado negativo del Sol y de la Luna son el orgullo y el comportamiento lunático. (Grabado en madera, siglo XVI).

habían sido formadas ni manifestadas. Por último Dios creó a Adán según su propia imagen, antes de descansar en el séptimo y último día de la alegoría de la Octava Creativa.

La creación del hombre al final de este proceso es considerada como algo altamente significativo. En primer lugar, significa que el hombre contiene en sí todas las otras creaciones previas y sus experiencias y, en segundo lugar, que el hombre fue la única criatura completa, al haber sido hecho a imagen de su Creador, lo que incluye el privilegio Divino de tener libre albedrío.

Se dice que ninguna otra criatura excepto el hombre posee este privilegio. Los *Elyonim*, o aquellos que residen por encima, están tan limitados como los *Tahattonim*, o aquellos que residen por debajo. Esto significa que las inteligencias angelicales están tan confinadas a su energía y forma celestial como cualquier animal lo está al Mundo natural inferior. Sólo el hombre puede moverse libremente a través de todos los Mundos. Al menos este era su privilegio, hasta que ocurrió la Caída. La Caída fue precipitada por el encuentro entre el libre albedrío y el mal.

El mal no es algo que pueda apreciarse directamente. Hay muchos tipos diferentes de mal. En primer lugar está el simple principio de la separación de la fuente y su consiguiente libertad de acción adquirida, similar a la de un niño pequeño que se escapa de su padre para ejercer su individualidad. Un padre sabio permitirá a su hijo que lo haga, pero seguirá observándole, ya que el niño, debido a su inexperiencia, puede hacerse daño. Sin embargo, el niño, que fue creado por su padre, cuando adquiere mayor experiencia puede, a veces, llegar a rechazar el volver con su padre para seguir su propio camino y voluntad. Esta se dice que fue la opción que Lucifer, el más brillante de los arcángeles, tomó en relación a su Creador antes de que todas las huestes angélicas fueran colocadas directamente bajo la Voluntad de Dios. Sin embargo, incluso esta deserción sirvió a un propósito cósmico, como veremos más adelante. Las otras formas menores del mal son más mecánicas, como los procesos de decadencia y degeneración, los cuales son una parte necesaria de la Creación para que las situaciones redundantes se desintegren y desaparezcan. La operación de las aguas residuales es una analogía que ilustra lo que ocurre a nivel cósmico. Puede que ésta parezca ser una operación nociva y por tanto maligna en el Mundo pero es, de hecho, una necesidad absolutamente básica, como lo es la muerte que libera y da paso a nuevas posibilidades. El tercer tipo de mal es el Caos. Éste, según nos transmite la tradición, trata con los remanentes de las creaciones previas que fueron descartadas por Dios a medida que el Creador experimentaba con la Existencia. Supuestamente hubo al menos seis modelos anteriores a nuestro Universo presente. El efecto de estos componentes residuales es que, al tratarse de fuerzas y formas positivas y negativas sueltas, se convierten en huestes demoníacas que buscan atacar y, o bien entrar en la Creación y dominarla, o bien robar de ella y crear su propio Universo. Según la tradición, estas fuerzas son el Caos que se oponen al orden de la Creación.

Por lo tanto antes de que Adán y Eva aparecieran en el tercer Mundo sutil de la Formación, el mal ya existía. Con el don del libre albedrío, y la tentación consiguiente, esta pareja y sus actividades se convirtieron en un campo de batalla entre las huestes ordenadas de la Creación dinámica y los diversos demonios del Caos comandados por la inteligencia perversa de Lucifer, encarnado en el símbolo de la serpiente. Si bien los modernos pueden considerar estas historias como algo inocente o ingenuo, éstas contienen la esencia del dilema humano porque en la confrontación entre el libre albedrío y el mal se da el elemento del peligro tan vital y necesario para el crecimiento y la evolución.

Si el Universo estuviera totalmente bajo una Voluntad Divina que no permitiera el libre albedrío, sería algo absolutamente mecánico. Nada ocurriría a partir de un patrón y nada verdaderamente nuevo podría emerger o evolucionar. Por otro lado, si al Universo le estuviera permitido seguir su propio camino por completo, entonces comenzaría a degenerar rápidamente y a desintegrarse. En algún lugar intermedio entre el orden fijo y la flexibilidad absoluta se encuentra el equilibrio necesario para que se dé una Existencia en evolución pero estable. Aquí es donde Adán y Eva encajan en este esquema. En un lado están las fuerzas del Orden, en el otro las del Caos. Entremedias se encuentra el hombre, quien puede, por elección, equilibrar el punto de apoyo que se encuentra en movimiento dentro de las fluctuaciones de los procesos creativos en evolución.

Al igual que la vida de un individuo tiene buenos y malos momentos, la vida del Universo atraviesa épocas de tranquilidad o armonía y épocas de tensión o discordancia. Esto es debido a que el macrocosmos también va creciendo y madurando a medida que se mueve a través de su ciclo cósmico. Se dan, por ejemplo, periodos marcados en los que las fuerzas del Caos ejercen fuerte presión sobre el Orden cuando la Creación atraviesa un estado de transición vulnerable, algo similar a cuando un adolescente pasa por un periodo de confusión al dejar atrás su niñez. Hay otros momentos en la historia cósmica en los que el equilibrio entre el Orden y el Caos es estable y nada parece ocurrir hasta que se da un énfasis hacia uno de los lados. Igualmente, hay periodos de rápida expansión cuando la Creación, tras haber pasado por una fase de disolución o infertilidad, experimenta un enorme impulso de crecimiento. Estos vastos eventos celestiales son, por supuesto, transmitidos por reverberación hacia el Mundo sutil y el Mundo físico de abajo, de tal modo que pueden ser percibidos, por ejemplo, en los periodos de grandes cambios en la Tierra como la Edad de Hielo a largo plazo, o en los cambios climatológicos con prolongadas sequías o inundaciones a corto plazo. En el nivel humano pueden verse en las épocas históricas de boom económico o de recesión y en el florecimiento y la decadencia de las grandes civilizaciones.

Desde un punto de vista astrológico, los planetas Saturno, Urano y Plutón, asociados con el espacio insondable y el Mundo del Espíritu, son considerados como los instrumentos cósmicos del cambio. Saturno, el planeta de la progresión lenta y ordenada, es el guía de la modificación gradual, mientras que Urano, el planeta de la revelación, es el principio de las transiciones súbitas y revolucionarias. Ambos planetas se equilibran u oponen entre sí, dependiendo de sus aspectos mutuos y de su relación en el Zodíaco. Se dice, por ejemplo, que en el verano de 1976 cuando Saturno estaba en Leo, el signo del despotismo imperial, y en cuadratura a Urano en Escorpio, el signo de las fuerzas ocultas, de la muerte y el legado del pasado, tuvo lugar el cambio más extraordinario en África. Rodesia, que hasta entonces había tenido un sistema de gobierno formado por la minoría blanca, de pronto admitió el principio de gobierno de la mayoría negra. Al mismo tiempo, grandes revueltas tenían lugar en Sudáfrica, donde la población negra dominada por los blancos siempre había sido tradicionalmente conformista hasta entonces. Aunque estos eventos en sí mismos puedan parecer locales, sus implicaciones históricas fueron globales en cuanto a la actitud de las gentes de todo el mundo hacia los demás, tratándose como seres humanos. La era colonial que había durado varios cientos de años estaba definitivamente llegando a su fin. El desequilibrio generado por la situación dominante y servil entre las poblaciones y los individuos estaba siendo corregido por la búsqueda de la justicia y de la dignidad humana. Este proceso de evolución, durante el mismo periodo, estaba operando simultáneamente en todo el mundo, desde los disidentes de Rusia luchando contra su sistema político represivo, hasta los indios americanos que buscaban asegurar sus derechos como ciudadanos de los Estados Unidos. Simultáneamente, elementos extremamente

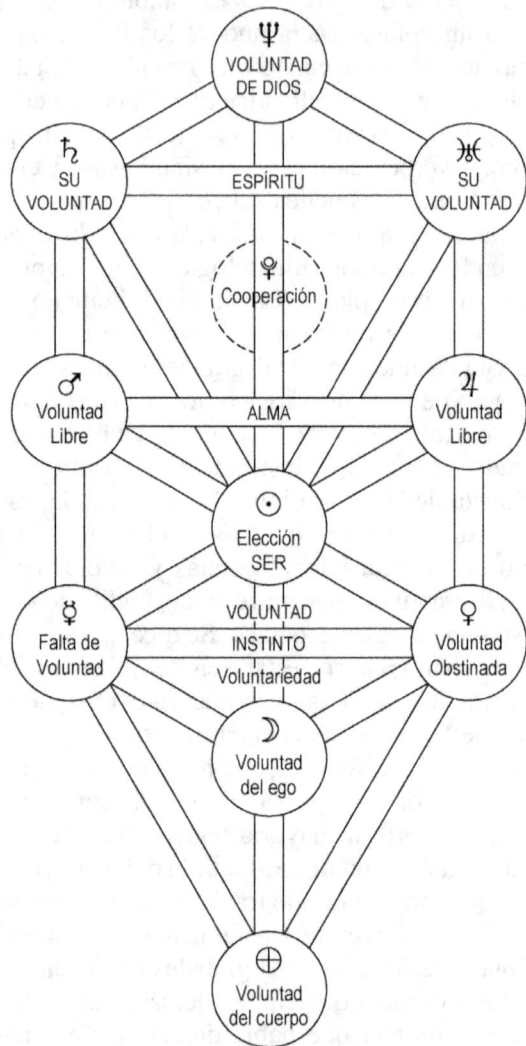

Figura 40 — LIBRE ALBEDRÍO
Este es un elemento de mayor importancia en la evolución personal. Uno tiene que lidiar con los instintos del cuerpo, con el condicionamiento del ego, con la falta de voluntad de los planetas del lado pasivo izquierdo y con la obstinación de los planetas activos. Para superar todo esto, uno tiene que volverse voluntarioso, es decir, receptivo, para adquirir el nivel de voluntad animal que después puede ser transformada en una 'voluntad libre' bajo el dominio del alma. Entonces es posible someter el sino personal al servicio del universo y del Espíritu para así cooperar con la VOLUNTAD DIVINA. (Halevi).

demoníacos aprovecharon el desequilibrio para incrementar el Caos con innecesaria violencia y guerras enfurecidas contra el Orden.

Plutón, el planeta oculto del cambio profundo, se ocupa directamente de los temas del espíritu. Su principio de transformación invisible opera más allá de la influencia de Urano y Saturno. Entre estos dos defensores de la fuerza revolucionaria y de la forma conservadora pueden surgir muchas combinaciones diferentes. A veces, por seguir con nuestro ejemplo del cambio político, el mal utiliza el efecto de Saturno para detener el desarrollo y retrasar el crecimiento de una forma represiva. A veces, un Urano excesivamente activo precipita el cambio de un modo tan rápido que conmociona y perturba el orden, el cual no puede incorporar un cambio tan grande, por lo que la sociedad al completo se colapsa, como ocurrió a comienzos de la revolución rusa. Plutón, como interventor subyacente que corrige y continúa con la transformación a pesar de la acción refrenadora de Saturno o la función aceleradora de Urano, actúa como el conocimiento inherente que ayuda a una nación a superar sus traumas más difíciles.

A escala individual, el principio de Plutón es el movimiento profundo que ocurre dentro de una persona que continúa progresando en el espíritu a pesar de los periódicos avances o retrocesos y de las largas temporadas en las que nada parece ocurrir. Es la conexión cósmica que permite que la batalla entre el bien y el mal ayude al proceso de evolución a avanzar en la Tierra y en la humanidad, a pesar de las aparentes resoluciones y disoluciones de las condiciones globales y de las suertes humanas, tanto a nivel colectivo como individual.

Volviendo al mito de Adán y Eva, podemos empezar ahora, quizás, a percibir el rol crucial que juega la consciencia del libre albedrío. La historia bíblica nos cuenta que podían hacer más o menos lo que quisieran. Una de las cosas que no debían hacer, sin embargo, era comer del Árbol del Conocimiento. Esto les colocaba, a imagen de su Hacedor, en la posición única de tener que elegir. Ahora bien, este Adán y Eva no eran el Adán del Mundo de la Creación, sino las almas masculina y femenina divididas en el Mundo de la Formación. Si se lee el primer capítulo del Génesis cuidadosamente, se observará que el proceso por el que Eva llegó a la existencia fue el de formación, no de creación. El texto hebreo es muy explícito en esto. Esto significa que los arquetipos de los principios separados masculino y femenino existían en el Mundo psicológico, pero no en el Mundo espiritual.

El Árbol del Conocimiento, en medio del Jardín del Edén, era el punto de acceso al Mundo de la Creación y cuando comieron de él su visión de la Existencia cambió profundamente. El ejercicio del libre albedrío tiene esta cualidad. Con la responsabilidad del libre albedrío, el Adán y Eva y psicológicos comenzaron a ver con el Conocimiento del Espíritu. De pronto ya no eran niños inocentes del Jardín de las Formas, sino que tenían acceso a los poderes del Mundo de la Creación. Esta situación les llevó a ser rápidamente expulsados por Dios el Señor, por el bien del Universo, hacia un Mundo por debajo, en el que estarían bajo la restricción de las estrictas leyes del plano físico y en el que tendrían que llevar abrigos de piel para que no pudieran alcanzar y tomar del Árbol de la Vida o del Mundo Divino y convertirse en 'uno de nosotros', o Elohim Divino, como dice el texto. El don del libre albedrío aún permanecería con ellos, a pesar de encontrarse obviamente limitados en su percepción, al vivir en el Mundo Natural. Esta situación reside aún dentro de nosotros, quienes estamos hoy encarnados.

El significado completo de esta analogía bíblica es que si bien un ser humano puede nacer en esta o aquella circunstancia, aún contiene en sí el don de poder elegir una cosa u otra para sí. Este privilegio tormentoso, como ha sido llamado muchas veces, es muy rara vez ejercido por completo, ya que la primera elección que toman la mayoría de las personas, es la de no utilizarlo y no hacerse responsables de sus propias vidas. En su lugar, optan por vivir bajo los diferentes estados del Ascendente, la Luna o el Sol físico. Aquellos que desean ascender más allá de las leyes naturales limitadoras del hábito colectivo comienzan por desarrollar su voluntad individual para ser capaces de tomar el gobierno de sus vidas. El siguiente paso consiste en elevarse por encima del encapsulamiento del *sino* planetario. El nivel planetario de la Existencia es paralelo al mítico Jardín del Edén, donde el trabajo de Adán y Eva consiste en ser jardineros del Mundo sutil. Como tales, ellos y cualquier otro ser humano que haya alcanzado este nivel psicológico, pueden experimentar los placeres del Paraíso o los sufrimientos del Purgatorio, según sea su desempeño a nivel individual. Sin embargo, al haber probado Adán y Eva el Conocimiento, éste queda ahora embebido dentro del ser humano, y la implicación con el Mundo de la Creación no puede ser negada, por lo que es posible, para una persona desarrollada espiritualmente, elevarse por encima de su *sino* y entrar en el Mundo de la Creación, participando así en el drama cósmico y asistiendo conscientemente en la gran batalla entre el Orden y el Caos. Este ejercicio de libertad de voluntad puede, a través del principio de Plutón en el interior de la persona, o a través del espejo oscuro de la consciencia visionaria, llevar a la percepción del profundo y vasto panorama de la situación cósmica. Con frecuencia este nivel de comprensión actúa en eventos interiores y exteriores significativos del *sino* del individuo, en los que la confrontación entre el bien y el mal se presenta en términos simbólicos y reales, como los cuarenta días de Cristo en el desierto con Satanás. Es elección del hombre el trabajar para una u otra parte del juego cósmico.

La tradición cabalística dice que todo lo que hacemos contribuye hacia un lado u otro de la batalla cósmica, y que sólo la raza humana tiene la habilidad de influir sobre el equilibrio cósmico desde un plano inferior. Así, una persona puede, siguiendo un acto de libre voluntad, afectar individualmente los esfuerzos de los ángeles y los demonios. Ahora bien, como hemos visto, esto sólo puede ser dicho en términos generales de aquellas personas que están esforzándose por ser verdaderos individuos, ya que quienes viven en función de su Ascendente, su Luna o su Sol físico están, en su mayoría, moviéndose inconscientemente según las fluctuaciones de las mareas celestiales, al igual que las algas en el mar y las criaturas de las orillas. Sin embargo, incluso estas personas, en sus momentos periódicos de despertar psicológico y espiritual, pueden tener un efecto sobre la batalla, como de hecho ha ocurrido a veces en un acto de valentía física o moral individual, o en el sacrificio llevado a cabo por alguien que normalmente nunca se habría salido del patrón habitual de una situación. Juana de Arco y Guillermo Tell fueron personas de este tipo. Para la persona que está conscientemente intentando ver el mundo desde el punto de vista cósmico, la situación usualmente implica actuar en contra de lo que el mundo ordinario a gran escala piensa y hace. Estas personas a menudo tienen que llevar a cabo, en conexión con los eventos en los Mundos superiores invisibles, hechos históricos extraños en la Tierra para producir un cambio que tendrá un profundo y largo efecto en los Mundos inferiores, incluso hasta siglos después. Moisés y Cristo son ejemplos de esto. Por lo tanto, cualquiera que lo desee puede empezar a realizar su *destino* tomando, en mayor o menor grado, la oportunidad de ejercer un efecto sobre el equilibrio cósmico entre el Orden y el Caos para así contribuir a la evolución del Universo. Estas oportunidades son provistas en la vida de todos por el Cielo o por el Mundo de la Creación, el cual diseña en cada *sino* los momentos ya mencionados de crisis física, psicológica o emocional, de tal modo que a nadie se le prive de su oportunidad de participar. Examinaremos esta operación de la Providencia con detalle a continuación.

21. Providencia

La Providencia se origina en el nivel cósmico del Mundo de la Creación. Es la provisión de todo aquello que se necesita en un momento y lugar concretos. Hay dos razones principales por las que esto es posible. La primera es que el nivel espiritual tiene el poder de crear condiciones en los Mundos inferiores y la segunda es que este Mundo es el que está a cargo del Tiempo.

Como recordaremos, el Mundo de la Emanación Divina es perfecto y está colmado de Tiempo, es decir, todo lo que ha de ser traído a la existencia no ha sido manifestado pero ya es completo porque existe en la eternidad. Sin embargo, sólo cuando el proceso creativo comienza, el potencial empieza a hacerse real. En el Mundo de la Creación esto se manifiesta en el despliegue del *destino* de cada cosa más allá de la Eternidad Inmutable, ya se trate de un arcángel, una galaxia, una estrella, una piedra o un hombre. Aquí, aquello que es llamado por la Divinidad comienza su descenso hacia el Mundo en el que cumplirá con su propósito. Algunos seres o cosas sólo pueden descender un Mundo, otros dos y otros incluso tres hasta llegar a existir en el reino físico de la acción y de los elementos. Por lo tanto, podemos ver una secuencia creativa que se extiende inicialmente desde el Mundo de la Emanación para que después se cree y forme el cosmos, el cual va lentamente siendo habitado por seres, algunos de los cuales viven exclusivamente en los Mundos superiores y otros exclusivamente en los inferiores, estando la humanidad flotando entre ambos. Esta secuencia tiene un orden temporal organizado de tal modo que ningún evento ocurre antes de que su preparación haya sido completada y su resultado haya sido calculado para afectar a otros eventos consiguientes en el gran diseño. Esta es la esencia del Tiempo.

El plan general de la Creación, según se nos ha transmitido, ha sido elaborado y calculado. Su diseño fue concebido para que la Voluntad de Dios fuese realizada. Sin embargo, si bien el flujo de tiempo y eventos a gran escala está organizado, los detalles, particularmente los relativos a la humanidad, no lo están. En primer lugar, el despliegue de las secuencias atraviesa, como hemos visto, momentos cruciales cuando la progresión se mueve muy lentamente o cuando se despliega muy rápidamente. En estos periodos el equilibrio general está desajustado y por lo tanto es susceptible de ser asaltado por las fuerzas del Caos. Sin embargo, tales épocas son vitales, porque usualmente están ligadas a momentos críticos de cambio o a cambios que no pueden ocurrir durante los periodos de velocidad constante. Se trata de algo similar al cambio de cualidad que puede darse en una relación humana. Durante los periodos ordinarios no ocurre mucho pero cuando los eventos se vuelven muy lentos o muy rápidos, cosas que no se habrían dicho o que no habrían podido ocurrir durante los periodos de dirección constante, pueden ser ahora dichas o hechas.

Esta es una de las funciones de las crisis. Al igual ocurre con la Creación y el Tiempo, donde todo tiene su momento y sus puntos críticos. La función general de la Providencia consiste en proveer los factores equilibradores o desestabilizadores que corrijan o cambien el curso mecánico de los eventos que tienden a dirigirse hacia estados desequilibrados, hacia arriba o hacia abajo, cuando han sido abandonados a sí mismos. La Tradición dice que hay un conjunto de inteligencias arcangélicas que supervisan estas cuestiones. Estas inteligencias son llamadas los *Irin* en hebreo, los *Gregori* en griego, los *Watchers* en inglés o los *Observadores* en castellano. Su función es la de supervisar eventos y asegurarse de que nada funcione mal en la Creación porque, como hemos de recordar, la imperfección o el mal comienza en el proceso creativo, por lo que muy pequeñas faltas en el nivel cósmico pueden multiplicarse hasta convertirse en grandes desastres en los Mundos inferiores.

Ahora bien, mientras que el plan cósmico general se despliega para crear, formar y hacer las galaxias, los soles, los planetas y la naturaleza física, los detalles quedan abiertos. Sin embargo, estos detalles están confinados por las leyes de los Mundos inferiores a un cierto número de opciones que son expresadas por la variación de las estrellas, los planetas y las formas naturales. Sin embargo, mientras que estas formas naturales son de una amplia variedad, están siempre arraigadas en un patrón básico de su especie. Por ejemplo, hay muchas clases de pájaros pero todos los pájaros se fundan en el mismo modelo y cada especie, sea cual sea su tamaño y proporción, siempre se conforma al esqueleto y a los órganos del pájaro arquetípico. Ocurre igual con las estrellas que siguen el patrón universal del proceso atómico, aunque sean de diferente tamaño, estado o composición. Esta libertad de detalle ha sido diseñada para permitir cierta flexibilidad en respuesta

Figura 41 — PROVIDENCIA
Esta imagen muestra los dos lados del sino. En la izquierda la mujer de los ojos vendados simboliza el dejarse a uno mismo totalmente a merced de las circunstancias y del clima cósmico general. La mujer de la derecha puede ver la configuración celestial en continuo cambio y ajustarse a ella en concordancia. Un astrólogo cabalístico toma en consideración cuándo actuar y cuándo no actuar en función de su sino y de la situación mundana. El conocimiento es poder; en este caso, acerca de cómo evitar el desastre o cómo sacar el máximo provecho hasta de los tránsitos o tendencias difíciles. Uno debe confiar en la Providencia pero también responder con inteligencia a todas las señales enviadas como guía. (Grabado medieval en madera).

a las fluctuaciones del gran diseño del Universo a medida que éste se mueve a través de las vicisitudes de la Creación y la Evolución—en el caso de la humanidad los límites son infinitamente más amplios por una razón bastante diferente.

La humanidad, según se nos ha transmitido, es única en cuanto a su capacidad de moverse a través de los tres Mundos inferiores de experiencia física, psicológica y espiritual. Es más, la raza humana, dondequiera que esté en el Universo (y hay buenas razones para creer que no somos los únicos seres humanos en el cosmos), tiene la opción de asistir o de inhibir a la Creación. Esto significa, en mayor o menor grado, que un individuo puede influir sobre su propia situación y sobre la general. Sin embargo, como hemos visto, sólo una pequeña parte de la raza humana ha desarrollado esta capacidad al completo. La mayoría de la gente está limitada por su propia elección a vivir dentro de la ley general de las grandes masas o de su *sino* individual. Esto, como hemos dicho, no excluye el hecho de que en ciertos momentos pueda ejercerse una elección que pueda transformar una vida, desde una existencia puramente física o desde un patrón inevitable hacia algo que se aproxime a la verdadera libertad de voluntad. Una posibilidad tal significa que hay dos niveles de Providencia en lo que respecta a los seres humanos.

La primera tarea de la Providencia consiste en proveer de un entorno adecuado al alma encarnada. Esto usualmente se lleva a cabo sin dificultad, ya que millones de personas nacen cada año en hogares donde, en términos generales, son cuidados por padres afectuosos. Es más, la Providencia crea una situación en despliegue que es exactamente la que la persona necesita, aunque no siempre sea lo que ésta piensa que quiere o desea. Este patrón general puede ser aplicado a aquellos que viven bajo su Ascendente o su Luna. La Providencia también se asegura de que, en determinados puntos cruciales, la circunstancia adecuada provea una esposa, un trabajo o una casa cuando se necesita, a menudo en contra de posibilidades aparentemente hostiles. A esto le llaman suerte aquellos que no son conscientes del trabajo que opera en los Mundos superiores. La Providencia también crea circunstancias muy difíciles con el objetivo de revelar o de disolver una situación fija, como un matrimonio muerto o una ocupación no saludable. A esto se le llama mala suerte o, más adelante en la vida, 'una bendición disfrazada'. La razón de ello es que el mal en última instancia proviene de Dios y por tanto tiene como objetivo el desarrollo del individuo. Todo el mundo ha experimentado este fenómeno que no puede explicarse con lógica física. Por ejemplo, pueden darse encuentros en los que personas nacidas a miles de kilómetros de distancia se junten de forma inevitable y que personas nacidas en el mismo barrio se mantengan alejadas durante años hasta que estén preparadas para reencontrarse.

Como cabe notar, el *sino* es simplemente el refinado foco de la Providencia. Mientras que las personas que viven bajo el Ascendente y la Luna sólo pueden ser asistidas en momentos críticos cuando están relativamente despiertas a nivel psicológico o espiritual, aquellos que han desarrollado cierta individualidad son más sensitivos a las condiciones sutiles y por tanto están en mayor contacto directo con las fluctuaciones de los eventos cósmicos. Debido a ello se encuentran con la Providencia a medio camino y sus vidas parecen seguir una secuencia única que reconocemos como un *sino* extraordinario. Ahora bien, el *sino*, como hemos visto, está dispuesto en la carta astral natal y las tendencias mostradas son llevadas a cabo por los movimientos de los Mundos superiores y por la respuesta consciente o inconsciente del individuo. Este patrón del *sino*, de hecho, ha sido seleccionado por la Providencia por suponer un mutuo servicio a la Creación y al individuo, ya que ambos se necesitan entre sí para poder cumplir con el gran diseño. Sin embargo, hay elección, y por tanto el potencial completo de una vida humana puede ser ignorado si la persona se hunde a sí misma dentro del Mundo físico. Por el contrario, el *sino* puede ser vivido al completo en el Mundo sutil como preparación para la vida en el reino espiritual. Es aquí donde la Providencia nos muestra su poder, ya que si bien cuida del hombre natural de un modo general y guía a la persona desarrollada psicológicamente a través del *sino* de su vida, para un individuo orientado hacia la espiritualidad cambiará su realidad actual o creará nuevas situaciones. Esto es lo que se llama milagroso.

Antes de que definamos qué es un milagro, sintamos al menos lo que es a través de un principio astrológico. Neptuno es el planeta concerniente a los asuntos de la Providencia. Tradicionalmente es considerado como un planeta confuso, de efecto vago. Situado en el punto más remoto del Sistema Solar (ya que Plutón no es considerado como un miembro verdadero de la organización planetaria), es la órbita o esfera que conecta aquello que está en el más allá con aquello que se encuentra en el interior. Igualmente, su posición en el Árbol Sefirótico se encuentra en la Corona, en la parte superior, desde donde también se establece la conexión con el más allá. En astrología es el planeta más relacionado con el estado de ánimo de cada época, ya que tarda más de una década en atravesar cada signo. Su efecto se relaciona con las 'cosas misteriosas' y podemos ver, por su posición en la Escalera extendida de los Cuatro Mundos, que su principio ocupa el lugar de simultáneo contacto entre los Mundos sutil, espiritual y Divino. Esto le da acceso directo a la Voluntad Divina, al centro de la Creación y a la Corona del Mundo psicológico, lo que significa que el poder de la Divinidad o la intervención Providencial es posible a través del principio neptuniano. Visto en un ejemplo histórico, la cualidad de Neptuno quedó bien demostrada en el periodo en el que se encontraba en el signo de lo oculto, Escorpio, desde 1956 a 1971. Esta fue la época en la que el interés en las materias ocultas, desde las drogas y la magia hasta la meditación y las religiones orientales, se convirtió en algo normal y aceptado en Occidente. En la carta astral individual, representa esta conexión oculta y espiritual, cuando está bien aspectado, o el borroso y confuso elemento de la psique, si está afligido. En cualquiera de los casos, es el factor asociado con todo aquello que es raro, extraño, anómalo, asombroso y milagroso.

Por definición, un milagro ocurre cuando un Mundo superior interviene en un Mundo inferior. Por norma general esto no ocurre. No es necesario porque, para la mayoría de la gente, la Creación sigue un curso, unos patrones y unos ritmos bastante predecibles. Sin embargo, hay momentos excepcionales en los que surge una emergencia cuando alguien con cierto grado de libertad comete un error (como a veces ocurre) y desata ciertas fuerzas que deben ser contenidas o anuladas. En el lado positivo, también ocurre cuando algo milagroso necesita ser demostrado para indicar que hay otros Mundos o cuando alguien con una misión espiritual especial necesita ayuda. En el primer caso negativo sólo queda muy poco registrado, ya que nunca se permite que una situación semejante se desarrolle más allá de su estado inicial.

Por ejemplo, puede que a alguien con intención malvada se le olvide activar el elemento detonante de una explosión, o que no pueda acudir a una reunión crucial, o que muera de manera natural pero inesperada de tal modo que se desvanezca una circunstancia que podría haber tenido graves consecuencias. Esto ha ocurrido muchas veces en la historia y en el trabajo espiritual, cuando un hombre elige usar el poder para sus propios fines. El segundo caso de demostración de los niveles superiores de realidad queda bien ilustrado en muchas historias de la Biblia, desde las diez plagas hasta los milagros de Cristo. El objetivo de estas historias era mostrar que la ley de los

Mundos inferiores no era absoluta sino que podía ser dominada según la conveniencia sobrenatural. Un pequeño milagro o leve intervención de la Providencia no es algo poco común para quien se encuentra en el camino espiritual cuando, por ejemplo, cierto libro que es aparentemente imposible de conseguir, aparece exactamente cuando se necesita, a menudo como regalo por parte de alguien que ya no lo utiliza. Un ejemplo más dramático ocurre cuando quizás a una persona se le impide viajar en un avión que después sufre un accidente. Hay muchos ejemplos de este fenómeno. Ahora bien, aunque pueden verse como coincidencias, el mero hecho de que coincidan, especialmente con tanta exactitud temporal, es algo altamente indicativo de que un nivel extraordinario de organización está operando. De hecho, la característica de estos incidentes providenciales es que si bien el extraño evento puede parecer, en la superficie, casual o accidental, el resultado a largo plazo nunca lo es y siempre se ajusta a un interés que tiene que ver tanto con el desarrollo espiritual de esa persona como con su contribución al gran diseño de la Creación.

¿Qué significa esto astrológicamente? El significado es que el patrón del *sino* es diseñado como un preludio a la vida del espíritu. Esto significa que el *sino* es la preparación, un programa de prueba y entrenamiento para cada persona a través del cual descubre aquello que puede y que no puede hacer y cuál es su tarea individual antes de que se le conceda el poder y la responsabilidad de participar en el drama de la Creación. Todo esto, sin embargo, no significa que una persona deba evitar el *sino* que le ha sido dispuesto, sino que debe percibir el patrón de su vida desde una dimensión espiritual y cósmica.

Tomemos, por ejemplo, a un hombre con el Sol en Piscis en la Casa 12. Esto sería una indicación de una persona muy introvertida y tímida o, si está aspectado negativamente, con inclinación al retiro compulsivo hacia su mundo privado de ensueños. Dependiendo del resto de la carta y de sus aspectos, cabría esperar encontrar a esta persona trabajando desde casa, en una institución o incluso en prisión. Si la persona tuviera, digamos, a Júpiter en conjunción con el Sol, puede que incluso fuera un monje. Todo ello, como veremos, indica un fuerte deseo por la reclusión, ya sea impuesto externamente por la ley o por la salud, o buscado conscientemente en privacidad en el trabajo o a través de la oración. Sea cual sea el caso, su vida interior sería muy intensa. Para el prisionero, los límites de la celda justificarían su fantasía de auto-compasión e ira. Al hombre trabajando desde casa o en una institución, se le permitiría el espacio para la especulación privada y la exploración interior mientras se encuentra escondido en su habitación o tras el rol formal de un oficial. Para el monje puede suponer el placer o el dolor de encontrarse a solas con Dios. Ahora presumamos que alguno de estos hombres Piscis atraviesa una transformación espiritual. El prisionero puede, como ha ocurrido a veces, experimentar una conversión a través de un estado de arrepentimiento profundo por lo que ha hecho. O puede que llegue a este mismo estado espiritual en el silencio de su celda, donde la ira y la auto-compasión podrían repentina o gradualmente ser vistas como inútiles bajo la luz de la realidad de su situación. Puede que entonces su celda se transforme abrupta o lentamente, desde una tumba restrictiva a un lugar de paz entre paredes, donde conversa con un nivel de realidad que se encuentra mucho más allá del espacio físico que aprisiona su cuerpo. A partir de ese momento, las cosas comenzarían a cambiar para el hombre. Es más, cosas inusuales o providenciales empezarían a ocurrir para que el hombre quedase libre. Podría tomar la forma de un cambio en la ley, una revisión de su caso o un reconocimiento de su cambio. O puede que este hombre aceptase la vida en prisión pero mostrando su libertad interior y siendo un ejemplo de alguien que puede vivir con dignidad y fe bajo esas condiciones. Esto afectaría profundamente tanto a los prisioneros como a los guardias. Casos como éste no son desconocidos.

Lo mismo ocurriría a los otros Piscis y a su *sinos*, y aunque sus vidas se vieran profundamente afectadas, para los poco perceptivos parecería como si siguieran igual. La gran diferencia residiría en la cualidad profunda de la persona y su efecto en los demás. Y aquí vemos cómo trabaja la Providencia a través de la persona para implementar la Voluntad Divina, ya que la posición en la vida, bien sea en prisión, en casa, en una institución o en un monasterio, sería exactamente la que la persona necesitaría para elevar la situación. La persona trabajando desde casa, por ejemplo, podría ser un escritor o un diseñador cuyo trabajo podría influir a aquellos que lo leyeran o lo contemplaran. El oficial bien podría ser el hombre que modificara las reglas de una universidad o introdujera una visión más amplia que la ortodoxa en un hospital. El monje podría ser el individuo que realmente experimentara lo que la Santa Orden hubiera dispuesto pero que sólo unos pocos monjes habían conseguido alcanzar. Una persona así podría elevar la vida del monasterio más allá de la devota rutina externa, hacia un ritual de profundo contenido espiritual.

La operación de la Providencia funciona desde el nivel general hasta el individual. Comienza con la Creación manifestando un principio cósmico, pasa a la forma en el Mundo sutil y se presenta en un evento particular en el Mundo físico. La misma secuencia se aplica con un ser humano cuyo espíritu ha sido concebido en la Creación, excepto que es la forma del *sino* expresado a través de la forma física lo que lleva a cabo su propósito cósmico. Cada *sino* humano particular supone uno de los muchos eslabones dentro de la secuencia de reencarnaciones, y cada reencarnación es relevante al crecimiento espiritual de ese individuo y a su papel cósmico a largo plazo. Tanto es así que todas las vidas previas, hasta la presente encarnación, están relacionadas con una progresión distintiva llamada *destino*, el cual, a su vez, está ligado a la historia general de la Creación. Para nosotros, el *sino* es el acontecer de la vida actual, y según el énfasis se centre en el cuerpo, en el alma o en el espíritu, ésta tendrá un efecto menor o mayor en el estado general del Universo. La importancia de esto para el astrólogo reside en que las lecciones que hayan sido aprendidas, las deudas y los créditos adquiridos, tendrán una influencia considerable sobre la presente y las futuras cartas astrales natales. Esto nos lleva a la siempre providencial circunstancia de la muerte, la cual disuelve el molde del horóscopo y libera al individuo para comparar, en la revisión post-mortem, su potencial natal con la vida realmente vivida, a medida que el alma despliega en retrospectiva el *sino* vivido.

22. Muerte y Destino

El Tiempo comienza en la Creación al emerger de la Eternidad Inmutable. Fluye hacia el exterior en un gran ciclo cósmico llamado *shemittah* en Cábala o *kalpa* en el esoterismo hindú. Este ciclo alcanza su máxima extensión en el Mundo físico, desde donde comienza a retornar a su fuente, resolviendo de nuevo su movimiento en el descanso y equilibrio de la Eternidad Inmutable. Este patrón cíclico se repite en grados decrecientes a lo largo de los Mundos inferiores, a medida que las cosas y los seres creados atraviesan su nacimiento, vida y muerte. Igual ocurre con un individuo y su vida en la Tierra.

La muerte es considerada por la mayoría de las personas como algo siniestro y temible. Observan la muerte cada día en la naturaleza y la dan por hecho, y sin embargo la suya les parece inaceptable. Esto es debido a que no pueden, o más bien no quieren, mirar más allá de las limitaciones físicas que se imponen sobre sí mismos, por lo que la muerte se convierte en algo desconocido; así, siendo ignorantes de su propósito, su verdadera naturaleza no es percibida más allá de la destrucción del cuerpo y del sentido de identidad del ego. Esta es claramente una visión muy distorsionada a la que se suman las numerosas supersticiones acerca de los fenómenos relacionados con la muerte.

Lo primero que hay que reconocer es que la muerte es el estado terminal de un proceso cósmico. Todos los eventos tienen momentos de concepción, nacimiento, crecimiento, cénit, decadencia y muerte. La muerte es el momento en el que la consciencia encarnada en el cuerpo es elevada más allá de sus confines biológicos hacia un Mundo superior. Visto en términos bíblicos, es el Día de Descanso al final tras las siete edades de la experiencia humana.

Vista como un acto de compasión cósmica, la muerte es el mecanismo que ayuda, cuando es inesperada, a que se rompa una situación que era intolerable o a que se resuelva y se libere una crisis irresoluble, y cuando es esperada, a que los que están físicamente exhaustos se liberen del dolor de la enfermedad o del agotamiento de la vejez. La muerte permite que cosas que han quedado estancadas se liberen y

Figura 42—MUERTE
Dado que la mayoría de las personas no desarrollan su capacidad total, mueren cuando la presión planetaria y el karma de la vida actual culminan en un punto de quiebra. La muerte de un alcohólico es un ejemplo extremo e inevitable. Sin embargo, un individuo en evolución puede extender su vida evitando las tensiones y las situaciones que mucha gente tolera al no ver otra salida. Los sabios, sin embargo, saben cómo y cuándo abandonar una situación destructiva. Un millón de gente muere cada día y algo más de un millón renacen para aprender sus lecciones. (La Espiral de las Almas Desencarnadas, ilustración de Doré para la Divina Comedia de Dante, siglo XIX).

que los errores cometidos se rectifiquen en otra oportunidad, en otra vida. Esto suscita la cuestión de por qué la muerte puede ocurrir en diferentes periodos de la vida, en la niñez, en la juventud, así como en la plenitud de la vida o en la madurez. Aquí debe observarse que las diferentes vidas y *sinos* tienen diferentes propósitos, tanto para el individuo en sí como para quienes le rodean.

Se dice que el momento de la muerte, al igual que el momento del nacimiento está fijado, y que puede ser detectado en el horóscopo. Esto, por norma general, es verdad; pero en primer lugar, sólo hay unos pocos astrólogos que pueden hacerlo ya que esto requiere una detallada habilidad para tomar en cuenta todos los factores y en segundo lugar, la muerte indicada no siempre es una muerte física. Tomemos los principios astrológicos. Según la tradición astrológica, hay factores en el horóscopo a los que se les llama los 'donadores' de vida y otros llamados los 'tomadores' de vida. El Hyleg, o la salud y vitalidad general, se relaciona, como cabe esperar, con el Ascendente, la Luna y el Sol, sus posiciones en las Casas, la relación entre sí y los aspectos que reciben de los planetas. Los tradicionales Anaretas o 'tomadores' de vida son Marte y Saturno junto con Urano, aunque el Sol también puede ser un factor decisivo en la muerte. Las combinaciones que, teóricamente, provocan la muerte son muy complejas y dependen de docenas de factores, como la vitalidad general, la tendencia a buscar el peligro o la propensión al accidente. A menudo hay, por supuesto, indicaciones claras de un tipo de muerte. Por ejemplo, Urano en la Casa 8 indica un final repentino mientras que Saturno en la misma Casa sugiere un final largo y duro. Estas y otras combinaciones son susceptibles de modificación a través del desarrollo individual o de la intervención Divina, por lo que no es aconsejable predecir una fecha definitiva de muerte. Sin embargo, la muerte inevitablemente tiene su momento.

Una antigua historia cuenta que un hombre tenía un sirviente a quien mandó al mercado a hacer un recado. El sirviente volvió en un estado muy agitado. Cuando el hombre le preguntó a qué se debía esto, el sirviente respondió que había visto al Ángel de la Muerte entre las multitudes y que éste le había estado observando. 'Déjeme tomar una caballo para ir hasta la ciudad de Samara', suplicó el sirviente, 'y así poder escapar de la Muerte'. El señor concedió a su sirviente lo que le pedía. Ese día por la tarde el señor fue al mercado y el ángel se le acercó diciéndole '¿Por qué no está aquí tu sirviente?' El hombre respondió que el sirviente ya no estaba con él y que se había ido galopando a Samara. La muerte asintió comprendiendo la situación y dijo, 'Me había sorprendido verle aquí, ya que esta noche tengo una cita fatal con él en Samara'.

Esta historia ilustra bien un momento de *sino*. Aún así, la muerte no es algo tan simple como esto. Puede decirse que la fecha está dispuesta provisionalmente en la carta astral pero, como sabemos, también existe el factor del libre albedrío. Por tanto, mientras que el reloj de la vida está fijado para parar en un cierto punto, una persona, por una decisión insensata, puede acortar el tiempo que le ha sido asignado. Un ejemplo de ello es el de la persona dominada por su debilidad hacia la bebida o el de otra que tiene tendencia a buscar situaciones excitantes pero peligrosas. Por tanto, un hombre violento puede que se convierta en un soldado o en un gánster, teniendo así más posibilidades de recibir una bala que el hombre que vende periódicos en la misma esquina durante cincuenta años de vida sin drama. En un momento espiritual y profundo de libre albedrío, como la elección de Sócrates de quedarse en Atenas y ser ejecutado, o en un momento de debilidad, como el de un suicidio, una persona puede elegir terminar con su propia vida y acortar el tiempo que provisionalmente le ha sido adjudicado. Alternativamente, es también posible posponer el momento de la muerte, bien por un acto sostenido de voluntad, como el dejar de fumar, o bien previendo el futuro para evitar, digamos, un desastroso accidente de tren en el que otros se ven afectados.

La posibilidad de ver más allá del presente no es teórica ni prácticamente imposible, como muestra mucha evidencia. Esto se debe a que si la Existencia es vista como un vasto plan, entonces debería ser posible proyectar lo que ocurrirá basándose en lo ocurrido en el pasado y en el presente. Esto es lo que los economistas o los meteorólogos hacen. En la astrología se aplica la misma teoría, excepto que hay ciertas ventajas, ya que puede verse el desarrollo de las situaciones celestes a un nivel más detallado y predecible en las cartas astrales mundanas y personales. Este tipo de predicción, sin embargo, debemos repetir, es contingente, ya que no sólo depende de la consideración de cada aspecto, lo cual muy pocos astrólogos pueden hacer, sino también del nivel de desarrollo del individuo en sí. En el caso de una persona gobernada por el Ascendente y por la Luna, se trata de algo mecánico, por lo que el momento de la muerte ocurre más o menos según lo preestablecido, cuando los planetas maléficos crean la máxima tensión en la zona de debilitamiento de la salud de la carta astral en la Casa 8, casa relacionada con la muerte. Un ejemplo de este tipo de vida ajustada temporalmente a los eventos astrológicos es el de Jorge III de Inglaterra y la de un herrero llamado Hennings. Ambos nacieron en la misma ciudad y en el mismo instante. Se casaron en el mismo día, heredaron los trabajos de sus respectivos padres en el mismo año, tuvieron el mismo número de hijos, padecieron las mismas enfermedades y murieron a la misma hora. Este fenómeno, conocido como 'gemelos astrológicos', solo tiene lugar cuando ambas personas no hacen nada por crecer psicológica o espiritualmente sino que viven su vida mecánicamente. En el caso de la persona que ejercita su elección, pueden darse cambios según sea el grado y la profundidad de su elección. Por tanto, si bien el patrón básico está establecido en la carta astral y los eventos en general se desarrollan según lo previsto, un verdadero cambio de actitud y de estado interior puede marcar la diferencia entre la vida o la muerte. Este tema nos lleva de nuevo a la habilidad de predecir eventos.

Además de la predicción razonada del astrólogo, está el fenómeno de las visiones de futuro. Éstas pueden no sólo venir en sueños, sino también durante momentos conscientes e inconscientes, como aviso de una crisis que está por llegar. Como hemos visto, todo lo que ocurre se genera en los Mundos superiores; los Mundos inferiores van encajando en los superiores y así de modo descendente hasta que se manifiestan en algún lugar en el momento del *Ahora* en el Mundo físico. Si la sensibilidad de una persona es suficiente, o si la consciencia se eleva por encima del nivel normal del ego y más allá del Ser, es posible percibir una impresión de las tendencias que están por venir y que ya se encuentran concentradas en el mundo sutil. Es algo así como cuando se escucha el sonido del motor de un coche antes de que tome una curva. De esta señal puede imaginarse el tamaño y el tipo de coche, y del mismo modo ocurre con los eventos que están por venir. A veces, dependiendo de lo buena que sea la señal, puede verse una imagen muy precisa y, a veces por error, puede verse en la visión más de lo que realmente hay. Este es un error bastante común entre expertos en economía y política que se guían más por datos concretos que por clarividencia. Sin embargo, el principio y la práctica de la predicción existen. De un atisbo de profecía o de una señal de aviso puede evitarse una acción, lo cual puede ser visto como un acto de la Providencia o, de hecho, como parte de un patrón inevitable. Neptuno en las Casas 8 y 12 concedería la facultad de la clarividencia para que el individuo la usara para sí mismo y para otros. En cualquier caso una muerte posible puede ser advertida, por lo que siempre existe la opción de acortar o alargar la vida. Pero volvamos al tema de la muerte.

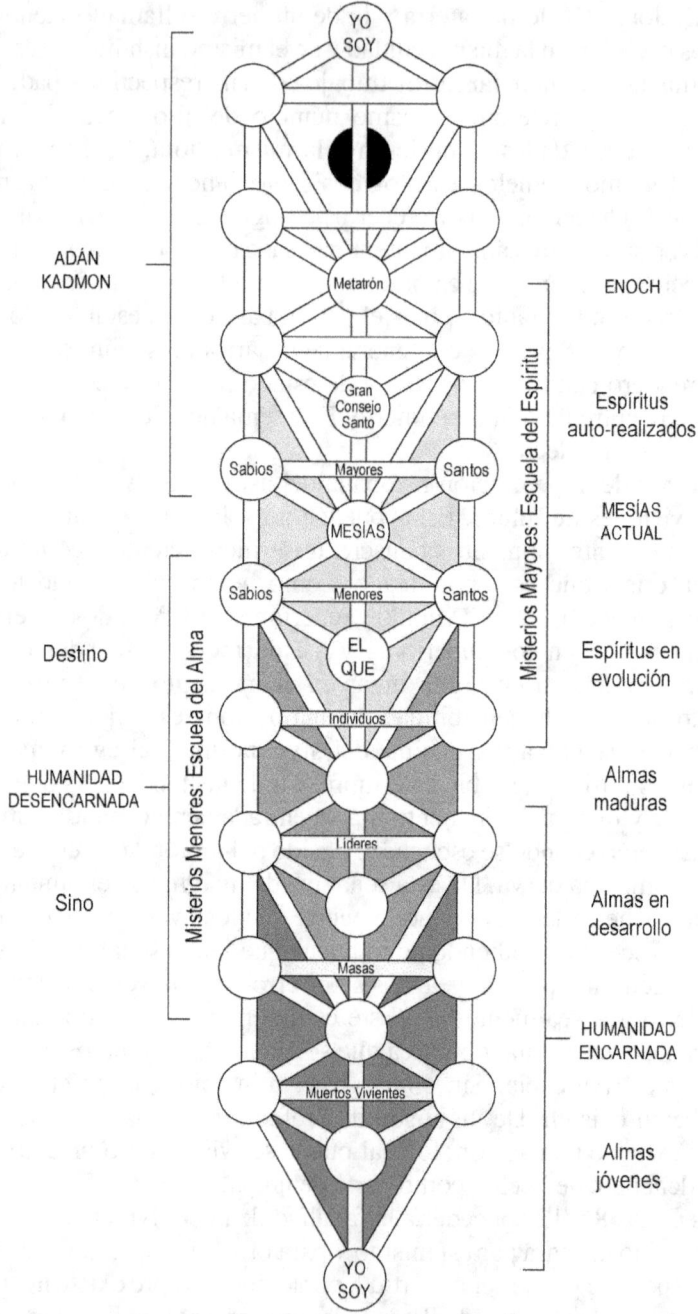

En términos cabalísticos, la muerte es la separación entre el Árbol físico y los Árboles psicológico y espiritual. Esta desconexión trae consigo la inmediata detención de todos los procesos orgánicos y la rápida pero instantánea decadencia del cuerpo etérico que unía el cuerpo con la psique. El punto de vista estrictamente físico, o bien no percibe los procesos inmediatamente posteriores a la muerte, o bien los rechaza como pura imaginación. El ver y el oír a los muertos ocurre, de hecho, en la imaginación, pero esto es precisamente así para que se perciban los mundos no-físicos. Los poetas y los pintores trabajan siguiendo este mismo proceso. También a través del mismo los visionarios ven. Si el fenómeno es objetivo o no, depende de la objetividad o subjetividad del individuo, no del fenómeno. Ciertamente una persona que sólo cree en el criterio físico no puede ser considerada objetiva, ya que sólo está preparada para ver las cosas a través de un espectro muy estrecho.

Según aquellos que han experimentado y observado la muerte en su más amplia escala, ocurre la siguiente serie de eventos. Estas descripciones se encuentran en todo el mundo, desde el *Libro del Zohar* de la Cábala hasta el *Libro Tibetano de los Muertos*. Nosotros vamos a verlo desde un punto de vista astrológico.

Se dice que en el momento de la muerte, la combinación de los planetas es tan relevante como la que tiene lugar en el nacimiento. Esto sugiere que, cuando somos proyectados fuera del plano físico hacia el Mundo sutil, la síntesis de nuestras vidas se nos presenta en ese momento. De hecho, la literatura tradicional describe, de muchos modos simbólicos, cómo la vida recién vivida es revisada en una rápida secuencia como si fuera una película que se revela frente a nosotros. Debido a su rapidez, la persona fallecida experimenta una valoración inicial de todos los pesares y alegrías de su vida ahora pasada, en un estado concentrado de extremo dolor y placer. Durante

---

Figura 43—EVOLUCIÓN
Aquí está la jerarquía de la humanidad. En el nivel más bajo están los 'muertos vivientes', es decir, aquellos que han perdido, para esta vida, cualquier posibilidad de crecimiento. Por encima están las almas jóvenes que forman las masas. Por encima de ellas están los líderes. Después están aquellos que se han individualizado. Más allá de ellos se encuentran los más avanzados miembros de la humanidad encarnada, a la cabeza de los cuales se halla el Mesías actual, el cual vive en algún lugar de la Tierra. Por encima de él o ella está el Gran Consejo Santo, es decir, aquellos que ya no se tienen que encarnar. Por encima de todos ellos está Enoch, alias Metatrón, el primer ser humano completamente realizado. (Halevi).

este periodo de consciencia post-mortem se da, según hemos sido instruidos, la posibilidad de liberarnos también del Mundo sutil y de pasar directamente al espiritual e incluso más allá, pero la mayoría de gente se aferra a lo conocido, con sus recompensas y castigos. Estos créditos y débitos son el resultado de la vida recién vivida y del residuo de vidas previas que se ha ido acumulando durante muchas generaciones o encarnaciones. El siguiente estado, según nos dicen, es uno de revisión más larga y de valoración de la vida recién vivida. Esto puede implicar periodos de profundo arrepentimiento o de gran placer, algo que evocan los mitos del Purgatorio y del Paraíso, los cuales son lugares psicológicos a uno y a otro lado de la muerte. A este estado le siguen eventos que son decididos en función de la elección del individuo. Algunos, por ejemplo, buscan un retorno rápido al Mundo físico tan desesperadamente que son casi instantáneamente concebidos en la unión sexual de una pareja encarnada. Estas almas renacen entonces sin mucha memoria del Mundo sutil. Algunas almas más maduras quieren tener un tiempo de reflexión antes de que esto ocurra para aprender, sin las limitaciones de las leyes físicas, las lecciones de la vida pasada. Hay quienes, sin embargo, no renacen y entran en el Mundo del Espíritu para operar desde el nivel de los sabios de la humanidad, los cuales, según se dice, ocasionalmente descienden y se encarnan en la Tierra para llevar a cabo alguna tarea cósmica. Los grandes maestros espirituales de la raza humana pertenecen a esta clase.

Para la mayoría de la humanidad la situación es un continuo ciclo de nacimiento, vida y muerte, con poco recuerdo de la estancia en el Mundo sutil. Al buscar sólo el confort físico y la satisfacción, cualquier memoria de su estado prenatal queda rápidamente olvidada. Después, viven la vida ascendiendo lentamente, con ocasionales descensos y faltas menores, por la escalera general de evolución de la Existencia. Para la gente que ha desarrollado al menos cierto grado de individualidad y consciencia del Ser, cada vida contiene en su *sino* particulares fortalezas y debilidades. El talento musical o la habilidad para los negocios, al igual que los malos atributos, son revelados en las cartas astrales. De hecho, también se muestran claramente todas las lecciones a ser aprendidas y los momentos difíciles que el *sino* proveerá como pruebas. Éstos llevarán a la persona a mejorar y perfeccionar su trabajo, o a la ignorancia obstinada y sus consecuencias si toman la opción del mal. Las leyes que gobiernan el Universo demostrarán, por inevitable reacción, que no pueden ser quebrantadas. Sin embargo, antes de que la siguiente vida pueda comenzar, ciertos factores deben ser reunidos. Esta es la labor de la Providencia, que coordina todos los eventos, tanto grandes como pequeños, en los Mundos inferiores.

Es un hecho que todos aquellos que inevitablemente están asociados con la persona, tienen que estar en los lugares adecuados tanto arriba como abajo antes de que el individuo nazca. Esto se debe a que el grupo de espíritus que fueron creados para llevar a cabo una determinada tarea cósmica siempre nacen con dos o tres generaciones de separación entre ellos, de tal modo que puedan encontrarse y ser reconectados en el Mundo físico. Cuando todos ellos están relativamente preparados en sus posiciones en los Mundos sutil y físico, el alma particular puede entonces empezar a re-descender hacia la siguiente fase de desarrollo personal y mutuo. La precisión temporal de estas reencarnaciones es obviamente crucial, ya que se debe esperar a que se den las condiciones absolutamente adecuadas, tanto para la labor de ese grupo como para el papel de cada vida individual. Por tanto, habrá personas que, por ejemplo, vivan durante guerras importantes pero que sean o bien demasiado jóvenes o bien demasiado viejas para ir luchar en ellas. Puede que otra persona nazca justo a tiempo para involucrase en un determinado movimiento espiritual o en una crisis política, convirtiéndose en un hombre notable, al tener la madurez justa y los talentos necesarios. Como observó Churchill cuando era Primer Ministro durante los tiempos de guerra en Gran Bretaña a la edad de sesenta y seis años, este era el momento de *destino* que había estado esperando inconscientemente durante toda su vida.

El resultado de lo anterior es que personas que nunca se han encontrado en la Tierra antes, por haber nacido a miles de kilómetros de distancia y con muchos años de diferencia, a veces se reencuentran, se reconocen entre sí y se resultan familiares. Este fenómeno tiene varias explicaciones, pero la experiencia muestra que a menudo se trata de un encuentro inevitable que puede terminar en una relación de amor para uno, en amistad para otro o incluso en enemistad para otro, según se haya desempeñado el karma y su drama a la hora de resolver un problema recurrente. En algunas raras ocasiones, un encuentro tal se debe a la realización de un *destino* a nivel cósmico, como el encuentro del joven Platón con Sócrates y su consiguiente efecto en la religión y la filosofía occidental e islámica.

El *destino* es el propósito de cada vida. Pero tomado desde el punto de vista de la reencarnación, es el objetivo o destinación de una serie de vidas. Cada *sino* representa la gradual evolución del individuo a medida que baja desde el Mundo de los espíritus, puros pero ingenuos, a través de las experiencias de los Mundos sutil y físico para retornar como ser maduro al lugar del que procedía en un inicio. Visto en términos cabalísticos tradicionales, el espíritu dentro de un ser humano es la dimensión cósmica. Como tal, contiene la chispa Divina del Adán Kadmon. Ésta se encuentra dentro de cada alma humana, la cual es, a su vez, una célula de la humanidad, parte de la cual está encarnada. Estas células forman órganos o grupos de almas a través de los cuales tanto el individuo como Adán Kadmon pueden alcanzar la realización del Ser.

El proceso de ser cada vez más consciente es gradual. Ha llevado millones de años a la consciencia del Universo elevarse desde el estado atómico al mineral y desde ahí a los niveles de consciencia vegetal y animal. El hombre, la más sofisticada de las criaturas encarnadas, ha cubierto el ascenso a una velocidad de incremento constante, a medida que más y más espíritus descienden para experimentar los Mundos sutil y físico. La razón de esta aceleración es que el Mundo físico contiene en sí todos los otros Mundos y aunque las condiciones son las más arduas, son también, con diferencia, las más propicias para el crecimiento rápido. Esta es la razón de que la humanidad esté encarnada. Por lo tanto, en la encarnación de cada ser humano se da la máxima oportunidad de experimentar muchos tipos de placer y dolor, éxito y fracaso, tentación y triunfo, para así expandir, profundizar y fortalecer su ser espiritual, psicológico y físico. Esta experiencia se consigue no sólo con un número de renacimientos sino, según dicen, al encarnarse el espíritu progresivamente a través de cada signo del zodiaco. Esto puede ocurrir porque el Sol, al contener tres niveles dentro de sí, puede manifestar el espíritu en cada tipo psicológico y físico y así conceder al individuo, en su viaje alrededor de las doce tribus bíblicas o signos del Zodiaco, la experiencia de todos los doce puntos de vista básicos de la humanidad.

Así, por ejemplo, un espíritu nacerá bajo un particular signo y vivirá esa vida según la función cósmica de ese signo. De este modo el individuo realiza, a través de sus varios dones y dificultades zodiacales, un *destino* que subyace en las series de *sinos* que el espíritu atraviesa. Cada espíritu humano, es más, estará acompañado a lo largo de las distintas encarnaciones por otros espíritus humanos, algunos de los cuales serán espiritualmente más maduros y otros espiritualmente más jóvenes, algunos de los cuales le impartirán instrucciones y otros las recibirán de él para ser ayudados en su realización. Formará durante sus muchas vidas ciertas relaciones, algunas de las cuales serán cercanas y otras lejanas, que sacarán de él lo mejor y lo peor de su naturaleza, poniendo a prueba y desarrollando sus capacidades como modo de preparación para su tarea cósmica. Durante las primeras encarnaciones se sentirá confundido pero después, a medida que alcanza el nivel del alma, comenzará a saber y a reconocer su lugar, primero entre sus amigos y enemigos y después a reconocer su papel entre sus gradualmente reconocidos compañeros espirituales. La cadena de muchos *sinos*, cuando se fusiona, se transforma en el *destino* consciente de ese individuo. Éste consiste en convertirse en una imagen de Dios en miniatura.

El *destino* de cada individuo y el propósito de la humanidad es reflejar, con consciencia, el macrocosmos a su Creador. Desde que la humanidad ha habitado en la Tierra, más y más espíritus han descendido desde el Mundo Natural, lo cuales, después de su estancia aquí, se han elevado hasta ocupar el Mundo sutil del Paraíso o hasta el Mundo espiritual del Cielo, según haya sido su logro. Por tanto, los tres mundos inferiores están habitados no sólo por aquellos que residen solamente abajo, como las bestias del campo, o por aquellos que residen solamente arriba, como los ángeles, sino por aquellos que pueden conscientemente existir en los Mundos físico, psicológico y espiritual. Esto se llama, en Cábala, la Unificación de los Mundos o el propósito de la humanidad. De este modo Adán, la imagen de la Divinidad, realiza la Voluntad de Dios de observarse a Sí Mismo hasta el Final del Tiempo, cuando el espejo de la Existencia se disuelva en unión con la Unidad que fue, es y que siempre será y no será.

ADONAI EHAD

www.ingramcontent.com/pod-product-compliance
Lightning Source LLC
Chambersburg PA
CBHW072050110526
44590CB00018B/3118